好范式，好决策

To B的决策逻辑

黄震华 ◎ 著

机械工业出版社
CHINA MACHINE PRESS

图书在版编目（CIP）数据

好范式，好决策：To B 的决策逻辑 / 黄震华著. -- 北京：机械工业出版社，2024.12. --ISBN 978-7-111-76602-5

I. F241.4

中国国家版本馆 CIP 数据核字第 202449MV24 号

机械工业出版社（北京市百万庄大街 22 号　邮政编码 100037）
策划编辑：杨福川　　　　　　　　　　责任编辑：杨福川　章承林
责任校对：王小童　杨　霞　景　飞　　责任印制：单爱军
保定市中画美凯印刷有限公司印刷
2024 年 12 月第 1 版第 1 次印刷
147mm×210mm・10.25 印张・3 插页・228 千字
标准书号：ISBN 978-7-111-76602-5
定价：99.00 元

电话服务	网络服务
客服电话：010-88361066	机 工 官 网：www.cmpbook.com
010-88379833	机 工 官 博：weibo.com/cmp1952
010-68326294	金 书 网：www.golden-book.com
封底无防伪标均为盗版	机工教育服务网：www.cmpedu.com

赞誉

(按评论者的姓氏拼音排序)

企业营销负责人最重要的工作就是通透把握客户的采购决策流程,让客户的采购旅程简单而高效。只有把客户决策流程进行细颗粒度拆解,找到营销的价值点,并在此基础上持续不断地投入资源,才能实现精准获客的业务价值。这正是首席营销官的职责所在。这是一本企业中高级营销人员的决策手册,也是企业决策方面不可多得的精华总结之作。

——班丽婵　CMO Club 创始人兼 CEO

企业级销售方法论在过去一百年经过了若干个发展阶段,从关注达成交易,到关注客户组织内部政治影响力、关注解决方案、关注价值创造,再到关注用户体验,无论在哪个阶段,理解买方的购买决策都是提升销售有效性的最重要环节。这本书就帮你打开了这扇大门。

——陈果　企业知识开源计划创始人/波士顿咨询前董事总经理

这本书梳理和总结了 To B 市场的决策精髓,深入探讨了 To B 与

To C 决策的差异，揭示了 To B 市场决策的深层奥秘。书中不仅提供了决策工具和模型，还分享了作者多年的实战经验和心得，旨在帮助读者快速掌握 To B 市场的决策精髓。无论是企业高管还是创业者，都能从这本书中获得宝贵的决策智慧，为企业的长远发展奠定坚实基础。

——崔强　崔牛会创始人

在生活中，我们每天都要做出许多决定，而在现代企业的管理中，企业需要做出大量的决策，这些决定与决策是决定生活是否幸福和企业能否成功的关键因素。本书作者结合自身丰富的实践经历，聚焦科技类企业级市场，涵盖全链条业务场景，对 To B 的决策逻辑进行了生动阐述。对于企业管理者和有兴趣了解决策逻辑的读者，阅读本书是一个正确的决定和一项明智的投资。

——邓志松　大成律师事务所高级合伙人

这是一本具有独特价值的企业管理决策逻辑宝典。作者从企业高管的视角看企业决策，在持续参与、执行、观察、实战中分析和总结，从经过结果验证的方法与心得中提炼决策范式；基于从外企到民企、从巨头到初创企业的丰富观察与实战提炼决策范式；从企业决策和客户购买决策的双向分析中提炼决策范式。在这个多变的时代，影响决策的要素也是多变和复杂的。相信无论你是普通从业者、高管还是企业主，无论你的企业是什么体制、处于什么阶段，这本书都能让你有所收获。

——国秀娟　B.P 商业伙伴创始人兼 CEO

企业服务中企业自身的决策链路和逻辑非常复杂，理解这些逻辑是企业服务领域营销、销售和服务，甚至产品研发等的基础。本书概括和总结了多种决策模型和方案,以及相关案例,是对 To B 决策逻辑非常难得的提炼,对企业创始人和高管,甚至每一个人都有非常大的启发和帮助。

——韩卿　Kyligence 联合创始人兼 CEO

在数字时代,决策的精准性和效率是企业提升竞争力的关键。这本书为 B2B 领域的企业管理者提供了实用的决策指导。书中的 P&D 企业决策范式提供了清晰的思考框架,实际案例启发思考,能够帮助读者在商业竞争中保持灵活性和洞察力,实用的决策工具助力企业在未来的不确定性中做出明智的选择。推荐希望提升决策能力的管理者阅读这本书。

——何润　致趣百川 CEO

本书融合企业管理、战略发展与心理学等多个学科的知识,提供了关于决策的深刻洞察。作者运用行为经济学的原理,结合数字化时代的数据分析,帮助读者理解如何在复杂的商业环境中做出理性决策。无论你是企业高管还是其他决策者,本书都将为你带来宝贵的启示。

——李国兴　Moka CEO

企业决策并非总是理性的,认知偏差和信息茧房常常会让我们的认知和判断存在盲区。本书通过探讨常见的心理陷阱对企业决策者的影响,带领我们站在更高、更全面的决策范式的视角来看待和制定决策。书中结合实际案例,介绍了企业决策者可用来识别和应对自身的偏见、拓宽信息视野,从而做出更具前瞻性的决策的诸多工具和方法。本书将为决策者提供全新的思维工具,帮助其尽量避免陷入认知偏差。

——刘畅　银河航天联合创始人

本书作者在 To B 领域深耕多年，知行合一，给人留下深刻印象。本书巧妙地运用企业决策模型，辅以丰富的案例分析，穿透了 To B 交易的内在本质，直击商业战略的核心要义，实为 To B 从业者不可或缺的实战指南。

——罗志勇博士　奥美北京公关事业董事总经理

在快速变化的商业环境中，决策的随机性不但会让决策者个人、团队甚至整个企业感到无所适从，也可能会带来巨大的风险。本书让我们重新审视随机性对决策的影响，探索如何在不确定性中找到方向。书中结合真实案例，提供实用的决策逻辑和工具，帮助决策者在风云变幻的市场中找到决策范式参考，更加自信地面对未来的挑战。

——吕守升　畅销书《战略解码》作者/
高潜咨询公司董事长/潍柴集团及
全聚德集团独立董事/北京中外企业人力资源协会名誉会长

这是一本为企业管理者量身打造的实战指南，书中对企业决策逻辑的深入分析，与合思在构建智能化财务管理系统时所面临的挑战高度契合。它不仅帮助我们理解如何在复杂的市场环境中做出高质量决策，还为我们推动企业数字化转型提供了宝贵的参考。对于任何希望在数字时代保持竞争优势的企业，这本书无疑是一个强有力的指导工具。

——马春荃　合思创始人兼 CEO

大家都知道 To B 的营销很难，要把它说清楚真不容易。终于有一本书把 To B 的决策逻辑、决策方法、决策模式以及相应的对策梳理清楚了，所以我把它强烈推荐给大家。按照这本书，把你的客户或领导的决策逻辑梳理清楚，真正掌握组织的内在运行规律。懂逻辑，就能做出好决策。

——谭北平　秒针营销科学院院长

　　本书以通俗易懂的方式阐释了 P&D 企业决策范式等核心理论，为我们在复杂多变的商业环境中制定战略、管理团队、优化流程等提供了明确的指导。特别值得一提的是，书中包含大量提升决策质量、构建业务闭环、增强品牌影响力的宝贵经验和方法。对于正在不断寻求突破的企业家和高管们来说，本书无疑是一本难得的实战指南。因此，我由衷地向所有在 To B 领域拼搏的企业家和高管们推荐这本书。

——王磊　百应科技 CEO

　　本书深入剖析如何在错综复杂的环境中做出明智的决策，通过案例分析和理论框架，帮助读者厘清决策过程，理解决策背后的逻辑。无论是高管还是企业家，本书都将成为你理清思路、提升决策能力的重要工具。

——王欣　馒头商学院创始人 / 金山集团前副总裁

　　在企业运行中，领导者和高管也总面临生存发展还是萎缩消亡的选择，每一个决策都至关重要。本书作者基于自身 15 年的 To B 领域知名企业高管的从业经验，深入探讨了 To B 业务中的决策挑战，并提供了丰富的案例和实用的策略与工具，以帮助决策者更好地理解市场动态和客户需求。本书会为你的决策带来全新的视角与启发。

——尹冬梅　环球影城人力资源高级副总裁

　　在瞬息万变的商业世界里，成功往往源于精准的决策。本书以丰富的实战经验和深刻的理论分析，帮助企业管理者应对复杂环境中的不确定性。作者不仅提供了清晰的决策框架,更激发了管理者不断探索的勇气和智慧。无论你处于哪个行业,无论你的企业处于哪个发展阶段,本书都将成为你持续成长的强大助力,助你引领企业驶向成功的彼岸。

——余晨　易宝支付联合创始人兼总裁

"客观理性"是帆软的核心价值观之一,我们追求用数据或者客观事实说话,所有的市场洞察、总结复盘、经营分析等会议,都要用数据参与决策。无数据不开会,无数据不决策。决策就是做判断、做选择,我们真切地感受到高效的决策可以帮助我们少走弯路、事半功倍。要提高决策力,除了用数据说话,还有很多"决策好范式"值得我们学习、践行。好范式,好决策,尽在此书,推荐阅读。

——袁华杰　帆软市场副总裁

一个组织的成功在很大程度上取决于决策的质量,这不仅包括高级管理人员的决策,还包括每位员工每天的决策。根据我在组织发展方面的经验,决策能力是每个组织需要构建的关键能力之一。黄震华写了一本及时且极其有价值的指南,帮助人们驾驭企业决策的复杂性。她的深刻分析和实用建议使得本书成为高管和经理们必读之书。结合现实案例和可操作的策略,本书提供了帮助企业做出更好决策的方法和工具。强烈推荐给希望提升决策能力并自信领导团队的所有人。

——袁耀宗　百胜中国资深顾问、前首席人力资源官

近十年,To B 软件服务行业起起落落,我身处其中,一直观察和思考各企业的失败决策,时时谨慎自省。做 To B 企业需要经历漫长的过程,能坚持一个方向不断前进的企业一般结果都还不错,而要出类拔萃,则需要更敏锐的洞察、更强的执行力和更好的机遇。但最为重要

的，一定要避免灾难决策导致企业失去发展的有生力量，甚至造成灭顶之灾。本书分享了很多决策模型及案例，能够帮助大家做出更多的好决策，避免重大决策失误。推荐给 To B 行业的企业管理者。

——张姣　驰骛科技 COO

在本书中，我看到了决策的力量。作者深入探讨了企业决策的精髓，将复杂的决策过程简化为可操作的模型，更以 50 多个鲜活案例让我们理解在 To B 业务中如何把握机遇，规避风险。这本书是每位企业创始人在面对复杂决策时的良师益友，推荐给大家，一同探索商业决策的深邃智慧。

——张韬　赛诺贝斯创始人

做出好的、正确的决策，是每个企业高管都战战兢兢、孜孜以求的目标。本书作者黄震华女士，浸淫商场多年，连续操盘多个大型营销项目，坚持学习和认真思考，在实战中获得了丰富的决策经验与教训。她的这本书有亲身经历和实地访谈打底，扎实有效，主打实用，我把它推荐给有志于企业运营管理的年轻人，以及希望为自己的企业创造出色业绩的企业家。

——张延　英国《金融时报》FT 中文网出版人

这本书是 To B 企业管理者的操作指南，深入剖析了决策流程、依据及影响因素，能够帮助管理者在激烈的竞争中动态做出高效、科学的决策。作者通过实战案例和经典理论，指导管理者动态制定精准的策略。阅读这本书，你将洞悉决策图谱，掌握全局，稳健经营。

——周宏骐　新加坡国立大学商学院兼任教授 /
《生意的本质》作者

推荐序

本书无疑是黄震华女士奉献给业界的一颗璀璨明珠，它深刻剖析了 To B 领域的决策逻辑，为读者开启了一扇通往智慧决策的大门。

作者凭借过去 15 年在 To B 市场一号位或 CMO 岗位的实战经验和广泛的阅读，用丰富的实战案例与深邃的洞察力，抽丝剥茧般地揭示了 To B 决策过程中的核心要素。

决策无疑是企业经营者最大的挑战，一个普通的企业经营者如何才能持续做出正确的决策？本书用逻辑严密的方法论和执行系统、开放的文化氛围等，试图来回答这个问题。

决策是当下做出对未来的选择。黄震华女士强调，To B 决策的舞台复杂多变，其间交织着错综复杂的利益关系与多方合作的需求。领导者需如鹰隼般敏锐，能够迅速洞察信息背后的价值，并精准筛选出影响决策走向的关键要素。同时，她也强调团队协作与沟通的重要性，指出只有各方携手并进，才能在决策的征途中披荆斩棘、共创辉煌。

尤为值得一提的是，书中对风险管理在 To B 决策中的关键作用进行了深入阐述。作者指出，风险是决策过程中无法回避的伴侣，而提前预估风险、制定周密的应对策略则是决策成功的重要保障。这一观点，无疑为决策者提供了应对不确定性的有力武器。

以上，黄震华女士提出一个概念——决策好范式，通过理性的方法论，让决策这一玄妙的艺术走近普通人。本书对于像我这样负责媒体经营的 To B 行业人士，也深有启发性和可操作性。

总的来说，本书不仅是一部关于 To B 决策的智慧宝典，更是每一位在 To B 领域奋斗的决策者的必读书目。它以独特的视角、深刻的见解以及实用的建议，为我们揭示了通往成功决策的康庄大道。

郭为中

界面财联社副总裁、界面新闻总经理

前言

企业的决策逻辑是个令我着迷又时刻挂念的主题。这源于我常年执着于一个非常朴实的问题：为什么企业会做这样的决策？从学生时代直到今天，每当看到各色企业沉浮起落，我的脑海里都会浮现这个问题。

自20多年前从一家国际广告公司入行到现在，我从基层小白成长为营销高管，服务和合作过外企、国企、民营企业以及全球500强企业、中小创业企业等不同类型和不同体量的企业。我绝大部分的工作经历是在科技类企业级市场（To Business）领域，先后专注于国内和国外的不同地域市场环境。过去15年，我一直在市场一号位或CMO（首席营销官）的岗位跟各种类型企业的CEO（首席执行官）和其他高级管理者合作。"为什么企业会做这样的决策？"仍然是我最常思考的问题，只是会因业务场景的变化而变化，形成更具体的问题：

- 我作为企业高管应该怎么做这个决策才会给企业带来最大的价值？
- CEO/董事长为什么做这个决策？
- 这家客户将怎么做出这次采购决策？选我方，还是选竞争对手？
- 我们要怎么做才能赢得客户的这次采购决策？
- 如果再给我们一次机会，如何才能做出更好的决策？

- 有没有一个基本范式可以提高企业做出好决策的概率？

企业的决策，既是管理者的个人决策，又是企业作为一个组织的决策。因此可以说，一千个人有一千个决策，一千家企业有一千个决策。要在复杂的业务环境下做出好的企业决策，不仅考验决策人的个人素质，也考验企业的管理水平。另外，心理学界已经正式提出，人的各种类型的认知偏差大约有 180 种，管理者也是人，不可避免地面临人的认知偏差的考验。再加上内外部经济环境的变化以及不确定因素的增加，管理者要做出正确的判断和决策，中间需要历经太多考验，绕过无数陷阱。

迄今为止，我接触过的企业中，没有哪一家的决策逻辑和决策模式是完全一样的。但是我们能够看到一个普遍现象，那就是一家持续、快速且健康发展的企业，要么创始人是天赋型企业家，比如乔布斯、马斯克、任正非、张一鸣等，要么这家企业有相对高效先进的决策模式。当然，在一些杰出的企业中这两者可能同时存在，比如华为、字节跳动。过去 30 多年中国经济蓬勃发展，除了时代红利，也是成千上万家中国企业共同成长和相互竞争造就的。每一家企业的成长过程都是由一个又一个的企业决策书写的。好的决策大概率会带领企业选择相对正确、高效的路径，坏的决策大概率会折损企业的发展机会甚至给企业带来灭顶之灾。企业的决策好坏，除了取决于企业决策人的天赋和格局，还取决于企业的决策模式。我们可以观察持续健康发展的企业，从它们的决策模式中找到它们成功的蛛丝马迹和共同之处，经过梳理和总结，得到好的决策范式。我们不能保证人人都是天赋型企业家，但可以参照好的决策范式来制定适合自身企业的决策模式，建立高质量决策的机制保障。

因此我们说，决策看起来是一种玄妙的艺术，本质上是对未来和不确定性的认知与判断。个别极具领袖天赋的人能够一眼洞察未来，但这种超能力对于绝大多数的管理者和企业家来说可遇不可求，因为天才毕竟是少数。那么要形成好的决策，形成对未来和不确定性的精准认知和判断，就一定需要相对充分和坚实的信息基础作为决策依据，具体体现为描述相关要素的数据和信息，以及这些要素与未来各种可能性之间的内在联系和逻辑关系。基于这种逻辑关系，建立对于未来和不确定性的认知与判断的基本方法和思维方式，我们称之为决策范式。好范式和好决策之间的关系如图 1 所示。

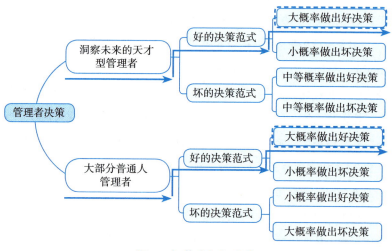

图 1　好范式与好决策

本书所推荐的决策"好范式"，基于企业作为一个经营性组织的本质，囊括了我原创的以 P&D 企业决策范式为主的六大决策模型等系统性方法论，以及超过 30 种经典理论和模型，并配以超过 50 个实际案例进行举例拆解。这未必是企业决策范式的最优解，但的确是我基于自己过去 25 年对企业决策的思考和经验，结合企业战略、组织发展、心理学、企业数字化转型等关键领域的理论进行有针对性的梳理、系统性分析和归纳所得（如图 2 所示）。它不仅包含我个人在决策方面的得失感悟、从身边众多管理者身上学到的成功和失败的经验,还包含我在写作本书期间采访的超过 80 位企业家和高层管理者的复盘总结和思考。

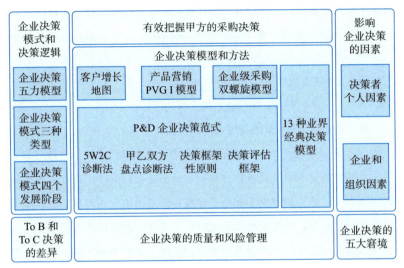

图 2　本书知识结构

我写这本书,并不是因为自认为对企业决策有多么老辣精通,相反,是出于对"企业决策逻辑"的敬畏之心。跟诸多顶尖企业家相比,我道行修为悬殊,只是一名恰好钟爱研究企业决策和商业模式,也喜欢思考和复盘的普通高管。这个话题的确不是块易啃的骨头,不仅涉及大量的企业经营管理实践,还横跨包括战略与管理学、组织行为学、行为经济学、心理学、统计学、企业数字化和信息科学等学科。会不会正是这个原因,对于众多的企业及其管理者而言,如何决策才会成为一件听起来容易做起来难的事?对于很多企业家尤其是新晋管理者而言,一些常识性的企业决策逻辑才会是一件毫无头绪甚至完全陌生的事?

在这个充满变数的时代,国际地缘政治变幻,AI 技术突破性创新,人口结构变化,在未来的经济社会中,除了超大型企业,大概率会涌现大量 20 人以下的小规模企业甚至 1 人企业。这些企业的创始人和管理者并不像过去的管理者那样有从基层到高层的多年历练，但在带领企业发展中又亟须掌握企业决策背后的逻辑，具备基本的企业决策能力。

基于上面的思考，本书适合以下人群阅读：

- 中小企业创始人和高管；
- 企业新晋管理者；
- 企业级业务（To B 行业）从业者；
- 其他对企业决策话题感兴趣的人。

幸运的是，写作本书，我得到了身边的亲人和朋友的很多帮助和支持。感谢我的母亲给了我成长过程中充分的心智自由，让我有不知天高地厚的勇气；感谢我的先生和儿子在我写作遇到瓶颈和困难的时候给予我诸多鼓励安抚；我先生是本书的第一个读者，他提出了大量中肯、有建设性的修改意见；感谢我北京大学和香港大学的老师，给了我高屋建瓴的意见和指导；感谢几位挚友给了我很多关于本书定位和关键难题的宝贵意见；感谢我的企业家和高管朋友们坦诚分享他们作为行业精英在各自领域的决策得失；感谢为本书提供了诸多案例的各家企业，让本书的模型和观点通过具体数字化工具和案例得到生动、贴切的展现。

写作本书的过程既折磨又享受，是一场突破自我束缚、充满收获感的修行。折磨的是，不但要抽丝剥茧地把如此宏大的话题拆解清楚，还得用深入浅出的表达和清晰明了的逻辑做到通俗易懂。这是一个不断尝试、多次推倒重来的过程，仅目录就先后改了近 30 版。享受的是，我是一个热爱文字、热爱表达的人，能够在自己钟爱的企业决策这个主题上，对多年的思考和积累进行一次彻底且系统的梳理和反思，实谓我的人间小确幸！如果这本书能够对年轻创始人和新晋管理者，以及 To B 行业从业者有所裨益，于我就是最大的慰藉了。

目录

赞誉

推荐序

前言

第 1 章　To B 决策和 To C 决策

To B 业务和 To C 业务的关键差异　　2
  生意周期：To B 长，To C 短　　3
  业务节奏：To B 慢，To C 快　　4
  采购决策：To B 理性，To C 感性　　5

To B 业务和 To C 业务的基本要素对比　　5

To B 决策和 To C 决策的差异　　7
  To B 业务和 To C 业务的购买决策主体对比　　7
  To B 购买行为决策链条的拆解　　8
  典型的 To B 购买决策流程　　9
  To C 购买决策的拆解　　11

中国 To B 企业的决策现状　　12

第 2 章　To B 的决策窘境

鸵鸟政策——回避拖延，甚至不做决策　　21
  "鸵鸟政策"窘境　　21
  "鸵鸟政策"窘境背后的原因　　22
  如何避免"鸵鸟政策"窘境　　23

闭门造车——依据主观、单薄的信息进行业务决策　　24
  "闭门造车"窘境　　24
  "闭门造车"窘境背后的原因　　27
  如何避免"闭门造车"窘境　　27

刻舟求剑——以惯性思维和老旧经验来应对新问题　　28
  "刻舟求剑"窘境　　28
  "刻舟求剑"窘境背后的原因　　30
  如何避免"刻舟求剑"窘境　　31

中庸平庸——决策成为各利益相关方冲突后妥协的结果　　32
  "中庸平庸"窘境　　32
  "中庸平庸"窘境背后的原因　　34
  如何避免"中庸平庸"窘境　　35

一言堂——过分依赖企业家个人判断和决策　　36
  "一言堂"窘境　　36
  "一言堂"窘境背后的原因　　41
  如何避免"一言堂"窘境　　43

第 3 章　影响企业决策的关键因素

决策者的个人特点　　46
  决策者对决策的影响　　46
  关于判断和决策的三大经典理论　　57

人的认知偏差对决策的影响　　60

　　如何减少认知偏差，提高决策质量　　65

企业的本质　　66

　　企业存在的意义和价值　　66

　　企业存续的前提和基础　　67

企业生命周期　　70

　　企业生命周期理论　　70

　　不同生命周期阶段企业的决策特点　　72

企业所有制属性　　81

　　上市公司　　81

　　民营企业　　83

　　国央企　　84

　　外资企业　　85

企业核心价值观　　87

决策问题的业务属性　　88

决策链条和组织架构　　91

　　决策链条　　91

　　组织架构　　94

决策依据和判定标准　　95

　　决策依据　　95

　　判定标准　　102

第 4 章　To B 的决策模式和决策逻辑

3 种不同的 To B 决策模式　　105

　　个人主导式决策　　105

　　核心团队主导式决策　　107

　　群策群力式决策　　108

决策模式发展的 4 个阶段　　　　　　　　111
　　第一阶段：人治决策　　　　　　　　111
　　第二阶段：制度化决策　　　　　　　113
　　第三阶段：数字化辅助决策　　　　　113
　　第四阶段：人机协同数智化决策　　　125
决策五力模型——企业决策能力评估模型　129
　　决策五力模型的构成　　　　　　　　129
　　决策五力模型的应用　　　　　　　　132

第 5 章　常见的企业决策模型及其应用

通用型分析类模型　　　　　　　　　　　135
　　PESTEL 模型　　　　　　　　　　　135
　　SWOT 分析模型　　　　　　　　　　137
　　时间管理四象限模型　　　　　　　　139
企业变革策略分析类模型　　　　　　　　142
　　波特价值链分析模型　　　　　　　　142
　　麦肯锡 7S 模型　　　　　　　　　　 145
　　Cynefin 模型　　　　　　　　　　　148
　　MECE 模型　　　　　　　　　　　　152
业务和产品决策类模型　　　　　　　　　154
　　波士顿矩阵分析模型　　　　　　　　154
　　波特五力模型　　　　　　　　　　　156
　　战略钟模型　　　　　　　　　　　　159
　　决策树模型　　　　　　　　　　　　162
　　KT 决策法　　　　　　　　　　　　 165
　　数据驱动决策　　　　　　　　　　　170
　　客户增长地图　　　　　　　　　　　183

产品营销 PVGI 模型　　　　　　　　　　　187

第 6 章　P&D 企业决策范式

P&D 企业决策范式及其应用场景　　　　　　191
P&D 企业决策范式的基础条件　　　　　　　193
P&D 企业决策范式的应用和实施　　　　　　193
　　看清楚——诊断问题　　　　　　　　　　193
　　定规则——确立原则　　　　　　　　　　203
　　拓思路——搜集方案　　　　　　　　　　210
　　慎选择——制定决策　　　　　　　　　　212
　　要结果——执行并优化决策　　　　　　　219

第 7 章　把握并影响企业的采购决策

企业级客户采购的本质和关键要素　　　　　224
　　企业采购的本质——满足企业生存和经营需求　　224
　　企业采购的关键要素　　　　　　　　　　225
企业级客户的采购旅程　　　　　　　　　　227
　　企业级客户采购旅程的双螺旋模型　　　　227
　　业界经典的 B2B 企业采购模型　　　　　　232
　　B2B 企业客户采购旅程的三大趋势　　　　234
企业采购决策的影响因素　　　　　　　　　238
　　四大影响因素　　　　　　　　　　　　　238
　　影响因素的优先级排序　　　　　　　　　243
如何影响甲方企业的采购决策　　　　　　　243
　　深刻理解甲方客户的业务需求　　　　　　243
　　打造高品质产品和服务——甲乙双方的业务关系定位　　245
　　构建覆盖客户采购旅程的业务闭环　　　　246

> 打造精准、鲜明的品牌影响力　　　　253
> 把控决策依据和判定标准　　　　255
> 把握不同采购模式的关键点　　　　257
> 了解甲方企业在不同生命周期阶段的采购决策特点　　　　262

To B 业务采购决策中的常见问题　　　　266

第 8 章　保证企业的决策质量

企业决策的本质　　　　270
如何评估决策的好坏　　　　271
> 维度 1：对关键决策依据的判断准确程度　　　　274
> 维度 2：决策流程中各关键环节的完成质量　　　　275

如何保证企业的决策质量　　　　276
> 从人的维度保证决策质量　　　　277
> 从机制的维度保证决策质量　　　　286

决策的风险管理　　　　303

第 1 章 CHAPTER

To B 决策和 To C 决策

乔布斯曾经说过："相比较于企业级市场，我更喜欢消费品市场，原因是我们向消费者推出一个产品，每个消费者都会用他买或不买的决定来对这款产品做出鲜明的投票，表达喜欢或者不喜欢。我们会快速得到消费者这样的反馈，并迅速明确下个阶段的产品应该如何改进。反观企业级产品，就远远没那么简单了。因为产品的使用者和决策者不是同一群人，采购决策者常常处于各种困惑中。对于我们做产品的人来说，企业级市场太不直接了。"

To B（To Business，面向企业，也称 B 端）的业务和 To C（To Consumer，面向个人消费者，也称 C 端）的业务相比，有一些明显的差异。由于存在这些差异，二者的决策链条和决策流程明显不同。对于普通大众而言，To C 业务更容易理解，而理解 To B 业务则需具备一定的专业知识或背景。在这一章中，我们将首先对 To B 业务和 To C 业务的差异进行对比和分析，然后拆解和阐述这两类业务的决策链条及决策流程。希望通过这样的对比，大家能够更好地理解 To B 业务的根本属性，并更深入地理解这类业务的决策逻辑。

To B 业务因面向企业，一切需要围绕企业的需求和痛点来开展，这就要求 To B 业务能够满足这些企业作为行政或商业组织的业务诉求。这些业务诉求覆盖了一个企业在生存和发展过程中的方方面面，既涉及企业 CEO 及高管团队的需求，也包括相关部门及具体员工的需求。因此，对从事 To B 业务的企业来说，要求相对多维和复杂，且 To B 业务的周期相对较长，这要求经营者和参与者更看重长期价值。相比较而言，To C 业务面向个人消费者，个人消费者的购买决策通常更为简单、快速和具有随机性。但消费者数量庞大，这使得 To C 业务变化相对较快，对规模效应的依赖性更高。

完成本章阅读后，建议读者重点关注 To B 业务的关键特点和基本要素。可以说，To B 的决策逻辑就是围绕这些特点和要素进行多维度拆解和分析的。

To B 业务和 To C 业务的关键差异

总体而言，To B 业务和 To C 业务在生意周期、业务节奏和采购决策上存在着根本的差异。用几个关键词来概括，To B 业务的显著特点是长（生意周期长）、慢（业务节奏慢）、理性（采购决策偏向理性）。相比之下，To C 业务的特点是短（生意周期短）、快（业务节奏快）、感性（采购决策偏向感性），如图 1-1 所示。

图 1-1　To B 业务和 To C 业务的差异

生意周期：To B 长，To C 短

To B 业务的周期相对较长，无论是在产品的开发打磨方面还是在产品的市场拓展方面。从启动业务到突破市场，再到形成规模，整个过程相对漫长。这主要是由于受技术壁垒、服务体系构建和业务闭环涉及的环节众多等因素的限制，很少能在一两年之内形成一个成熟且有规模的业态。在撰写本书的过程中，我采访了大量从事 To B 业务的企业，其中超过 60% 的企业表示自己至少用了 5 年时间才将产品和业务模式打磨成熟。例如，人力资源管理软件服务独角兽 Moka 的第二条产品线——核心人力资源管理软件系统 People 产品，从开发到业务初具规模，前后花费了三四年时间，而这已经是同类产品中非常高效、快速的案例。

相比之下，To C 的业务周期则相对较短。从产品研发到上市，再到市场拓展并形成一定规模，只要时机得当、规划和实施得力、资金充裕，就会有相当数量的企业能在短时间内实现。脑白金、小罐茶、瑞幸咖啡都是这方面的典型案例。这是因为 To

C 的产品技术壁垒较低，目标消费者人口基数大，且消费决策快速而冲动。一旦产品在特定时机、特定卖点解决了消费者的痛点或者痒点，并结合好的品牌营销策略和投入，就会很快引发羊群效应，实现业务规模的快速增长。

业务节奏：To B 慢，To C 快

To B 业务面向的是各种规模的企业。这种业务模式中，一个企业与另一个企业之间会发生业务关系和合作。这个过程涉及两家企业中的多个业务部门、团队以及人员的直接对接与合作，其中不仅包括管理层，还有业务部门、财务部门、采购部门、使用部门等各个职能部门。因此，乙方企业在整个合作过程中，无论是提交投标、实施、交付、付款还是续约，都必须做到无懈可击。这就是为什么业内常说 To B 业务需要遵循木桶理论，即不能有任何明显的短板。只要产品、定价、客户获取、实施、服务、续约等闭环流程中有一环出现短板导致客户损失，就极可能造成甲、乙双方的合作中止，个别重大项目的损失和罚金甚至可能导致乙方整个业务的崩溃。

相较之下，To C 业务在业务节奏上更加追求速度。行业内有句至理名言："消费品唯快不破。"其一，To C 业务的入门门槛和技术含量相对较低，导致竞争壁垒不高，行业领先者容易被竞争对手超越。其二，消费者的购买决策迅速而具有随机性，易受多种外部因素影响，使形成客户偏好和忠诚度较为困难。如果不能快速赢得消费者的心并抓住转瞬即逝的购买机会，产品就很可能被竞品替代。国内的电商和社交媒体对消费品市场产生了深远的影响，人、货、场三个关键要素处于快速变化之中。企业必

须抓住商机并缩短从投入到规模化商业变现的周期,以最大限度规避被不断变化的消费品商业环境淘汰的风险。

采购决策:To B 理性,To C 感性

To B 业务的客户主要是各类企业,它们的采购决策不是企业管理者的个人选择,而是一个企业内部通过专门的决策流程形成的。不同行业和业务属性的企业有各自的决策模式和流程。企业级的采购决策目的在于购买对企业具有商业价值的产品或服务,从而支持企业的生存和发展。因此,采购决策链条中会涉及产品特性、质量、技术领先性、价格、服务质量、续约条款、人员素质等多个维度的评估。决策过程会有使用部门、领导层、业务部门、财务部门、采购管理部门等多个职能部门的参与。这种属于整个企业的决策,是基于企业利益的理性评估,无论是在决策链条的复杂性上还是在决策参与人的多样性上,都远比消费品的采购决策复杂。这就是 To B 采购决策相比于 To C 采购决策更为理性的原因。

To C 采购决策则是消费者个人或家庭的决策,通常由一个人或最多两个人完成。据统计,线上购物决策约需 19 秒,而线下购物环境(比如商场)的购物决策仅需 13 秒。由于消费品本身差异化不明显,消费者的决策更多受价值认同、包装、品牌调性、购物环境、价格等感性因素的影响。

To B 业务和 To C 业务的基本要素对比

To B 业务和 To C 业务存在明显的差异,这从根本上是由目标客户群体、业务和市场特点、产品特性等基本要素决定的。这

些差异点分别列于表 1-1、表 1-2 和表 1-3 中。

表 1-1　To B 业务和 To C 业务的目标客户群体对比

对比项	To B 业务	To C 业务
目标客户	企业	个人消费者
使用者	企业的员工及他们的客户	个人消费者及其家庭成员
决策人	企业的管理者	个人消费者
客户需求	需求复杂多维度，重视商业价值	需求简单直接，重视用户体验
客户切换产品的难易程度	难	易
客户生命周期	相对长	相对短

表 1-2　To B 业务和 To C 业务的业务与市场特点对比

对比项	To B 业务	To C 业务
影响业务的因素	政策、技术发展	基础人口特征
市场变化速度	市场变化相对慢，通常两三年有明显变化，周期相对长	市场变化快，以 1 年甚至月为单位，周期相对短
新技术带来的业态变革	公有云、大数据、AI（人工智能）、移动互联网与社交媒体对传统技术、产品及交付模式的改变	人、货、场三要素被公有云、电商、直播和DTC（Direct-to-Customer，直接面向客户）等深刻改变
新客户获取	靠精准营销	靠流量获取

表 1-3　To B 业务和 To C 业务的产品特性对比

对比项	To B 业务	To C 业务
产品价值	解决企业的痛点，实现商业价值	解决个人的痛点，满足人的欲望
产品生命周期	相对长	相对短
产品的技术壁垒	技术壁垒相对高	技术壁垒相对低
产品客单价	相对高，通常万元起	相对低，甚至低至几元

随着技术和市场的不断发展，一些 To C 企业纷纷进入 To B 领域，同时，部分 To B 企业也尝试进军 To C 市场。这两种业务虽然在某些方面存在融合的可能，但本质上属于两个截然不同的市场细分领域。每个领域的具体商业决策因各自特性的不同而有所差异。正因如此，我们更能理解 To B 的商业决策为何具有特殊性。这也是本书希望深入探讨的主题。

To B 决策和 To C 决策的差异

前文提到，与以感性为主的 To C 决策不同，To B 决策最显著的特点是理性。这主要是决策主体的差异导致的。

具体而言，To B 决策通常是由企业做出的，这些企业有着明确的业务目标和组织纪律。To B 的决策过程及其实施的结果由整个企业集体承担。相较之下，其影响也比 To C 决策要大得多。而 To C 决策通常是由个人单独做出的，其过程和依据相对简单，常常在短短的几秒内由情绪驱动。

To B 业务和 To C 业务的购买决策主体对比

要真正理解 To B 业务和 To C 业务这两大类型的决策过程，首先需要理解它们的购买决策主体。这两大类型的购买决策主体对比见表 1-4。

表 1-4　To B 业务和 To C 业务的购买决策主体对比

对比项	To B 业务	To C 业务
购买决策主体	以企业为单位，以管理者为主，各部门人员参与并产生影响	以个人为单位

（续）

对比项	To B 业务	To C 业务
购买决策流程	决策流程漫长且复杂	决策流程简单且快速
采购周期	通常比较长，以季度或年度计算	周期相对短，通常以秒计算
决策依据	基于理性的信息搜集和判断 多维度的信息采集、分析、比较	基于感性的情绪和冲动 信息需求维度相对单一直接

To B 购买行为决策链条的拆解

To B 决策本质是企业的决策。在这个决策链条中，参与者包括多个人员、部门和角色。以某民营企业需要上线的一个业务运营数字化项目——客户关系管理（Customer Relationship Management，CRM）系统为例，参与决策的人员构成如下：

（1）项目决策人（Decision Maker）

购买决策的最终决定权往往掌握在企业的高层领导手中。鉴于 CRM 系统项目十分重要，关系到企业业务数据的安全及日常运营的成败，通常由企业的 CEO 或者负责业务的副总裁来做出最终的采购决定。

（2）项目负责人（Project Owner）

项目负责人是项目的操盘手，从头到尾负责项目的管理和推进。通常，CRM 系统项目的负责人由企业指派的一位具备突出能力和领导力的项目经理或技术负责人，甚至是负责业务的副总裁来担任。

（3）项目决策意见参与者（Influencer）

这个角色及其所在部门虽然不是最终决策者，但会主动或被动地提供各自专业领域的意见，以供项目负责人和项目决策人参考。例如：CFO（首席财务官）和财务部门会就财务 ROI（投资回报率）分析、账期等条件提供建议；业务部门的相关负责人会从业务流程、产品易用程度、客户体验反馈及员工使用技能和培训等方面提出他们的见解；采购总监和采购部门则会就供应商资质、投标竞标流程、评估标准以及供应商账期等条款提出意见；CIO（首席信息官）和IT（信息技术）部门则负责提供关于技术原理、技术趋势、技术选型指标、技术实施方案和数据安全等方面的专业意见。

（4）使用者（User）

企业级CRM系统落地实施后，需要业务部门的员工在日常工作中充分使用，涉及企业的销售部、市场部、客户成功部（或服务部）以及业务运营部等。这些员工是该产品的日常使用者，他们在实际操作中的体验、遇到的障碍和培训需求都是向决策者反馈的重要信息。然而，全体使用者通常直到采购决策确立并且产品落地实施，才能全面上手使用该产品。对于采购的评估来说，这无疑是滞后的。正因如此，对于这类对业务有重大影响的To B产品，在采购决策确定前通常要先进行充分的调研和试用测试。在概念验证（Proof of Concept，PoC）阶段进行验证；采购决策确定后，合同签订进入实施阶段，再进行小范围的实施和测试。

典型的To B购买决策流程

To B的采购有多种模式，这里仅就大体的采购模式框架进行简述，后文会根据不同的企业类型和场景做细致介绍。

1. 需求调研和立项

首先，企业需要根据自身业务及组织需求梳理清楚需要解决的问题、所需的外部资源和支持或产品服务。如何从投入产出的角度评估采购项目？需明确涉及的资源调度、投入大小及预期产出。其次，需要确定参与的具体部门、各部门的责任和工作内容以及预算来源。同时，企业应如何确保人力、物力及财力的投入能够最大限度实现期望的业务价值？这些信息均须在需求调研和立项阶段进行明确。对于一些重大项目，还须经过专门的项目评审会，只有获得批准的项目才能立项。若需求调研和梳理未完成或未获批准，则视为立项失败，项目至此结束。

2. 供应商招投标

一旦采购项目获得立项，即进入招投标阶段。某些企业可能不采用招投标方式，但对于重大项目，一般会邀请几家资质较好的供应商参与比稿和报价，以便进行筛选和对比。这些供应商通常在行业中有特点，且资质、口碑较佳。企业会向供应商介绍大概的采购项目背景和总体需求，并请供应商提供具体方案及报价。具体方案不仅需要详细阐述供应商将提供的产品和服务，还需展示这些产品和服务如何帮助客户实现业务目标，从而创造商业价值。此外，方案中还应包含一些关键的商务合作条件，如账期、付款方式、交付验收条件和服务团队人员资质等。这些内容本质上也体现了招投标的模式。

3. 确定供应商并签订合同

确定供应商之后，开始根据供应商的方案、报价和甲方（企业）的基本项目及财务规定进行合同条款的商议，并签订合同。合同涉及双方的责任义务和违约条款，通常需要经过若干次谈判和协调才能确定。

4. 项目执行

合同签订后,项目进入执行阶段。双方项目组须制订联合行动计划,确保项目顺利启动。对于较为正式、重要且复杂的项目,通常会举行一个正式的项目启动会。项目的实施交付是一个过程,供应商的团队与甲方团队将深入协作,共同完成产品或服务的交付,实现甲方的业务目标。

5. 交付验收和付款

按照双方约定的项目交付标准进行项目验收。一旦甲方签署验收报告,项目便正式完成,甲方将根据合同规定支付项目的尾款。常见的复杂技术项目(如数据中心的机房建设或公有云服务购买)都配有双方签订的合同,提供运营维护服务以保障持续运营。

以上简要介绍了 To B 采购的决策链条和流程,由此可见 To B 采购决策的复杂性。相较之下,To C 的购买决策则截然不同。

To C 购买决策的拆解

大部分的 To C 购买决策是由个人自己决定的,不同产品的购买通常会受不同购买决策因素的影响。相当部分的购买决策是相对比较随机和感性的。举个例子,上班午休期间,你到公司附近吃饭,看到路边新开了一家咖啡店,很有可能会随手买一杯试试。这个决定可能在你看到新开的咖啡店 10 秒内就发生了。

1. To C 购买决策链条

根据 To C 的不同产品,购买决策链条略有不同。总体来说,购买决策人以消费者个人或家庭为主。以牙膏购买为例,通常由消费者本人负责决策,可能在路过便利店的 5 分钟内就能做出决策并完成购买,其中决定购买哪款牙膏仅需消费者在货架前停留10秒的时间。像这样的决策链条非常简单直接。而对于大额消费品,例如汽车、房产,则涉及多个家庭成员,包括夫妻双方以及可能的老人和成年子女。以家用车购买为例,可能需要经过两三个月的看车、试驾、对比以及家庭内部的多次讨论,才能最终确定购买的车型。

2. To C 购买决策受哪些因素的影响

To C 购买决策受到品牌、情绪、价格、功能、外观以及购物环境等多种因素的影响。在多数快速消费品的消费行为中,品牌、情绪和价格的影响相对较大。

中国 To B 企业的决策现状

为了掌握企业级决策的当前状态,2023 年 1 月笔者进行了一次系统性的问卷调查,以便从定性和定量两个角度了解企业在过去三四年间的重要决策方向、模式,以及决策与企业的属性、规模之间的联系。这次调研共收集了 103 份意见问卷,被访者主要是企业的 CEO 等高层管理者。下面是此次调研的基本情况和主要结论。

企业决策者调研项目概要如下:

- 样本数:103 份。
- 受访人群画像:企业 CEO 等高层管理者。
- 调研形式:在线问卷。
- 问题数:12 个。
- 问卷采集时间:2023 年 1 月 16 日—26 日。

- 问卷分析报告完成时间：2023 年 3 月。

具体的调研结果如图 1-2 ～图 1-16㊀所示。

被访者的岗位分布

选项	小计	比例
A. 一把手、CEO或者董事长	38	36.89%
B. 企业高层：CXO（产品、销售、品牌、财务、HR等关键职能部门负责人）	48	46.6%
C. 中层管理者，直接汇报给各大部门的一把手	14	13.59%
D. 基层员工	3	2.91%
本题有效填写人次	103	

图 1-2　被访者的岗位分布

被访者的企业所有制属性

选项	小计	比例
A. 民营企业	79	76.7%
B. 国央企及下属单位	9	8.74%
C. 外企或港澳投资企业	12	11.65%
D. 其他（请注明）	3	2.91%
本题有效填写人次	103	

图 1-3　被访者的企业所有制属性

被访者的企业规模

选项	小计	比例
30人以内	26	25.24%
30~300人	35	33.98%
301~1000人	19	18.45%
1001~5000人	12	11.65%
5000人以上	11	10.68%
本题有效填写人次	103	

图 1-4　被访者的企业规模

㊀ 由于四舍五入的关系，图中统计结果的各项求和可能不为100%。

被访者的企业所处发展阶段

选项	小计	比例
A. 初创企业，还在产品研发和市场验证阶段	15	14.56%
B. 快速成长型企业，正在快速拓展市场中，营收年增速超过20%	27	26.21%
C. 稳定发展型企业，业务成熟，年营收增长在0~20%之间	56	54.37%
D. 其他（请注明）	5	4.85%
本题有效填写人次	103	

图 1-5　被访者的企业所处发展阶段

您企业的日常决策模式是怎样的？

选项	小计	比例
A. 企业大部分事务汇报给一把手(CEO)，由一把手进行个人决策	14	13.59%
B. 主要由CEO和核心高管团队进行商议和决策	64	62.14%
C. 扁平化管理及决策，基层和中层有相当的决策权	25	24.27%
D. 其他（请注明）	0	0%
本题有效填写人次	103	

图 1-6　被访者的企业日常决策模式

您2021—2023年的业务决策符合如下哪一种描述？

选项	小计	比例
A. 大幅扩张，积极乐观	11	10.68%
B. 小幅扩张，谨慎乐观	37	35.92%
C. 规模不变，谨慎面对	39	37.86%
D. 收缩规模，谨慎悲观	14	13.59%
E. 其他（请注明）	2	1.94%
本题有效填写人次	103	

图 1-7　被访者的企业业务决策模式

您企业2021—2023的业务决策到2023年末的业绩结果如何？

选项	小计	比例
A. 快速发展，实现30%或更快的增长	13	12.62%
B. 较快发展，实现1%~29%的增长	47	45.63%
C. 业务萎缩，营业额规模萎缩了1%~30%	25	24.27%
D. 业务急剧萎缩，营业额规模萎缩超过30%	11	10.68%
E. 其他（请注明）	7	6.8%
本题有效填写人次	103	

图 1-8　被访者的企业业绩结果

第 1 章　To B 决策和 To C 决策

如上提到的业务决策是基于哪些信息和关键因素做出的？

选项（多选）	小计	比例
A. 对经济环境的客观全面的分析	51	49.51%
B. 对行业发展趋势、政策、机会窗口的深入分析	80	77.67%
C. 对客户和竞品需求的全面深入的分析	61	59.22%
D. 产品所在生命周期的利弊考量	14	13.59%
E. 投资人的意愿和股东的要求	20	19.42%
F. 中层和基层的意愿和信息输入	9	8.74%
G. CEO或者董事长对企业快速发展的热情和执着	23	22.33%
H. 决策过程中的反对声音起到了重要的作用	0	0%
I. 其他（请注明）	1	0.97%
本题有效填写人次	103	

图 1-9　被访者做业务决策的依据

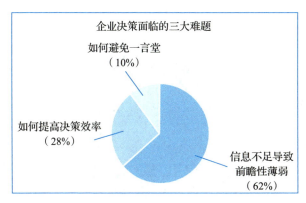

图 1-10　企业决策面临的三大难题

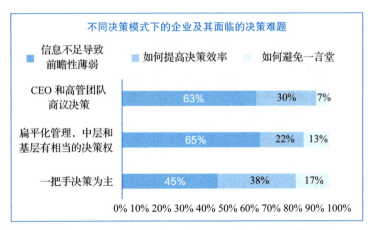

图 1-11 不同决策模式下的企业及其面临的决策难题

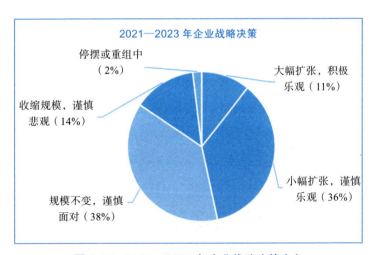

图 1-12 2021—2023 年企业战略决策方向

第1章 To B决策和To C决策

图1-13　2021—2023年企业战略决策方向与企业决策模式

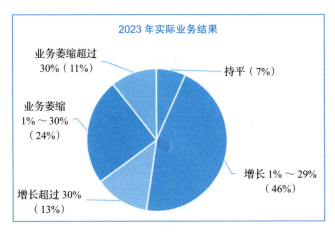

图1-14　2023年实际业务结果

图 1-15　2023 年实际业绩结果与企业决策模式

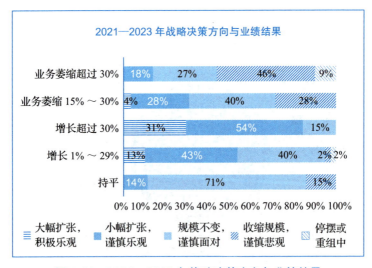

图 1-16　2021—2023 年战略决策方向与业绩结果

通过本次调研，我们能得出如下结论：

- 受访企业中，14%主要由一把手决策；62%由CEO与高管团队共同商议决策；24%实行扁平化管理，中层和基层也具有较大决策权。
- 在2021—2023年期间，46%的企业选择了较为乐观的业务决策，其中77%的企业仅进行小幅扩张，23%的企业进行了大幅扩张。
- 至2023年，58%的企业实现了业务增长，7%的企业业务持平，35%的企业经历了业务萎缩。
- 受访者面临的三大决策难题分别为信息不足导致前瞻性薄弱、如何提高决策效率以及如何避免一言堂。其中，被提及最多的是"信息不足导致前瞻性薄弱"，占62%。
- 在2021—2023年的决策中，一把手决策为主的企业趋向于作出积极乐观的业务决策；而到了2023年，这类决策模式的企业业务萎缩幅度更大。

第 2 章 | CHAPTER

To B 的决策窘境

　　企业在做决策时，很难确保每个决策都百分之百正确。有句话说："幸福的家庭千篇一律，不幸的家庭各有不同。"这句话放在企业身上同样适用。企业要做出好的决策，光靠运气好远远不够，还需要遵循相应的原则。而企业决策反复出现同样的失误和问题，甚至陷入惯性，常常导致严重的业务后果。我们把这种现象称为决策窘境。对于企业家和管理者，乃至整个企业来说，决策窘境都是需要警惕的雷区。总体而言，我们可以大致总结出企业决策的五大窘境，下面我们将介绍这五大决策窘境的现象及其背后的原因，以及如何避免陷入这些窘境。

鸵鸟政策——回避拖延，甚至不做决策

"鸵鸟政策"窘境

常常听到企业员工和经理人抱怨，说企业家或者管理者拖延决策甚至不做决策，导致问题经年累月横亘在业务发展的道路上，成为一大阻碍，或者业务发展在各方势力的角逐中被获胜方裹挟着往前走。

有的企业家以为不决策就可以避免决策错误的风险，殊不知这只是一时的鸵鸟心态，最终会让企业家和企业付出代价。在好的情况下，随着业务发展和市场变化，问题自然而然得到了解决，但更大的概率是问题从一粒芝麻大小，随着时间的推移如同滚雪球一般越滚越大，不但对业务造成更大的伤害，甚至最后形成雪崩，成为压垮企业的最后一根稻草。

某科学家创业的科技企业，CEO 拥有强大的技术和产品背景。该企业早期获得了非常可观的风险投资，利用团队的技术积累推出了相当有竞争力的技术和产品，但对于如何推向市场、如何拓展业务、如何产品化以快速占领旗舰客户却来回摇摆。一方面，CEO 在这个领域习惯性地不做决策，导致业务团队由于业绩压力在市场开拓的过程中各行其道、各显神通，不但缺乏统一的产品售卖策略，还缺乏标准化的产品和解决方案包装。另一方面，CEO 在产品化策略和市场拓展策略上的不决策，导致各个职能部门（如研发、交付、财务等部门）对产品策略和业务拓展各持己见，纷纷基于各自部门的利益而非公司整体利益来进行跨部门合作。结果不仅内耗严重，而且日积月累产生了更大的问题，也就是没有形成标准化的产品和方案，对于同类型需求的客户很难进

行快速拓展，而这必然导致公司经营成本高企、业务增长缓慢。

"鸵鸟政策"窘境背后的原因

对于这个问题，从企业家和企业决策机制两个层面来看。首先，从企业家层面来看，通常陷入"鸵鸟政策"窘境源于以下几个方面的原因：

- 企业家的性格特点。企业家也是人，也有每个人固有的性格特点。有的企业家就是回避型人格，对于冲突或者有决策风险的事会习惯性地绕道走。
- 企业家的知识盲点。面对不熟悉的领域或者充满不确定性的事宜，企业家根本不知道该如何决策。
- "无为而治"的侥幸心理。企业家希望通过"无为而治"来解决问题，期望随着时间的流逝，问题自然而然地被解决。
- 忽略了问题被耽误的严重后果。一些业务问题最初看起来并不紧急，因为各种情况而被搁置得不到解决后，被忽略或者被遗忘。等雪球越滚越大，问题再次被发现的时候，就成了心腹大患。

其次，从企业决策机制层面来看，陷入"鸵鸟政策"窘境反映了企业决策机制失效和存在盲点，具体的原因可能来自以下几个方面：

- 企业组织架构复杂，导致责任分工不清、冲突严重、决策困难。
- 业务问题本身无法明确归属于具体哪个部门和岗位，而关键岗位的管理人员缺乏大局观和业务敏感度，任由责任不明确的业务问题存在，久久不决策。
- 企业最高决策者或者关键决策岗位能力缺失，导致业务问题被忽略，或者存在意见冲突的各个利益相关方势均力敌，没有更高一层的决策者进行判断和决策。

如何避免"鸵鸟政策"窘境

谁也不是天生就会做企业家，企业家对于业务的认识和判断除了得益于一定的个人天赋，更多是日积月累的结果。企业家要充分了解自己的性格特点，当自己不自觉地要回避冲突或者拖延决策的时候，需要意识到自己正处于这个过程或者窘境边缘。在此基础上，需要建立一套适用于自己的性格特点和业务特征的方法，来避免"鸵鸟政策"窘境。由于每个企业家以及企业的业务都不相同，因此这套方法论不一定是唯一固定模式。

举例而言，企业家需要就业务问题的决策紧迫程度建立一个基本的判断标准，确定对于什么样的业务问题，一定要在短时间内进行决策，或者判断可以做到什么程度的决策。这样至少能够在企业家这样一个最高决策层有一个对关键决策的紧迫性进行把控的关口，避免轻易陷入"鸵鸟政策"的窘境。

企业家需要实时分清业务的优先级，除了把目光和精力聚焦在"紧急"的事务上，更需要关注"重要不紧急"类型的事务和问题，否则必然导致判断不清或者产生盲点，也就会出现业务决策的失当。滑入"鸵鸟政策"的窘境就是其中一个常常出现的负面效应。这里推荐采用管理学权威史蒂芬·科维（Stephen R. Covey）的时间管理四象限模型，具体可参见第5章中的内容。

当然，有的企业家会说，在一些场景下，"无为而治"对于企业管理还是一种修为的体现。笔者建议企业家辩证地看待这个观点。在现在这样一个飞速发展变化的经济环境中，不可能存在完全"无为而治"的优秀企业。企业家需要对业务和决策环境有充分的认识和判断，在恰当的前提下"无为而治"才能产生积极的效果。这几个前提包括：

- 业务问题当下并没有显现出紧迫性和巨大潜在危害；
- 业务问题还有很多方面的信息没有得到充分搜集、分析和认定，需要时间来完成这些步骤才能进行判断；
- 局势在快速变化中，业务问题很可能随局势变化而变化，这个过程中推迟决策的利明显大于弊；
- 能够就"无为而治"确立一个后续跟进动作和进一步决策的时间线，避免问题被长久搁置或者忽略。

从企业决策机制层面来看，可以参考以上提到的几个思路和模型来避免滑入"鸵鸟政策"窘境。除此之外，尤其重要的是，从企业的组织架构和企业文化上尽量避免因官僚主义产生内耗，使企业滑入"鸵鸟政策"窘境。相对于冗杂的组织机构设置和等级森严的机构，扁平化的组织机构设置更容易解决分工不明确或者具有高度不确定性的业务问题。另外，建立透明开放的从基层直达最高管理层的沟通机制也是避免"鸵鸟政策"窘境的有效途径。

闭门造车——依据主观、单薄的信息进行业务决策

"闭门造车"窘境

To B 业务的服务对象是企业，因此 To B 的业务决策需要基于对市场和客户需求的分析与判断。但我们常常看到一些 To B

企业出于一种内部封闭决策的惯性，以管理者的主观判断来进行决策，而缺乏对市场和客户需求的了解，因此决策难免落入闭门造车的结局。这个现象，一定程度上也源于管理者对自己的判断盲目自信，认为自己已经充分掌握市场和客户需求信息，无须再进行客户需求调研，并根据自己的判断进行产品规划和产品开发。结局可想而知，这样的决策几乎形同拍脑袋，如此做出的业务决策、打造出来的产品大概率跟客户的真实需求是有偏差的。

某家有着十多年舆情监测历史的企业，在向社交媒体大数据洞察领域转型的过程中，需要打造一款SaaS（软件即服务）模式的客户端软件产品。该企业CEO尽管不是产品或技术背景出身，但还是下场主导了从产品规划到产品开发、上线发布的全流程。该CEO在此期间非常积极地获取了行业领先的工作方法和协同机制，比如推行快速开发、快速迭代机制，每周或每两周进行功能更新，采用了项目团队的OKR（目标与关键成果法）和各种互联网协作工具。但当涉及产品功能的总体设计或者分项规划时，却仅由一两个非该专业领域的产品经理就单个应用场景（甚至是片段）与少数几个客户，进行单点的短时沟通。作为整个产品的牵头人，该企业的CEO几乎从来不会花时间面对客户，更没有全面客观地深入了解客户需求，进行系统性的调研和了解。

这款历时两年、花费大量人力和资金开发出的产品，上线半年，半卖半送，月活用户也仅有十几个，而日活用户就更少了。其中免费送给公关舆情专家客户的账号，在不经过详细培训的情况下，这几位专家客户自己根本无法正常使用。这听起来似乎不可思议，但其实这样的事情在To B领域并不少见。

闭门造车的反面，就是基于对客户需求和市场趋势的客观研究制定相关的产品和业务策略。这方面的一个杰出代表是手机厂商传音。IDC（互联网数据中心）的数据显示，2024年第一季度，传音公司出货智能手机2850万部，占全球市场份额的9.9%，同比增长达84.9%。该公司主要专注于生产性价比极高的手机，并将产品销往非洲、南亚、中亚等发展中地区。

传音的创始人竺兆江曾就职于波导，这是一家与诺基亚、摩托罗拉等品牌在国内竞争激烈的手机公司。根据RoyceFund基金公司的调查研究，在2005年前后，非洲大陆的手机普及率仅为6%。竺兆江曾试图说服波导进入非洲市场，但未获成功。2006年，竺兆江辞去在波导的职务，创立传音科技。通过市场调研，竺兆江发现非洲手机普及率低的原因在于当地运营商和网络覆盖的碎片化，这让许多手机企业望而却步。传音手机的首创之处在于多SIM卡槽设计，同时支持四五张SIM卡，使用户可以根据信号覆盖情况灵活切换运营商。竺兆江还根据非洲消费者的喜好和特点对产品进行了调整，比如针对黑色皮肤优化了相机调色，配置了大功放扬声器，附赠头戴耳机，采用了防摔、抗磨的手机材质等。总之，传音始终根据非洲用户的需求量身定制产品特性，并持续在产品上推陈出新。

此外，其最大卖点在于价格。传音财报显示，2023年，公司手机整体出货量达1.94亿部，手机产品营业收入达573.48亿元，平均每部手机售价不到300元。其中，还包括价格更为实惠的功能机，传音至今仍有超过50%的出货为功能机。除了硬件，传音还通过开发和合作推出了一系列适合非洲市场的移动应用，如音乐应用Boomplay、新闻应用Scooper、短视频社交应用

Vskit 等，其中非洲头条新闻应用 Scooper 的月活跃用户数多达 2700 万。

"闭门造车"窘境背后的原因

在企业业务体量相对小或者创业起步阶段，一个成功的决策可能会引领企业找对方向从而获得快速发展。这个决策也许只是源于企业创始人的直觉，并非基于对客户需求的充分把握和研究，但不可否认仍然有一定的概率能够正好契合市场和客户需求。因此，这个决策可能带给企业一段时间的成功。但如果这样的决策模式形成惯性，随着企业的成长和业务规模的扩大，企业就难免会陷入"闭门造车"的困局。

在企业高速发展阶段，无论是从企业家思维模式的维度还是从企业决策机制的维度，过于依赖单一信息来源和主观判断，做出的决策会形同拍脑袋，很难避免对客户需求认识的偏差。从企业家思维模式的维度来说，盲目自信，在小范围内进行判断和决策，或者限于信息茧房而不自知，缺乏深究和批判思维。从企业决策机制的维度来说，对决策至关重要的信息采集机制薄弱，决策过程中针对可选方案的搜集不全面，评估体系失之偏颇，于是不可避免地陷入"闭门造车"的困局。

如何避免"闭门造车"窘境

我们从企业家思维模式和企业决策机制两个维度来看如何避免这个问题。

从企业家思维模式的维度来说，要建立用户思维的底层逻辑和思考习惯。To B 业务是基于长期主义的生意，企业家需要时时刻刻站在客户的角度来思考和评估业务问题。也许在少数特定场景下，客户需求不一定是决定因素，但从长期来说，不能够很好地实现客户价值、满足客户需求的 To B 业务，一定无法成立，更不可能持续增长。简单、直白地说，面对任何问题，企业家首先要回答的是：客户会因此有什么样的变化？如何通过解决这个问题最大化客户价值？在这个过程中，一定需要在各种利益冲突中进行取舍，但决策的总体方针必须以保护客户利益、满足客户需求为前提。当然，信息搜集、汇总、分析的途径和方法也非常重要，尽量避免企业家的信息茧房，通过相对充分、周全的客户信息采集来保证决策依据能够反映客户需求的客观现实。

从企业决策机制的维度来说，从三个方面来考虑完善决策机制，可以有效避免陷入"闭门造车"的窘境。

第一，建立科学、高效的决策机制，保证民主与集中的融合，同时能够保证信息采集的科学客观和备选方案的理性评估。

第二，建立高效、精悍的情报分析机制，并将其作为企业的第三只眼监测市场和客户需求的变化，及时影响并指导企业的日常运转管理。

第三，有效利用概念验证（Prove of Concept，PoC）模式，针对产品服务的概念进行小范围的测试和验证。

刻舟求剑——以惯性思维和老旧经验来应对新问题

"刻舟求剑"窘境

所谓刻舟求剑，其实就是我们常常提到的经验主义，具体体现可能是基于企业管理中的某些规范和标准要求对业务问题进行刻板的决策，也可能体现为企业家和管理团队的经验主义，简单来说就是用过去的经验与标准来对现在和未来的业务进行判断与决策。

20世纪90年代，诺基亚凭借多个新颖、时尚的手机机型畅销全球，是当之无愧的手机霸主。诺基亚时任CEO奥利拉预言，通话将成为手机的一个附加功能，手机的未来在于接入互联网。2004年，诺基亚研发出触控技术，当时1年的研发费用超过50亿欧元。如此庞大的研发投入，诺基亚却在探索和开拓智能手机时代的过程中被苹果反超。其中一个关键原因就是在智能手机操作系统的技术路线上决策失误。2003年，诺基亚从摩托罗拉手中收购了塞班操作系统，并凭借这个操作系统一度赢得了近50%的市场份额。不可否认，作为一个传统的以通话功能占主导的手机操作系统，塞班的确有很多优势。但塞班是不是一个适合开创智能手机时代的操作系统？智能手机时代，手机的生态环境、用户使用方式、产品和技术的结合与协同模式都发生了翻天覆地的变化，采用塞班这样一个具备通话功能优势的操作系统，如何能够适应智能手机生态和用户的多媒体使用场景？这就意味着诺基亚需要在原有塞班操作系统的基础上不断改良。而反观苹果，在从iPod到iPhone的一系列革命性智能移动设备的研发和发布中，几乎原地重构了整个手机的业务模式和技术壁垒，在这一系列的创新中，操作系统是苹果手机获得全面成功的关键一环。苹果的iOS相比于塞班系统，最大的优点就在于更好的扩展性，能够从技术上更好地融合基于移动互联网的各种多媒体和App开发。这是一个用旧的判定标准和思维方式进行决策，进而贻误商机，输给激烈市场竞争的经典案例。

一家总部位于上海和北京的广告公司是在 10 年内从 0 到 1 创业并初具规模的成功的创业型企业。在短短 10 年间，其营业额达到了近 10 亿元的规模。这家企业能够在创业初期的几年内快速占领上海、北京和中西部重点商业领域的一个重要的成功经验，就是寻找到当地有客户资源且经验资深的广告业务管理者，并让其以合伙人的方式开设当地分公司，通过当地分公司与总部默契的协同和配合，快速占领当地广告市场。2020 年，适逢新零售、新消费市场蒸蒸日上，该企业最高管理团队看到了这个机会，希望能够建立具备新零售电商数字化投放和客户运营能力的团队，覆盖包括深圳、广州在内的区域市场。于是在朋友介绍下选中了一个当地互联网大厂中具有这个能力的小部门团队，几次简要沟通后决定开展类似的合伙人合作，开设当地的分公司。谁知道在疫情的反复下，以及团队和总部的一系列磨合下，业务远没有预期的那么顺利。该企业迫于生存压力，无奈在 2021 年下半年中断了合作，关闭了当地刚刚建立起来的分支机构，解散了团队，其间陆续投入的好几百万元也付诸东流。该企业最高管理团队历经这样的挫折后，进行了仔细的复盘，发现这个小团队相比于其他分公司当年的合伙人团队，存在各种各样的问题，只不过这些问题之前被距离、疫情等因素掩盖了。

"刻舟求剑"窘境背后的原因

几乎没有人或者企业能够完全跳出经验进行判断和决策，如果真这样做的话，也有矫枉过正的嫌疑。无论是什么级别的决策，最终都会由人来确定，大部分企业的各类决策是由各个角色、各个级别的管理者推动的。但凡是人在决策，就一定会在一定程度上受其认知程度和思维模式的影响。经验本身就是人的认知的一部分，因此无法完全抽离经验谈决策。但陷入"刻舟求剑"窘境的决策，是因为过分依赖经验或者既定的规则制度。人们常常忽略了非常重要的一点，那就是所有的经验都是基于过去的实践总结而来的。而决策则是面向未来的，是为未来的业务选择发展道路或寻求应对策略。如果当下及未来的环境和形式跟过去是雷同的，那么经验就有很高的参考价值；如果环境和形势发生了巨大变化，或者存在相当大的不确定性，那么经验就未必能够很好地应对未来所需。

我们当今面临的是一个正在发生巨大变革的时代，技术沿革、经济走势、全球地缘政治等各个方面都在发生各种变化。企业家和管理者在决策的时候，不能不基于过往的经验，但又不能仅仅基于过往的经验。因此，在决策过程中时刻注意，在思维方式和决策机制中，避免陷入经验主义的窘境非常重要。

如何避免"刻舟求剑"窘境

我们仍然从企业家思维模式和企业决策机制两个维度来看如何避免这个窘境。

企业家要从 0 到 1 创业，并带领企业从 1 发展到 10 再到 100，面对的是一个从无到有的创造过程。这个过程需要能够设想企业发展的蓝图和远景，并在未知中带领团队进行创造性的拓展。这个过程中，绝大部分需要决策的场景不是企业家和团队之前经历过的，也就是说之前的经验不一定能够帮助他们从容应对业务发展中的各种挑战。成长型思维（Growth Mindset）也许能够在一定程度上描述企业家需要一个什么样的思维模式来打造强大的领导力并形成卓越的决策能力。成长型思维是斯坦福大学心理学教授卡罗尔·德韦克（Carol S.Dweck）在 2006 年提出的思维模式概念。具备成长型思维的人面对新生事物和困难挑战时不做消极预设，面对批评指责和失败时能开放地去接受和面对，并从中汲取有益反馈让自己不断成长。拥有这种心态的人不惧怕失败，不对未知做预设，能将失败视为获得成功的经验积累。这样的思维模式能够有效帮助企业家和管理者在面临业务不确定性和各种挑战时，恰当地平衡既有经验和新认知、新方法在决策中的影响比重。

从企业决策机制的维度来说，需要通过多个信息搜集渠道和验证手段，确保对问题的信息搜集和诊断的全面性、客观性。然后在汇集备选解决方案的过程中，吸纳基于经验主义和更多创新的解决方案作为备选和参考。建立学习型组织和相应的机制，保证企业及团队对内外变化的实时关注。最终的决策和实施需要平衡好经验判断和新认知、新措施之间的关系，尽量以面向未来的价值判断来进行最终的决策。

中庸平庸——决策成为各利益相关方冲突后妥协的结果

"中庸平庸"窘境

这里所谓"中庸平庸"窘境，是指面对决策，企业在利弊权衡中左右摇摆，最终在各方的利益争执中妥协，选了相对能够被强势利益相关方代表接受的决策方案，即便最终并不一定能够产生最好的业务结果。各方的利益冲突来自几个不同的维度，比如：来自业务利益相关方，包括客户、员工、股东、管理层、合作伙伴；或者来自企业的不同职能部门，比如研发部、产品部、服务部、供应链、销售部、市场部等；或者来自企业长、短期的利益代表，比如长期主义支持方和短期主义支持方等。

在企业决策过程中，持不同意见的各方势力都基于自己的立场提出自己的主张，为了使自己的主张被采纳为决策，常常会从决策的各个环节来左右决策过程，比如信息采集、关键个人的情绪、备选方案搜集、备选方案评估等。在这个过程中，如果各方势力无法就决策的业务目标和愿景、原则达成一致，企业最高决策人没有明确主张，也不介意走中庸之道以平衡各方利益和意见，那么最终做出的决策就难免是中庸甚至平庸的。

IBM 作为曾经全球科技领域的灯塔型企业，可以说主导开创了个人计算机时代。但在近 15 年的公有云和 AI 的技术浪潮中，IBM 似乎日渐式微。IBM 很早就意识到公有云趋势的到来，并开始了在这方面的投入和探索。但这个过程被内部看重短期销售收入的势力牵绊，公有云的研发被要求适应超大企业客户的各种定制化开发的要求，自然很难全力投入公有云的产品和技术研发，也因此一定程度上导致了其在公有云技术路线上的摇摆不定。IBM 在 2012 年 6 月宣布收购公有云基础架构提供商 SoftLayer。2013 年时任 CEO 要求 IBM 的公有云团队在几个月内完成在 SoftLayer 上运行 Watson 的任务。SoftLayer 适合中小企业，而 IBM 最重要的客户大多是全球较大规模的公司，这些公司对于稳定性、性能和功能方面都有相对较高的要求。后来 IBM 又几乎同时投入两个技术方向不同的公有云产品项目，一个称为 Genesis 项目，一个称为 GC 项目。这不但导致 IBM 公有云在技术路线上的摇摆和混乱，也直接导致 IBM 公有云产品上线远远晚于包括 AWS（亚马逊云计算服务）、微软和谷歌在内的主要竞争对手。到今天，我们也很难在全球公有云一线厂商的阵地市场上看到这位昔日的 IT 霸主。

自 1985 年乔布斯被迫离开苹果公司后，苹果公司的价值观和发展策略就开始发生巨大的变化。其间不但在关键产品 Macintosh 的研发路线上摇摆不定，打造了过多无用的功能，还错失互联网热潮带来的机会，也在和微软的操作系统竞争中败下阵来。在销售模式上，拓展了多家经销商，使得销售渠道的效率低下且利润微薄，也更加远离了最终消费者。反观微软，却趁势大举占领市场，陆续在 1991 年推出 Windows 3.0 和在 1997 年推出 Windows 95，通过操作系统的授权模式迅速提高市场份额。而到 1996 年，Macintosh 的市场占有率从 20 世纪 80 年代末的 16% 暴跌至 4%，苹果公司的股票价格从 1991 年的 70 美元暴跌到 14 美元。乔布斯回归苹果后，首先整顿了苹果的产品核心价值观，使苹果重新回到追求极致且创新的用户体验上。乔布斯大刀阔斧地砍掉了 70% 的产品线，砍掉了 6 家经销商中的 5 家，更多采用电商直销的模式直接触达消费者。同时，苹果跟微软达成战略合作，引入微软 1.5 亿美元的战略投资，将供应链制造业转移到中国台湾，从而极大节省制造成本。所有这些改革，无一例外，都推翻了之前因为一味追求利润而在产品和业务模式上采取平庸和中庸的策略，让苹果开启了 20 多年所向披靡的高速增长。

"中庸平庸"窘境背后的原因

"中庸平庸"窘境背后常常会有三大诱因。

第一，企业已经发展到一定规模，开始出现一定程度的内耗或者部门冲突。部门与部门之间常常为了争夺资源和小团队利益发生冲突，反倒把企业的大目标和整体利益放到了一边，这就是我们常说的官僚现象。如果这成为常态或者习惯，那么企业在做决策时就会为了平息不同部门之间的利益冲突而妥协，做出中庸甚至平庸的业务决策。毫无疑问，这是对企业生命力和生产力的消磨与损耗。

第二，企业家本身缺乏判断和决断能力，怕得罪有意见冲突的部门或者利益相关方，又没有找到更好的平衡各方势力的方法，不得已而做出妥协，选择中庸或平庸的决策，甚至是放任这样的决策。

第三，企业缺乏系统、科学的决策机制，导致决策轻而易举地就被强势部门主导。在组织中已经出现了利益争斗和冲突的情况下，企业家自身又没有很好的判断与决断能力，那么就需要在一定程度上依靠决策机制的运行。

如何避免"中庸平庸"窘境

我们仍然从企业家个人和企业决策机制这两个层面来分析如何避免"中庸平庸"窘境。

从企业家个人的层面来看，在创立和经营企业的过程中，需要在根本问题和原则方向上明确什么做、什么不做。乔布斯说："决定不做什么跟决定做什么同样重要。对公司来说是这样，对产品来说也是这样。"一旦企业什么都在做，那么大概率的结果是什么都做不好。在 To B 的决策中，企业家如果既要又要还要，无法取舍，那就意味着没有战略聚焦。中庸之道开始容易，结局却很不容易。

从企业决策机制的层面来看，可以严把5个环节来避免"中庸平庸"窘境。

1）树立正确的企业愿景和健康的企业文化，以此形成全体上下的共同认知和追求。

2）形成管理层的共识，从认知上有意识地警惕陷于"中庸平庸"决策窘境的风险，同时有力推行系统性的决策机制，以有效避免这一风险。

3）从组织的决策机制上来说，尤其是在决策备选方案的搜集和评估环节中，充分搜集备选方案，确保难度高、冲突大但能有效解决核心问题的方案能够入选。

4）在备选方案评估的过程中，要对其中关键备选方案的利弊得失、风险评估（包括"中庸平庸"的窘境风险）做充分、客观的论证。

5）最终决策者需要坚持独立思考，不被各方势力胁迫，而基于企业最高层面的战略聚焦，对关键问题做出利弊判断并做出取舍，最终确定方向，明确清晰的业务决策。

一言堂——过分依赖企业家个人判断和决策

"一言堂"窘境

部分企业家也许觉得一言堂很直接高效，但是对于现代企业来说，一言堂未必是企业决策的最优解。当然，有个别极其成功的企业是采取类似决策机制的企业中的佼佼者，比如苹果、特斯拉，但这些企业的成功在相当程度上要归功于企业家的超凡远见和雷霆手段，而这对企业家的眼界和魄力要求极高。

对于一般现代企业来说，一言堂常常会让企业陷入以下几个窘境：

- 个人认知偏差导致决策失误和经营风险。个人在认知和判断上很难避免所有的认知偏差，加上影响个人认知的因素众多，决策者个人的判断失误会导致企业面临巨大的经营风险。
- 企业作为组织的生命力和生产力受到抑制。一言堂的企业缺乏必要的决策分级、授权管理，大小事务都由创始人决策，不仅创始人会成为瓶颈，而且由于无法调动各级管理者和员工的积极性，企业的组织能动性也无从发挥。
- 决策效率低下。企业在日常经营中需要决策的事涉及方方面面，如果企业没有合理的决策授权机制，事无巨细都需要等最高决策者来拍板，那么必将导致决策者成为所有大小事务的决策瓶颈，不单从表面看决策效率低下，也将导致企业的运营效率低下。
- 个人利益和组织利益的角逐。企业管理团队中除了最高管理者以外的其他人，比如一些中高层管理岗位的决策人，很有可能会在决策中权衡个人利益（意志）和组织利益（企业整体利益）。

企业决策离不开个人，毕竟决策还是需要人来做出，但为什么企业决策又不能过于依赖个人的直觉判断？

除了心理学专业人士，大部分人可能并不了解，其实在人的认知和判断中，不可避免地存在很多盲点和偏见，也就是所谓的认知偏差。虽然在芸芸众生中总有少数的智者，凭借高于常人的认知或者智慧，可以避免或者尽量减少认知偏差。

尽管不是心理学专业人士，但基于对业务管理和人的理解，笔者认为人的认知除了存在心理学上常见的各种认知偏差现象，还受诸多因素的影响和制约，比如情绪状态、价值观念、性格特征、思维方式等。对于人这个影响决策的最重要的因素，第3章会做更详细的阐述。

作为新国潮化妆品的代表之一，H品牌自2017年开创品牌后一路高歌猛进，营收逐年攀升。然而2023年9月，某网红在直播间就H品牌的眉笔价格怒怼网友，成了H品牌重大公关危机的导火索。原本这次眉笔事件的起因，是当事主播的情绪失控，H品牌算"躺枪"。但在2023年10月，在这件事情几乎快要平静地过去之时，H品牌却突然跳出来做了一系列动作，把自己再次推向舆论的风口浪尖。首先是发布了一封道歉信，但其内容无关痛痒，毫无诚意，被网友吐槽是废话文学。就在这封道歉信发布的当天，H品牌公关团队被曝或集体辞职，并且有相关聊天记录被网友曝出，表明公关团队坚决反对发布这样一封道歉信。由此可推断这封道歉信大概率是H品牌最高决策人的个人意志。随后一周，H品牌在微博上发布了一系列微博，说"好心态决定H品牌一生"，并且说"H品牌要做高端品牌"，并在评论区一并发布了一系列用戏谑口吻抬高自己在公益、质量、品牌成就等方面的微博。这一系列微博再次把H品牌推向了热搜榜——负面批评声音下的热搜。这还没算结束，时逢杭州亚运会，H品牌又发布了一条代言广告，代言人是乌兹别克斯坦某体操运动员，因造型生硬奇怪，又被网友吐槽一片，再次被负面舆论推上热搜。在这个过程中，H品牌没有采纳专业公关团队的意见，不但导致公关团队大批人马辞职，而且结果证明这一系列决策并没有得到市场和消费者的认可。

再看另一种类型的案例。在我和企业家朋友们的访谈中，不止一个企业家提到了他们的一个复盘反思：在疫情前后CEO激进的决策导致企业面临经营困难。从2020年开始到2021年上半年，一些专注于数字化转型的技术类厂商感受到了资本市场和客户需求反弹的一个小高潮。其间有的企业创始人受此现象的鼓舞，在融资到位和业绩反弹的双重利好下，毅然决然地制定了激进的经营策略，不但利用新获得的融资大肆扩张，增加研发、市场拓展的各项投入，还制定了更加激进的业绩目标。尽管其间团队内部有一些质疑和规劝，但企业家当时满腔激情要带领业务再创新高，并不一定能够听进去这些声音。于是在遇到2022年开始的疫情反复和经济减速时，企业的经营业绩、融资环境都发生了巨大的反转，这些企业也面临掉转船头、断臂求生的生存压力和挑战。当然，任何人在一生中不可能做对所有的决策，但在一言堂的环境下，由于失去了对决策纠偏的土壤，企业家的决策是否正确就完全取决于企业家自己了。

根据笔者发起的关于企业决策模式的高管调研结果：2021—2023年，越是一把手决策为主的企业，战略决策越倾向于乐观激进，如图2-1所示；而2023年的实际业绩结果显示，越是一把手决策为主的企业，业务萎缩幅度越大，如图2-2所示。

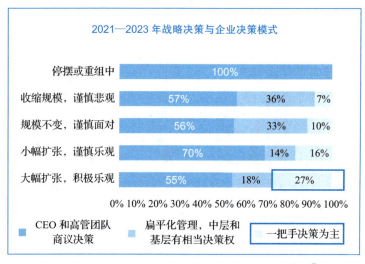

图 2-1　2021—2023 年战略决策与企业决策模式[①]

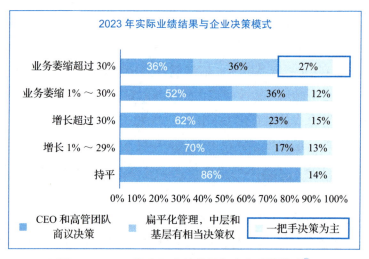

图 2-2　2023 年实际业绩结果与企业决策模式[②]

[①] 由于四舍五入的关系，统计结果的各项求和可能不为 100%。
[②] 同上。

"一言堂"窘境背后的原因

为什么企业容易陷入"一言堂"这样的决策窘境?

从企业的生命周期来看,企业在创立之初,一般是以创始人的意志来决定企业的大小事务。随着企业的成长,有的企业能够及时完成组织的升级、人才的补充和迭代,形成比较好的组织架构和组织势能。在这个过程中,也能够比较好地解决决策分级、授权的问题,从而从单一依靠创始人决策的模式,也就是"一言堂"模式,过渡到基于企业的组织和制度进行决策的模式。但在很多情况下,由于如下3种原因,企业会陷入"一言堂"窘境。

第一种原因:受限于个人的认知和性格特点,创始人无法放弃"一言堂"。创业是非常艰难的过程,创立企业并带领企业实现从0到1的成长,甚至做大做强是每个创始人的愿望。这个强大的愿力和使命感使得创始人对企业的大小事务都高度关注。再者,创始人这个群体大都追求事业成就,容易迷恋掌控企业全局的权力和操控感。再加上创始人的思维方式、认知格局、性格特点,如果难以放权,难以信任团队,那么就更不容易改变"一言堂"的格局。

第二种原因:创始人希望摆脱"一言堂"模式,但在管理和组织变革上不得其法。组织变革对于很多创始人是陌生的专业领域,其间的诸多难题都可能造成组织变革失败,比如:

1)权力下放与控制失衡。如何平衡授权与控制,确保既让下属能够承担起责任,自己又不会失去对企业核心战略的把控,是一个难题。

2)随着管理层次的增加,组织结构需要进行相应调整以适应新的管理模式。这可能涉及部门重组、职责划分、流程优化等方面，需要创始人具备组织变革的能力。

3）企业文化和价值观的传承。创始人的价值观和企业文化在企业发展中起着重要作用。在进行管理和组织升级的过程中，如何保持企业文化的连续性和一致性，同时吸收新的管理理念和文化元素，是创始人需要考虑的问题。

4）人才选拔和培养。为了实现管理和组织的升级，企业需要吸引和培养一批具有现代管理理念和专业技能的人才。创始人需要在人才选拔、培养和激励方面做出调整，以适应新的管理需求。

第三种原因："一言堂"成为路径依赖。这有以下几个成因：

1）决策效率与控制力。在企业创立初期，市场环境和业务方向尚未明确，需要快速决策和灵活调整，"一言堂"模式能够提供这种高效率和强控制力的决策，有助于企业迅速响应市场变化。

2）组织惯性。随着企业的成长，原有的决策模式会形成一种组织惯性。团队成员习惯了由创始人做出关键决策，导致其他成员的决策能力和责任感得不到充分发展，组织内部缺乏多元思维和创新。

3）企业文化和价值观。创始人的决策风格和个人价值观在企业发展中占据核心地位，形成了企业文化的基础。随着时间的推移，这种企业文化和价值观成为企业决策的路径依赖，难以改变。

4）信息流通与过滤。在"一言堂"模式下，信息往往需要通过层级上报至创始人，这可能导致信息过滤和失真。创始人的决策依赖于其获取的信息，如果信息不全面或不准确，决策质量会受到影响。

5）权力结构。长期采用"一言堂"模式会导致企业的权力结构固化，创始人周围可能形成一圈执行者而非思考者。这种权力结构使得企业难以吸引和留住具有独立思考能力的人才。

如何避免"一言堂"窘境

要保证决策人的判断和决策的客观性与准确性，有相当多的不确定因素和挑战。这也是为什么我们认为，除非企业的管理者是出类拔萃，拥有杰出的远见、敏锐的直觉、超凡的智慧的企业家，否则建议企业和企业家结合组织的力量，并采用科学的决策机制来保证决策的质量。当然企业不可能完全从组织的层面进行决策，中间一定有个企业的关键决策人和组织相互交织的过程。企业可以考虑采取以下措施来避免陷入"一言堂"窘境：

- 在创始人个人方面，创始人要有意识地反思并复盘决策模式，并根据企业发展的需要推动必要的管理和组织变更。创始人需要进行一定的授权管理，客观看待不同的意见和声音，同时充分调动各级人才的积极性，使其在职责范围内更好地履行决策及执行任务。
- 在企业文化方面，鼓励开放、坦诚的沟通风格，包容多元化的思维和不同的意见。
- 在人才发展和组织建设方面，引入擅长组织变革的专业人才来推动这个过程，在必要的阶段可以考虑适当采用民主集中制，既能广泛听取来自各个层级尤其是一线的声音和意见，又能够保证决策制定后的执行力；同时根据业务的属性制定相应分级决策的授权和风险管理机制，通过调动多层级组织的能动性，训练并提高组织内多层级决策的质量。

根据笔者发起的关于企业决策模式的高管调研结果，在决策模式以一把手决策为主的企业中，有17%的企业已经意识到并有意在应对可能存在的"一言堂"决策风险，如图2-3所示。这一数据表明企业最高管理层在这个方面是有一定的客观认知的。

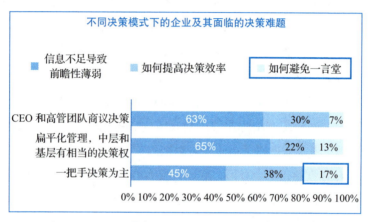

图2-3　不同决策模式下的企业及其面临的决策难题

第 3 章 CHAPTER

影响企业决策的关键因素

企业的决策是一个动态变化且很复杂的过程。企业决策不但决策链条长，而且其间会受很多因素的影响。从决策链条上的相关人士尤其是企业决策者，到企业性质、企业文化、经营规模、外部环境等，各个环节各个维度的因素都在影响着企业决策。深度理解企业的决策逻辑，要从梳理影响企业的关键因素入手。

总体而言，影响企业决策的关键因素除了明显的外部因素，从企业的内部因素来看，总体分为两大类，一类是人的因素，另一类是企业组织的因素。人的因素包括决策链条上以企业决策者为首的个人的特点。人是很复杂的动物，不但兼具感性和理性思维，而且人的心理和认知还在逐步发展中。至于企业组织的因素，每个企业的企业所有制、企业文化、经营模式、决策链条等环节都各不相同，会在不同程度上影响企业的决策。

决策者的个人特点

决策者对决策的影响

决策是人做出的决定和选择。人做出决定的过程，是人对事物进行认知和理解、形成判断并对如何应对做出选择的过程。决策者个人方方面面的因素会对决策产生各个维度的影响。其中比较主要的影响因素有决策人的认知、情绪、性格特征、决策习惯、价值观、个人目的和追求等。因此不同的人，在同样的企业、同样的岗位，面对同样的问题和挑战，做出的决策可能是完全不同的。

在第二次世界大战前，1937年内维尔·张伯伦（Neville Chamberlain）担任英国首相。当时德国、日本对周边国家的侵袭已经相当频繁。张伯伦奉行绥靖政策，主张通过妥协和外交手段来避免战争，这在德国入侵邻国的背景下被认为是一种"和平政策"。他认为通过与德国展开谈判和妥协可以维持和平，并且相信德国的野心可以得到控制，一厢情愿地相信希特勒会遵守国与国之间的和平协定。面对德国一而再再而三地侵犯奥地利、捷克斯洛伐克等国，张伯伦政府持续通过与德国的谈判试图避免战争，并于1938年与德国签署了《慕尼黑协定》，为了让德国保证不侵犯英法领土，将捷克斯洛伐克部分领土割让给德国。张伯伦认为这将能够维持和平，并将其描述为"带回来了我们这个时代的和平"。结果是希特勒撕毁《慕尼黑协定》，陆续进攻波兰、荷兰、挪威，张伯伦对希特勒的幻想也随着他的首相职业生涯一起彻底破产。

与此不同，温斯顿·丘吉尔（Winston Churchill）对纳粹德国的威胁有着更为清醒的认识与更为强硬的立场。丘吉尔在这个时期尽管并不担任重要职务，但他通过演讲和写作表达了他对纳粹德国的警觉。他在早期就警告大众关于纳粹德国的侵略野心，并批评张伯伦政府的绥靖政策。丘吉尔坚信纳粹德国的目标是征服欧洲，并认为只有采取坚决的行动才能遏制纳粹的侵略。他主张英国应该加强军备，与纳粹德国对抗，并且强调通过坚定的立场来维护自由和民主。丘吉尔的立场体现了对纳粹德国威胁更为准确的认知，以及对于战争不可避免性的预见。

最终，战争的爆发和纳粹德国的侵略行动，证明张伯伦之前对局势的判断是错误的。丘吉尔成为英国新任首相，并领导英国坚决抵抗纳粹德国。张伯伦和丘吉尔对德国纳粹动机的不同认知和判断一定程度上与他们的家庭背景、职业经历、价值观和性格特点有关，简单分析如下：

- 家庭背景。家庭背景可以对人的观点和价值观产生深远影响。张伯伦来自一个政治家庭，他的父亲曾经是一位政治家，他在家庭环境中长期耳濡目染用政治和外交手段解决问题。相比之下，丘吉尔的家庭背景有军方色彩，他的父亲是一位著名的将军，这可能有助于他形成更为坚决的立场。

- 职业经历。张伯伦的父亲曾任伯明翰市长和内阁殖民大臣，哥哥先后任职财政大臣、外交大臣等岗位。张伯伦热爱文学和艺术，大学毕业后在企业做了几年职业经理人。1911年，张伯伦从政，先后担任邮政总局局长和财政大臣等多个职位。而丘吉尔在第二次世界大战前期并不担任重要职务。张伯伦从政治经验和外交谈判的角度来看待问题，试图通过和平手段解决争端。张伯伦尽管在战局中对希特勒的意图判断失误，但是在整个绥靖政策期间重整军备，加强了雷达防御和空军能力，为后来丘吉尔带领英国跟纳粹德国的正面战争打下了基础。丘吉尔出身贵族家庭，从小热爱历史和军事，毕业于桑赫斯特皇家军事学院。丘吉尔于1895年参加过西班牙镇压古巴革命、英国侵略印度战争和英布战争，在1911—1929年期间先后担任海军大臣、陆军大臣和空军大臣，在军事领域有着丰富的经验，他更加了解军事威胁和战争的严重性，更倾向于采取坚决的行动。

- 价值观。每个人的价值观都会影响他对世界的看法和对事件的反应。张伯伦更加重视经济基础对战争的巨大支撑作用，常年致力于维护相对和平与稳定的环境来加强英国的经济发展并改善财政疲态，也自然倾向于通过外交手段和绥靖政策来解决冲突。丘吉尔则强调自由、民主和人权的重要性，坚信这些价值观需要通过坚定的立场来维护。

- 性格特点。个人的性格特点也会影响他们对事物的看法。张伯伦被描述为温和、谨慎、周全、乐观，他更倾向于通过外交和政治解决问题。丘吉尔则热情、果断、坚毅和勇敢，总是直面困难和冲突，对于战争有相当的热情和自信，不达目标永不放弃。

从以上分析不难看出，张伯伦和丘吉尔对于战局的认知判断有巨大差异，这跟双方的个人背景和个人特点有诸多关联。这里我们对家庭背景、职业经历、性格特点、思维模式、情绪状态做简要解析，并在后文针对人的认知方面典型的偏差做专门探讨。

1. 家庭背景

家庭背景包括一个人在家庭环境中所经历的各种因素，如家庭的经济状况、教育水平、文化价值观和家庭成员间的关系等。以下家庭背景可能对人的认知、判断和决策产生影响：

- 价值观和信念：家庭背景塑造了一个人的价值观念和信念体系。家庭传承的价值观念和道德观念会影响一个人的认知方式和判定标准。
- 教育和知识：家庭背景中的教育水平和知识传承对人的认知与判断能力有一定影响。良好的教育会帮助人具备相对广泛的系统性知识储备，一定程度上影响认知和判断。
- 经济状况：经济状况虽然不能完全决定人的认知，但是会一定程度上影响人在成长过程中能够获得的机会和资源，这也会影响到人的认知和判断。当然随着互联网和社交媒体的普及，各种信息的获取渠道和教育资源渠道更加扁平化，也更容易跨越各个经济收入的群体。
- 家庭关系和家庭环境：家庭中的人际关系和家庭环境对个人的认知和决策能力有重要影响。良好的家庭关系和支持性的家庭环境可以提供情感支持和稳定的情绪状态，有助于个人做出更明智和理性的决策。

值得注意的是，尽管家庭背景对人的认知、判断和决策有影响,但每个人都是独特的个体,每个人的成长过程也有各种随机因素和机缘巧合,因此也不一而论。有不少实例证明,人们有能力超越家庭背景的限制,通过自我学习、经验积累和不断成长来发展自己的认知和决策能力。

2. 职业经历

职业经历对人的认知、判断和决策有相当明显的影响,总体而言,主要体现在以下几个方面:

- 专业知识和技能:职业经历可以为个人提供特定领域的专业知识和技能。通过工作中的学习和实践,人们可以获得特定行业或领域的专业知识,从而对相关事务有更深入的认知和理解。比如理科学者的逻辑思维非常严密,医生对事物的判断相对理性,演员和艺术家对事物的理解和认知相对敏感、感性等。
- 经验积累:职业经历使人们能够积累丰富的实践经验。通过面对各种工作场景和挑战,人们可以在实际操作中学到许多经验和教训,从而对问题有更准确的判断和决策能力。
- 压力管理和决策能力:职业经历经常伴随着挑战和压力。在工作中,人们需要在有限的时间和资源下做出决策。这促使人们提高自己的决策能力,并学会有效地管理压力和应对挑战。
- 人际关系和团队合作:职业经历中的人际关系和团队合作对人的认知和决策能力也有影响。与不同背景和观点的同事合作,可以拓宽个人的认识和视野,使个人对问题有更全面的判断和决策能力。

3. 性格特点

人是非常复杂且多样的，每个人的性格也都是多面的，但就某单一性格特质而言，在其认知、判断和决策上大概率会有明显的体现，举例如下：

- 冲动型与谨慎型：冲动的人可能会做出仓促或冲动的决策，没有充分考虑后果或其他选择，因而对风险的敏感度相对低；谨慎的人的决策过程相对长，会习惯考虑多个因素，前后权衡，也对风险更敏感。
- 外向型与内向型：外向的人更倾向于寻求多个其他人的意见和反馈，更加开放和合作，而不是单凭个人判断做出决策；内向的人通常更偏向于自己思考和判断，如果需要征求他人意见，也会只与少数信任和亲近的人沟通。
- 相对独立与依赖性强：独立的个体更加倾向于独立思考、独立决策，并根据自己的价值观和信念做出选择，就算参考他人意见，也受他人的影响相对小一些；依赖性强的人通常习惯反复咨询身边信赖的人的意见，决策也受身边人的影响较大。
- 偏好和偏见：人们的偏好和偏见可能会影响他们对不同选择的评估和决策。例如，某人对某个选项有积极的经验，可能会更倾向于选择该选项。

4. 思维模式

思维模式指的是人们在处理问题、做决策时所采用的一种特定的思考问题的方式。这种模式可能是个人习得的、根深蒂固的思考习惯，也可能是受文化、教育、经验等因素影响而形成的思考方式。不同的思维模式可能导致人们在面对相同问题时做出不同的选择，从根本上是因为思维模式决定了人对于现实世界中的各种信息如何吸收、解读、理解、判断，也就是说不同的思维模式可能形成不同的认知，当然也就会导致面对同样的问题，人们会做出不同的判断和决策。

在时下各种流行的概念和学说中，笔者非常认同斯坦福大学心理学教授卡罗尔·德韦克提出的成长型思维的概念。她于2006年出版《思维方式：新的成功心理学》一书，提出了成长型思维和固化思维（Growth Mindset VS Fixed Mindset），认为具备成长型思维的人，其各方面的能力会因为这样的思维方式导致的不同态度和行为，得到长足的发展。图3-1以及表3-1和表3-2就固化思维和成长型思维的不同做了相应的对比。

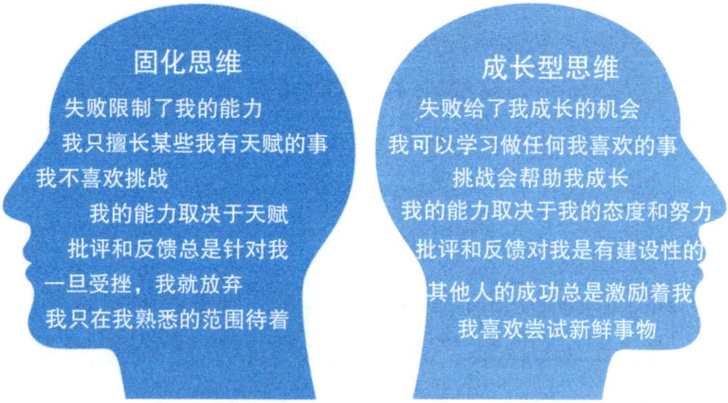

固化思维
失败限制了我的能力
我只擅长某些我有天赋的事
我不喜欢挑战
我的能力取决于天赋
批评和反馈总是针对我
一旦受挫，我就放弃
我只在我熟悉的范围待着

成长型思维
失败给了我成长的机会
我可以学习做任何我喜欢的事
挑战会帮助我成长
我的能力取决于我的态度和努力
批评和反馈对我是有建设性的
其他人的成功总是激励着我
我喜欢尝试新鲜事物

图 3-1　固化思维和成长型思维的区别

在不同思维模式的引领下，面对同样的事物，人会做出截然不同的判断和选择，自然在决策上也就完全不同。对于企业决策者而言，思维模式就是人的底层逻辑，具备什么样的思维模式，就容易做出什么样的决策。

表 3-1 固化思维和成长型思维对挑战、天赋、努力等的认知差异

主题	固化思维	成长型思维
能力	天赋决定了能力,没有天赋的人再怎么努力也很难提升,而了不起的天才则不需要努力	能力不是一成不变的,可以通过后天的努力来获得和提升
挑战	回避和恐惧挑战,在从事自己游刃有余的事情时充满活力,而不愿意尝试有难度的任务,在尝试之前就已经选择了放弃	把挑战看成学习和自我提升的机会,热爱做有挑战性的任务
风险	厌恶风险	勇于承担风险
新事物	喜欢待在舒适圈内,不愿意尝试新事物	积极主动地尝试新事物
才华	总希望证明自己有才华,高人一等。在认可自己才华的时候,往往产生优越感和特权观念,变得自负	欣赏自己和他人的才华,同时坚信才华是可以培养的
天赋	认为自己天赋出众的时候,也有可能会回避努力,害怕面对努力了依然失败的结果。因为付出努力本身会让才华得到质疑,而如果努力后失败则失去了借口(否则可以找借口说自己只是没有努力)	认为天赋只是起点,有天赋的人也需要付出积极的努力,天赋欠缺也可以通过付出更多的努力来实现提升和超越
努力	认为努力意味着不够有天赋,对于不擅长的事情不愿意付出努力,害怕努力后还是失败的事实会让自己找不到借口。为了保护自己的自尊心,一个主要对策就是自暴自弃。很多固化思维模式的青少年用放弃努力来回避成年人对自己的评判	认为努力可以让人更有才能,愿意为自己不擅长的事情付出努力,同时会根据努力的成效积极改进自己的方法

表 3-2 固化思维和成长型思维对于成功、失败和自我等的认知差异

主题	固化思维	成长型思维
标签	重视刻板印象,对负面标签十分敏感,担心自己会印证刻板印象	不会用标签化的方式来评价自己和他人,重视人的发展,相信有"士别三日,当刮目相看"的可能
成功	认为成功就是达到特定的目标来一次肯定自己,不愿为了追求成功而暴露自己的不足	把成功看成自我提升和享受乐趣,坦然承认自己的不足之处

（续）

主题	固化思维	成长型思维
失败	恐惧失败，把失败看成对自己价值的否定，认为失败是因为自己没有天赋。失败后耿耿于怀甚至信心尽失。更糟糕的是为失败找借口，把责任推到别人身上	不害怕失败，认为失败是成长路上必然经历的事。把失败看成收获反馈和学习的机会。尽管失败后还是会沮丧，但是会积极采取行动寻求改变
他人的成功	感到他人的成功对自己造成了威胁	从他人的成功中获得新知识和灵感
社会评价	把他人看成裁判，认为他人的评价和印象决定了自己是个什么样的人，担心别人对自己的评价，厌恶他人对自己的批评建议	把他人看成盟友，认为自我评价和他人评价一样重要，把他人的评价看成自我反省的镜子
早期表现	有些人无须训练就能做得很好，有些人经过训练仍不能做到。认为早期表现就能代表人的才能和未来	认为早期表现决定不了什么，后来的付出可以改变这一切。不断进取，更关注未来的自己
学习	为了获得考试高分	为了拓展知识和提升能力
自我	希望自己完美无缺，更关注当下的自己	希望自己不断进取，更关注未来的自己
衡量标准	相信能力是可以被一份试卷、一次考试测试的，认为人的潜能可以被预测，急于证明自己	认为能力，尤其是未来将会发展的能力不可能被测试，认为人的潜能无法估量，看重自我的成长

马斯克是继乔布斯之后在创新思维和创业精神方面的杰出代表。出生在南非的马斯克在青少年时期就对各种软件和电子技术着迷。马斯克17岁时怀揣4000美元来到加拿大念大学，踏上独立探索世界之路，并就此开启了传奇的人生。SpaceX在航天技术和商业模式上向各大拥有航天技术的大国公开叫板，以极致的商业化创新和技术极客精神，不但极大降低卫星发射的成本，更是将先进的计算机、材料技术创造性地融合进航天运输业。特斯拉向已经发展了100多年的传统燃油车行业公开挑战。在马斯克创建这两家企业之初，所有人都认为他疯了，但这两家企业今日

的巨大成功无不成为人类不断创新、不断突破自己的典范。马斯克独特的思维方式集中表现在几个方面：

- 大胆的愿景。马斯克有着超乎寻常的愿景，他想的不是建立一家普通的公司，而是要改变世界。他梦想让人类登陆火星、发现可持续能源。这些宏大的愿景驱使他不断努力，超越自我。
- 跨界整合。马斯克善于将不同领域的知识和技术整合在一起，创造出全新的解决方案。比如SpaceX结合了航天、工程、材料和计算机技术，特斯拉将汽车和新能源、移动互联网、物联网、AI、自动驾驶等技术相结合。这种跨界整合带来了创新和竞争优势。
- 坚定的信仰。马斯克对自己的信念坚定不移，无论外界如何质疑或阻挠，他始终不会动摇。这种坚定的信仰使他能够承受压力、克服困难，并持续努力追求目标。
- 追求技术突破。马斯克不满足于现状，他始终追求技术上的突破和创新。无论是SpaceX的重复使用火箭技术，还是特斯拉的自动驾驶系统，他都不断挑战技术的边界，推动行业发展。

总的来说，马斯克以其大胆的愿景、跨界整合、坚定的信仰和追求技术突破的精神，成功地开创了多家企业，并在科技领域取得了巨大的成功。他的思维方式不同于常人，充满创造力和冒险精神，这也是他在商业世界取得成功的关键因素之一。

5. 情绪状态

我们常说人是感情的动物，情绪是由思维、感觉和行为表现综合组成的一系列生理和心理状态。无论哪个国家、哪个民族的人，心理学上认为都存在喜、怒、哀、惧四种基本情绪。情绪的外在表现是人的表情、语言、肢体、行动等各种综合行为；情绪的核心是人作为个体的主观体验，也就是人的感觉；情绪升起会引发一系列的生理唤醒，是一场系统性的从主观到生理的反应机制。

各种情绪唤起的生理反应不但涉及广泛的神经结构，如中枢神经系统的脑干、中央灰质、丘脑、杏仁核、下丘脑、蓝斑、松果体、前额皮层，还涉及内、外分泌腺等，因此我们说生理唤醒是一种生理的激活水平。生理上的反应牵涉这么多机能，自然会影响大脑活动，也就影响我们的认知系统，并最终导致判断和决策的不同。

情绪对决策的影响，与个人特点的最大不同在于：个人特点相对稳定，就算有变化频率也会相对较低，周期相对较长；而情绪的变化是动态的，跟每个人所遭遇的现实中的事情和环境实时关联。也就是说，同一个人在同一个时期和环境下，在不同的情绪状态下的认知、判断和决策可能会很不一样。

- 高兴和积极情绪。人们感到高兴和积极时，往往更加乐观和开放。这可能会带来更灵活的思维和创造力，以及更积极的解决问题的态度。积极情绪还可以提高记忆力和注意力，有助于更好地处理信息。
- 愤怒情绪。愤怒情绪可能导致冲动和偏激的决策。人们在愤怒时更容易感到不公正，并且倾向于更冒险的行为。这可能会导致冲动的决策，不太关注潜在的风险和后果。
- 悲伤和沮丧情绪。悲伤和沮丧情绪可能导致记忆力和注意力的减弱，以及对信息的过度关注。这可能会影响人们的判断力，使其更加消极和缺乏动力。

- 焦虑和紧张情绪。焦虑和紧张情绪可能导致注意力的分散和难以集中。这可能会干扰决策过程，并导致过度谨慎或过度担心。焦虑情绪还可能导致过度估计潜在风险，从而抑制冒险行为。
- 恐惧情绪。恐惧情绪可能导致人们对潜在威胁的过度反应，从而影响其判断和决策。恐惧情绪还可能导致避免性行为，使人们不愿意面对可能的风险或挑战。

人是复杂的个体，且每个个体的各种特征都不一样。尽管一定特征的人的认知和决策具备一定的特点，但要知道决策本身是诸多特征综合作用的结果。此外，人在成长和发展的过程中，面对各自不同的人生路径，会遇到不同的人、不同的事，尤其是一些突发的重大变故，对人的认知和性格会有相当大的影响。因此很难由以上单一的特征来对人的认知和决策进行简单的归因分析，因为这并不绝对。

关于判断和决策的三大经典理论

在判断和决策这个领域，西方有相当长的学术研究历史，中国近几年也逐渐有了长足的发展。这里跟大家分享关于判断与决策的部分重要发现和理论成果。

1. 理性经济人假设

理性经济人（Homo Economicus）是一个假设的概念，即人类：

- 从自身利益出发；
- 了解自己想要什么；
- 做出理性选择（基于边际效用理论），使其效用最大化。

理性经济人的概念是新古典经济理论的重要基石，它提供了一个框架，用于模拟消费者和企业在不同情况下的应对方式。亚当·斯密（Adam Smith）在《国富论》中提到，人们在不经意间追求各自的利益，可能会实现更为有效的社会效益。

到了现代，有诸多的学者认为理性经济人假设存在局限性，具体来说：

- 行为经济学认为人类有许多偏见和非理性行为的例子。
- 人并不总是自私自利的，可能会在利他主义的基础上，从社区或社会的角度采取行动。
- 对等和报复心理。如果有人帮了我们一个忙，我们愿意回报这个恩惠。同样，如果有人伤害了我们，我们可能想要进行报复——即使这会导致个人效用的丧失。
- 有限理性—— 一个人缺乏足够的知识，因此只能根据有限的信息做出最佳猜测。
- 该模型过分强调外在动机——利润、更高的工资、更多的商品。实际上，我们的动机是内在的。例如，给慈善机构捐赠可以带来"感觉良好的因素"，这可以使赠送财富变得合理。

2. 第一满意原则

第一满意原则（Satisficing）是由著名心理学家、经济学家赫伯特·西蒙（Herbert Simon）在1957年提出的概念，他是1978年诺贝尔经济学奖的获得者。第一满意原则指出，在决策过程中，人们倾向于追求满足最低要求的解决方案，而不是追求最优或最理想的结果。根据这一原则，人们通常不会进行最彻底的信息搜索或全面的评估，而是在找到一个满意的解决方案后便停止搜索。第一满意原则是针对"最优化"原则提出来的,即最优是不存在的,存在的只有满意的。"最优化"的理论假设把决策者视为完全理性的人,以"绝对的理性"为指导,按最优化准则行事。但是,处于复杂多变环境中的企业和决策者,要对未来做出"绝对理性"的判断是不现实的。

第一满意原则的基本结论是,人们在面对复杂的决策时,往往使用有限的认知资源,并采用一种经验性的策略来达到满意的结果。这种策略可能会导致决策的局限性和偏差,因为它并没有追求最优解决方案。尽管第一满意原则在心理学和经济学中引起了广泛的讨论和研究,但它也被认为是一种实用的决策策略,可以在面对复杂决策时节省时间和认知资源。它强调了人们有限的决策能力和资源,以及在现实生活中常常面临的时间和信息限制。

3. 前景理论

前景理论(Prospect Theory)是心理学家丹尼尔·卡尼曼(Daniel Kahneman)和阿莫斯·特沃斯基(Amos Tversky)于1979年提出的,它描述了人们是如何评估和决策的。人在做决策时,不同结果带给他的主观价值取决于这个结果给他的财富带来的变化,而非其财富的最终状态。

前景理论的研究推导出以下主要观点:
- 大部分人面对获利时是风险规避的(基于确定效应)。
- 大部分人面对损失时是风险喜好的(基于反射效应)。
- 大部分人面对得失的判断大多基于某个参照点(基于参照依赖)。
- 大部分人对损失的敏感度高于收益(基于损失规避)。

这些结论揭示了前景理论对人们决策和行为的影响,以及人们在面对损失和收益时的心理反应。这些结论对于解释为什么人们在不同情境下做出不同决策具有重要意义。

我们以卡尼曼教授的某项心理实验中的一道题为例。

问题：设想你需要同时对下面两个问题做出决策。（合计150个样本）

先看一下两个决策，之后选出你偏爱的那一项。

决策1在下列两者中选择：

A. 肯定会得到240美元。（84%的受访者选择此项）

B. 25%的概率得到1000美元，75%的概率什么也得不到。（16%的受访者选择此项）

决策2在下列两者中选择：

C. 肯定会损失750美元。（13%的受访者选择此项）

D. 75%的概率损失1000美元，25%的概率什么也不损失。（87%的受访者选择此项）

可以看出：在决策1中，大多数受访者面对获利选择了风险规避；在决策2中，大多数受访者面对损失选择了风险追求，而不是风险规避。事实上，73%的受访者选择A和D，而只有3%的受访者选择了B和C。大家面对损失，更愿意搏一把。

在了解过往判断和决策的心理学研究成果的过程中，国际权威心理学家斯科特·普劳斯所著的《决策与判断》给了我非常好的启发，该书用生动翔实的实验数据对各项研究结果进行了深入浅出的证明和阐述。

人的认知偏差对决策的影响

"人者，心之器也。"我们首先要了解的是，人本身的判断和决定不可避免地受到很多因素的影响，尤其是认知和心理层面的因素。北京大学心理学和管理学教授张志学先生有一句话非常好地总结了这一点："人对问题的解决，首先源于生活中的现实。人对现实的信息进行判断和解释，再做决策，最后采取行动。**真正影响心理决策的，是直觉的现实，而非现实本身**。"这也是认知心理学的基本理论基础。

人类的大脑精妙且强大，但仍然有局限性。认知偏差通常是大脑试图简化处理信息的结果。我们的大脑每秒接收大约1100万比特的信息，但只能处理大约40万比特的信息，也就是说，大脑每秒能够处理的信息量远远低于接收到的信息量。为了能够及时做出判断并做出决断，大脑不得不对大量处理信息进行简化，认知偏差也就由此产生。学术界就人的认知偏差进行了大量的实验和研究，从心理学、社会学、行为经济学的研究来看，专门论述认知偏差的类型众多，在维基百科上罗列的认知偏差已经有大约180项。这些研究足以让我们认识到，人的认知在形成的过程中有太多机会受到各种影响而产生偏差。确保某一次某一时的认知准确是可能的，但要确保时时刻刻、长长久久的认知准确是不可能的。企业决策者需要深刻认识到这一点，明白只要是人就可能产生认知偏差。有了这个自我认知，才能够在决策的过程中通过采取必要的措施来尽量避免因为认知偏差导致的决策失误。

Buster Benson 曾经是 Slack 平台产品团队负责人，也是认知偏差的研究者。他将众多的认知偏差根据不同类型进行了梳理和总结，发表了一份认知偏差的概览性研究文档。Benson 将认知偏差根据产生的原因分为4个类型：

- 信息量过大。在信息爆炸的时代，大脑面对海量的信息，会主动过滤出有用的信息，忽略余下的信息。
- 信息的意义不明确。世界太大，每个人都只能接触这个世界很小的一面。在接收到大量的信息后，限于处理能力和时间窗口，大脑对于大部分信息并不能充分识别，只能从中筛选出自己能够理解的信息，并将这些信息与已形成的价值观及认知联系起来。
- 大脑必须快速判断和决策。在现实世界中，大量的场景需要大脑在有限的时间窗口内做出判断和决策，意味着要么有大量的信息是不确定性信息，无法获取，要么获取到了信息，但是大脑没有充分的时间进行处理而不得不忽略。
- 选择性记忆。大脑的记忆容量和处理信息的能力是有限的，因此不得不要求大脑时时刻刻对收到的信息进行筛选，选择其中相对有用（或者偏爱）的信息来存储和记忆，同时自然而然地忽略和忘记余下的信息。

我们无法对所有的研究进行详细介绍，这里罗列了人类的20种典型认知偏差，如表3-3所示。

表3-3 人类的20种典型认知偏差

顺序	名称	描述
1	锚定效应（Anchoring Effect）	锚定效应导致人们过于依赖他们收到的关于某个主题的第一条信息的倾向。无论该信息的准确性如何，人们都会将其用作参考点或锚点，以做出后续判断。正因如此，锚定效应会导致人们在各种情况下做出错误的决策，例如薪资谈判、医疗诊断和购买
2	逆火效应（Backfire Effect）	逆火效应导致人们在遇到与自己立场相左的证据的时候，会拒绝认可该证据，并加强对原始立场的支持。从本质上讲，逆火效应意味着向人们展示证明他们错了的证据往往是无效的，实际上最终会适得其反，因为他们比以前更强烈地支持他们原来的立场

（续）

顺序	名称	描述
3	不确定性效应（Ambiguity Effect）	不确定性效应导致人们倾向于避免选择信息缺乏或者信息模糊不清的选项。根本在于人们不喜欢不确定性，因而更倾向于选择已知实现有利结果的可能性的选项
4	信念偏差（Belief Bias）	信念偏差导致人们在评估论点的结论时过度依赖预先存在的信念和知识，而不是正确考虑论点的内容和结构。因此，信念偏见意味着人们经常接受与他们先前存在的信念相一致的论点，即使这些论点是软弱的、无效的或不合理的，并且人们经常拒绝与他们先前存在的信念相矛盾的论点，即使这些论点是强有力的和合理的
5	舒适区效应（Comfort Zone Effect）	舒适区效应导致人们对于之前熟悉的方案或者已经适应的环境，常常高估其效益或者成功机会；对于不熟悉的方案或环境，容易低估其效益或者成功机会
6	邓宁－克鲁格效应（Dunning-Kruger Effect）	邓宁－克鲁格效应导致人们认为自己比实际更聪明、更有能力。能力相对低的人反而更容易高估自己的能力，而能力相对高的人往往低估自己的能力和水平
7	框架效应（Framing Effect）	框架效应导致人们面对不同选择时，会受这些选项被如何归类的影响。例如，把两个选项分别归类为"正面/收益"与"负面/损失"，就算这两个选项的最终结果是一样的，人们也会更倾向于选择"正面/收益"类型的选项
8	敌对媒体效应（Hostile Media Effect）	当一个问题的支持者或反对者认为对该问题相同、公平的新闻报道对他们一方有偏见时，就会发生敌对媒体效应。敌对媒体效应体现了活跃的媒体受众概念，它表明受众不是被动地接收媒体内容，而是根据他们自己的价值观和倾向有选择地解释它。尽管记者的本意是以公平客观的方式报道新闻，但支持者或反对者仍有动机将中立内容视为怀有敌对偏见的内容
9	可用性传导（Availability Cascade）	可用性传导是一个观点被自我强化的过程，某个观点一旦在公众舆论中占据突出地位，人们就更有可能相信这一观点并参与进一步传播。从本质上讲，由于人们更有可能相信他们随手可获取的信息，随着某种观点被广泛讨论，人们更有可能接受它并将其传播给他人，这反过来又使它更容易获得，从而导致一个大规模的、自我延续的循环，从而塑造了公众舆论

（续）

顺序	名称	描述
10	同理心隔阂（Empathy Gap）	同理心隔阂是一种认知偏差，它导致人们难以理解与他们当前状态不同的心理状态，或者难以考虑这些状态如何影响人们的判断和决策。从本质上讲，同理心隔阂意味着当人们处于某种精神状态（例如快乐或愤怒）时，他们很难理解处于不同精神状态的人的观点或预测行为，无论这个人是未来的自己还是其他人
11	基本归因错误（Fundamental Attribution Error）	基本归因错误（也称为对应偏差或过度归因效应）是人们倾向于过分强调对他人行为基于个性的解释，而低估情境因素。换句话说，人们有一种认知偏见，认为一个人的行为取决于这个人是什么样的人，而不是取决于这个人的社会和环境力量
12	群体思维（Group Thinking）	群体思维是指某些类型的群体倾向于做出极端的决定，这些决策往往是不明智或不切实际的。当有凝聚力的群体中的个人没有考虑其他观点时，就会发生群体思维，因为他们有动力达成共识，这通常会导致做出不太理想的决定
13	自我中心偏差（Egocentric Bias）	自我中心偏差是一种认知偏见，它导致人们在审视生活中的事件或试图从他人的角度看待事物时过于依赖自己的观点。因此，自我中心偏差导致人们要么低估他人的观点与自己的观点有多么不同，要么完全忽略他人的观点
14	真相错觉效应（Illusory of Truth Effect）	真相错觉效应，是指当我们一次又一次地听到相同的虚假信息时，我们经常会相信它是真实的。不可思议的是，就算人们最初知道这个信息是虚假的，多次重复听到相同的信息，也会逐步趋向于相信这个信息是真实的
15	错误信息效应（Misinformation Effect）	错误信息效应是指人们在事件发生后获得的信息常常干扰对所发生事件的原始记忆。研究表明，即使是相对微妙的新信息，也会极大地影响人们记住他们所看到或经历的事件的方式。错误信息效应说明了记忆容易受到影响。它还引发了对记忆可靠性的担忧，特别是当目击者的记忆被作为目击者证词用来确定刑事罪时
16	观察者期望偏差（Observer Expectancy Bias）	当研究人员对实验结果抱有一定的期望、观点、偏见时，会导致研究人员产生自觉或不自觉的行为偏差，从而产生符合他们预期的实验结果

（续）

顺序	名称	描述
17	热手谬误（Hot Hand Fallacy）	热手谬误是一种倾向，即认为在一项任务或活动中取得成功的人更有可能在进一步的尝试中再次取得成功。热手谬误源于这样一句话，即运动员在反复得分时有"热手"，使人们相信他们正在连胜，并将继续取得成功
18	基本比率谬误（Base Rate Fallacy）	当人们过于依赖先前获得信息或"基本比率"，而不关注当前情况时，就会发生基本比率谬误。这种偏差会导致错误的判断和决定，尤其是在处理模棱两可或不熟悉的情况时
19	德州神枪手谬误（Texas Sharpshooter Fallacy）	德州神枪手谬误源于这样一个故事：一个通过在谷仓墙上打弹孔来练习射击的人，会在谷仓墙上的几个洞周围画上靶心圈。德州神枪手谬误，就是要使你的理论适应预先存在的巧合模式。人们在忽略数据差异而过分强调相似性时，就会犯这种谬误。从这个推理中，可以推断出一个错误的结论。德州神枪手谬误通常出现在一个人拥有大量数据可供使用，但只关注其中的一小部分时
20	麦克纳马拉谬误（McNamara Fallacy）	麦克纳马拉谬误指人们过度依赖数据分析和量化评估，甚至盲目采用一些错误的指标来对结果进行评估，最终得出错误的结论

如何减少认知偏差，提高决策质量

在对人类认知和心理的不断探索与研究中，诸多发现从各个维度告诉我们，人的判断和决策是感性思维和理性思维相互作用、相互融合的结果，有可能产生各种各样的认知偏差。企业管理者如何才能做出相对客观准确的判断和高质量的决策，到目前为止学术界和企业界没有提出唯一正确的路径和方法论。相信这是一个需要业界人士持续探索、互相启发的永恒话题。

就如何减少认知偏差，提高决策质量，笔者综合当下一些重要的学术理论和实践经验，提出供企业决策者参考的6点建议：

- 构建开放和系统性的思维模式，以及批判性思维能力。

- 保持终身学习的人生态度和习惯。
- 建立适合自己企业的决策机制。
- 确保信息源的准确全面,用多个信息源相互校验。
- 珍惜并以开放心态对待不同意见。
- 推动企业数字化进程,有效利用数字化洞察。

以上第 3 点提到的企业决策机制,笔者提出了 P&D 企业决策范式,详见第 6 章。

企业的本质

企业存在的意义和价值是什么?企业能够存续的前提条件和基础是什么?这两个问题是管理学界和社会学界一直在探索、研究和争论的问题。这也是我们从本质上去认识和理解企业——社会经济最基础的组织单元时一定要回答的问题。同时,企业全部的决策和行为都围绕这两个问题展开,搞清楚这两个问题也有利于更好地理解企业的决策逻辑。

企业存在的意义和价值

诺贝尔经济学奖获得者罗纳德·科斯(R. H. Coase)在其论文《企业的性质》中提到,经济社会有各种交易在发生。**无论是通过市场完成交易,还是通过企业完成,都是一种资源配置的方式。**交易无论是发生在市场,还是发生在企业,都由交易成本决定,也就是哪种方式能够在同等价值服务交付的情况下实现更低成本的交易,经济体最终就会选择哪种方式来完成交易。

科斯认为市场的交易成本由市场竞争和市场上的资源配置成本决定。而企业的交易成本,则由企业的管理能力和企业内部对资源的调配协调能力决定。

德鲁克认为企业的目的只有一个，就是**创造顾客，或者说满足某种社会需要**。德鲁克认为：商人的目的是通过交易获取利润，但企业家需要主动创造满足社会需求的商品或服务，赚钱只是保证企业持续运行的限制性因素而不是终极目的。

我比较认同业内"价值交换"的提法，也就是**企业因为客户提供价值而存在**。一个特定的客户群体在某方面有共通性的需求，一个企业通过自己的产品或服务充分满足这个客户群体的需求，并且客户愿意为此支付一定的金额，企业获得销售收入并由此形成继续投入经营的资金来源和股东分红。

企业存续的前提和基础

如果将组织机构按是否需要盈利以支撑其生存来区分，那么非营利机构就是类似政府、公益机构、公办教育机构等的组织，而营利机构中最典型的就是企业。一个企业就算拥有得到公众认可的社会价值，也就是能够满足相当比例的人群的某种共通性需求，但如果盈利状况不理想，没有持续的资金支撑企业的日常运营和经营，那么这个企业也无法长续存在，破产或清算只是时间问题。因此盈利能力是一个企业存续的前提和基础。

盈利能力和为客户提供价值二者不但不冲突，反而是相辅相成的关系，如图 3-2 所示。

企业具备为客户提供价值的能力，具体交付给客户的要么是服务要么是产品，能够满足客户的特定需求，而客户也愿意为此付费。由此价值交换得以实现。企业因此获得销售收入和利润，为后续经营提供资金支持，包括各种企业经营成本、新产品开发或者业务拓展上的投入,以及股东分红等。由此形成了一个正向健康的企业发展循环周期。

图 3-2 企业必备的两大核心能力

但是我们也要明白,仅仅具备盈利能力和为客户提供价值二者中的任意一个条件,企业都无法长久存在。如果只是盈利能力好,对客户提供的价值不能充分满足客户需求,则客户不会持续购买,也就无法持续获得良好的销售收入;如果只是为客户提供价值,但不具备盈利能力,那么企业缺乏基本的造血能力,无法负担持续的各种经营成本和开销,迟早倒闭。

由此可知,企业存续的前提和基础,第一是为客户提供价值,第二是盈利能力,这两点也是企业绝大部分决策和行动的原动力。无论是企业管理者进行业务决策,还是面对企业级客户要理解其需求变化,深刻理解这两点都能够更好地抓住决策的重点和终极目标。

我们从电动汽车和传统燃油车的竞争来看企业必备的两大核心价值。汽车自 1885 年被发明、作为交通工具已经有超过 100 年的历史,对于消费者的关键价值在于为人们的交通出行提供便利。在过去几十年里,尽管计算机技术、能源技术、工程技术都发生了巨大的变革,但汽车的生产和组装,包括基本结构和部件发生的根本性革新并不多。也就是说，除了满足人们基础的交通出行，在使用体验和更大的社会价值（如能源革命、环保等）方面的进步微乎其微。

全球变暖、能源危机是过去 30 年以来巨大的社会命题。作为全球第一个立足于锂电技术的汽车企业，特斯拉实现了汽车从完全依赖汽油到以纯电作为驱动，彻底摆脱了燃油发动机，不但消灭了汽车的燃油排放，更是极大地降低了汽车的行驶成本，特斯拉车主平均每年可省下数百到数千美元的燃料费。特斯拉的加速性能通常比传统燃油车更出色，例如特斯拉 Model S Plaid 可以在不到 2 秒内从 0 加速到 60 英里/时⊖。特斯拉的超级充电站仅需 30 分钟就可以将电池充至 80% 电量，为长途驾驶提供了更高的便利性。

特斯拉还充分利用先进的触摸屏技术、电子和计算机技术对车辆的操控性、升级维护等做了极大的革新。每辆特斯拉汽车都采用了中控触摸屏，在这里驾驶员可以集中控制车辆几乎所有的功能，包括导航、媒体播放、空调调节、车辆设置等。这个触摸屏不仅提供了直观的用户界面，还允许用户通过滑动、点击等手势操作来控制车辆功能。特斯拉也全面支持软件更新和应用维护，支持安装各种应用程序，如音乐、视频、游戏等，丰富了车内娱乐和信息功能。特斯拉的自动驾驶系统通过触摸屏提供了直观的控制界面，允许驾驶员设置自动驾驶模式、跟车距离、车道保持等参数。这些功能大幅提升了驾驶的便利性和安全性。

因此，企业作为一个组织，其任何决策都需要服务于为客户提供价值和提升自身盈利能力这两个方面。如果企业的决策长期

⊖ 1 英里/时 ≈ 1.6 公里/时。

忽略这二者中的任意一点，必然导致企业的发展跑偏甚至动作变形，影响到企业的持续性经营甚至生存。如果企业为了盈利，不顾客户的体验和客户从产品服务中是否真实获得价值，客户一定会放弃与其合作，那么企业也就很难持续获得订单，更别说扩大规模了。如果企业单纯追求客户的价值实现，而为此付出超过自身财务能力的代价，无法盈利，那么后果就是企业入不敷出，最终破产。因此，兼顾为客户提供价值和实现企业自身盈利，是任何一家企业的大小决策需要满足的根本条件。

企业生命周期

企业生命周期理论

每一个企业都是社会经济的基本组织单元之一。这个组织单元有其自然生长的规律，跟每个人的生命规律一样，都遵循从出生到死亡的路径。在从出生，到长大，到盛年，到死亡的每一个阶段，企业都有天然的使命、挑战和行为特点，随之而来的是，每一个采购行为也都具备了这个阶段的特定特征。企业的采购一定要服务于企业特定生命周期阶段的使命，从这个维度去理解企业的行为，也许会给大家带来一定的启发，也能从一个全新的视角来诠释企业决策背后的逻辑。

企业生命周期的理论，源自西方学术界过去几十年对企业的组织和经营管理的研究。包括 Gordon L. Lippitt、Warren H. Schmidt、Raymond Vernon、Ichak Adizes 等在内的诸多学者先后就这个领域提出了各自的理论模型，分别从处于不同生命周期阶段的企业所具备的共同特征、面临的挑战和风险等各个维度进行了系统性的梳理和分析。这些理论对于我们理解企业在每个阶段的典型特征和行为模型具有非常重要的参考价值。

根据这些学者的理论和笔者在实践中的思考，为了便于读者从简要、宏观的角度来理解企业的几个显著的阶段性特征，这里将企业的生命周期划分为 4 个阶段，分别是创业期、成长期、成熟期和衰退期，如图 3-3 所示。

- 创业期（Start-up Stage）：在这个阶段，企业刚刚进入市场，产品或服务还未被广泛接受。企业需要投入大量资源进行研发、市场推广和品牌建设。销售额通常较低，利润可能不稳定或亏损。企业面临的主要挑战是提高自身产品或服务的市场认知和接受度，以及与竞争对手的竞争。

- 成长期（Growth Stage）：在这个阶段，企业的产品或服务开始得到市场认可，业务规模迅速扩大，企业的品牌影响力和知名度逐步建立。销售额和利润都呈现快速增长的趋势。企业需要扩大生产能力，加强供应链管理，并寻找新的市场机会。此阶段的挑战包括保持增长势头、应对竞争压力、满足客户需求和维护品质。

- 成熟期（Maturity Stage）：在这个阶段，市场已经相对饱和，企业的增长速度开始放缓。销售额和利润增长率逐渐降低。企业需要关注市场份额的保持和扩大，提高产品或服务的差异化，以吸引消费者并抵御竞争对手。此阶段的主要挑战是市场饱和、价格竞争、产品替代和品牌维护。

- 衰退期（Decline Stage）：在这个阶段，市场需求下降，销售额和利润持续减少。企业可能面临产品过时、技术落后以及市场份额的进一步缩小。企业需要决策是否退出市场、寻找新的业务机会或进行组织调整。此阶段的挑战包括管理萎缩业务、降低成本、寻找新的增长领域。

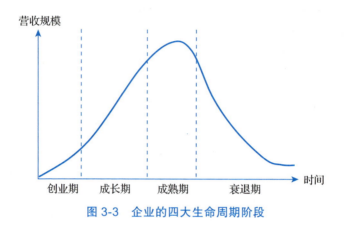

图 3-3　企业的四大生命周期阶段

需要注意的是，并不是所有企业都会完整经历以上四个阶段，不同行业和企业可能会有不同的发展轨迹和周期。

不同生命周期阶段企业的决策特点

企业生命周期理论提供了一个非常清晰的框架，帮助我们更好地理解企业的生命历程和发展路径，从而更加系统性地分析和辨别企业在特定阶段的战略优先级，识别出真正对企业至关重要的任务和事项，并且基于这个判断，实现企业各个业务部门的协同作业和配置资源。一定程度上，这跟消费品行业将消费者作为一个自然人进行分析有相同之处。一个婴儿阶段的消费者，他的身体和心理特征、基本需求以及采购决策方式，跟一个40岁的消费者是完全不同的。

从根本上说，我们研究企业的生命周期，是在研究企业作为

To B 业务的客户，力求根据这些企业级客户的总体发展阶段的特点，理解企业的战略和行为逻辑，进而真正理解企业的决策逻辑。To B 业务的客户是各个企业，目标是为客户提供价值并尽量多地赢得客户采购订单。那么我们就结合 To B 企业的采购决策跟企业的生命周期阶段来进行分析和阐述。只有理解了客户的决策逻辑，才能够对我们的产品和服务、价格、品牌和营销策略，甚至业务流程进行有针对性的规划和部署。

下面根据企业生命周期的每一个阶段，就企业的特征、面临的挑战和风险，以及企业的关键任务，关联其采购行为的侧重点进行阐述和分析。

第一阶段：创业期，企业处于初创阶段

企业特征：

- 创始人的激情和创新能力是企业的核心驱动力。
- 利润往往较低，甚至亏损，企业通过获得初期资金投资来维持运营。
- 组织结构简单，创始人通常直接负责企业各个方面的工作。
- 产品或服务还在开发和测试阶段，市场份额相对较小。

企业面临的陷阱和风险：

- 初始资金不足可能导致企业无法正常运营。
- 很容易采取产品导向而不是市场导向。
- 在市场环境方面，要么竞争激烈，要么市场和客户需求还不成熟，对产品或服务独特竞争优势的确立充满挑战。
- 创始人需要具备创新能力、决策能力和适应能力等多方面的能力。

企业的关键任务：
- 筹集并确保资金可以持续支撑企业的运营和发展。
- 确定市场需求和目标客户群体，建立产品或服务的市场定位。
- 开发与测试产品或服务，不断进行创新和改进，以验证产品（Product Market Fit，PMF）。
- 建立合适的组织结构和团队来实现企业的目标。

企业决策行为的特点：
- 以创始人个人决策为主：企业决策以创始人个人为主，或者核心创始团队集体决策。
- 决策相对主观和冲动：创始人和创始团队热情高涨，决策过程相对主观，缺乏决策流程和体系化管理。
- 决策速度快且多变：由于企业和创始团队处于对市场和业务的快速了解并获取反馈的过程中，因此决策速度快并且能随着外部反馈和环境迅速做出改变。

第二阶段：成长期，企业开始获得成功并处于高速成长阶段

企业特征：
- 产品或服务被市场和客户认可与接受，销售额和市场份额快速增长。
- 需要增加管理团队和员工来应对业务增长的挑战。
- 企业开始扩大产品线或进入新的市场，以增加业务多样性。
- 组织结构变得更加复杂，分工更加明确，部门之间的合作和沟通变得更加重要。
- 企业的目标是在市场上获得更充分的竞争优势，并确保可持续增长。

企业面临的陷阱和风险：
- 组织结构的扩张可能导致新老员工的冲突，以及内部沟通和协作问题。
- 需要有效地管理成本和资源配置，以尽早形成盈利能力。
- 竞争对手可能进入市场，对企业的市场地位构成威胁。

企业的关键任务：
- 加速扩大市场份额和销售额，实现盈利。
- 建立有效的管理团队和组织结构，合理分权授权，以应对业务增长的挑战。
- 建立企业的品牌和知名度，形成良好的客户口碑。
- 开发新产品或服务，进入新的市场领域。
- 提高运营效率和优化业务流程，在保证增长的情况下探索精细化经营。

企业决策行为的特点：
- 决策模式升级：随着业务规模的扩大、管理团队新人的加入，决策流程和决策链条开始完善。同时因为业务迅速扩大，整个决策链条上充满活力。
- 创始人决策信心快速提升：随着产品验证的成功，市场认可度和业务规模迅速扩大，创始人的自信心快速提升。在这个阶段，如果仍然以创始人为单一决策人，有利有弊：利在于如果创始人的认知和判断准确、高明，则决策效率高、质量高；如果创始人的认知和判断有盲点且过度自我膨胀，则有重大失误受挫的风险。
- 决策趋势：加大市场推广力度，扩大生产规模，优化组织结构，加强内部管理，提升产品或服务的质量，寻求新的增长点和市场机会。

第三阶段：成熟期，企业已经具备一定规模并享有稳定的市场地位

企业特征：

- 成熟期企业已经建立起稳定的市场地位，已经明确了其产品和业务的核心竞争力，拥有一定的市场份额和品牌知名度。
- 与创业期和成长期的企业相比，成熟期企业的增长速度较慢，市场饱和度较高。
- 成熟期企业通常能够实现稳定的盈利，且利润率相对较高。
- 成熟期企业通常建立了成熟的运营和管理体系，盈利能力得到验证并相对稳定。
- 成熟期企业注重产品质量和客户满意度，致力于提供高品质的产品或服务。
- 能够实现大规模生产和供应链优化，拥有相当强的资金实力。
- 面临来自竞争对手的激烈竞争，需要不断提升竞争力以保持市场地位。

企业面临的陷阱和风险：

- 市场饱和度高，竞争对手众多，需要保持市场地位和竞争优势。
- 技术和市场变化快速，需要不断创新和适应变化。
- 可能面临市场份额下降和盈利能力受损的风险。
- 企业的组织机构更加庞大复杂，组织的效率和灵活性随之降低。

企业的关键任务：

- 维持市场份额和市场地位，保持稳定的盈利能力。
- 寻找新的增长机会，如开拓新市场、推出新产品或服务、

进行合并收购等。
- 加强客户关系管理，提供优质的售后服务与满足客户需求的产品或服务。
- 追求精细化经营，提高运营效率，降低成本，保持竞争力。

企业决策行为的特点：
- 决策机制相对完善：决策授权、决策链条、决策流程、决策风险管理等各个方面都相对完善。
- 决策效率相对降低：由于各方面管理机制的完善，且组织机构也比较庞大，因此流程管理灵活性降低，决策耗时比较长，效率降低。
- 面对新生事物的决策相对困难：由于企业成熟期的业务、组织架构、利益分配等各个方面都已经形成了规范化管理或者既有模式，对新生事物的反应、接受程度和决策就会在一定程度上影响到既有模式，也容易造成决策困难或者直接形成因循守旧的决策习惯。这也是为什么一些超大型企业在鼎盛时期，要做到自我颠覆是困难重重的。

第四阶段：衰退期，企业失去市场强势地位，处于逐步走向没落或寻求收并购阶段

企业特征：
- 衰退期的企业通常面临销售额的下滑和市场需求的减少。或者是消费者购买力下降，或者是产品逐步失去竞争力。
- 由于销售下滑和成本上升，企业通常面临利润下降的压力，盈利能力堪忧。
- 随着盈利能力和销售额的走低，资金周转和财务状况出现困难。
- 市场竞争加剧，企业逐渐失去曾经的市场地位。

- 由于经年的扩张和官僚主义盛行，组织机构庞大、低效。
- 控制部门获得公司内部的更多权力地位，而价值创造部门活力不足、资源受限。

企业面临的陷阱和风险：
- 企业陷入以自我为中心的怪圈，不再重视客户和市场。
- 组织机构冗杂，官僚风气盛行，效率低下，控制部门拥有比价值创造部门更高的地位。
- 市场需求下降、竞争压力加大、逐步失去市场份额的风险。
- 企业可能面临现金流和财务问题。
- 需要做出艰难的决策，包括裁员、关闭部分业务等。

企业的关键任务：
- 管理并最大限度地减少衰退期的影响，延缓衰退的速度。
- 对市场和消费者需求重新进行全面分析和调整。
- 寻找新的业务模式、产品或服务，以重新激活企业的生命力。
- 考虑进行重组、合并、退出市场或出售企业等策略。

企业决策行为的特点：
- 决策机制有一定历史包袱，活力和效率较低：衰退期企业的核心管理机制仍然是上一个历史潮流的规则和模式，相对老旧，有比较重的历史包袱，也因此活力和效率较低。
- 决策链条上的人以及决策依据等面临新老冲突：处于衰退期的企业如果还在争取冲破衰退的轨迹，找到企业增长的第二曲线，那么大概率会面临人事、观念、管理机制、决策依据等各个维度新老势力的冲突，这也必然会影响到企业的决策行为。

企业所处生命周期的决策行为特点见表3-4。

表 3-4 企业所处生命周期的决策行为特点

对比项		创业期	成长期	成熟期	衰退期
企业特征		• 产品在开发阶段，市占率小 • 创始人充满激情和创新能力 • 利润较低甚至亏损 • 需要大量资金持续投入 • 组织结构简单 • 决策由创始人主导	• 产品逐渐被市场认可，开始建立核心竞争力，营收规模和市占率快速提高 • 盈利能力逐步形成 • 管理团队和员工规模扩大 • 组织结构和流程开始变得复杂 • 扩大产品线或增加业务多样性	• 产品具备明显竞争力，业务成熟，品牌知名度和市占率高 • 企业具备规模化优势，盈利能力突出且趋于稳定 • 关注产品质量和客户满意度 • 组织变得庞大，流程愈发复杂	• 产品失去竞争力，业绩下滑或需求下降，盈利能力下降 • 资金和财务出现困难 • 组织机构庞大，组织效率低下，流程复杂管控负责管控的部门权力的地位高，但价值创造部门地位低
面临的陷阱和风险		• 资金链断裂的压力持续存在 • 产品市场验证的成功概率不确定 • 对创始人多维度能力要求很高	• 组织结构的扩张带来的冲突 • 要求尽快实现成本控制和资源优化 • 以尽早形成盈利能力 • 竞争对手可能进入市场，对企业的市场地位构成威胁 • 创始人容易陷入个人膨胀，导致盲目决策	• 市场趋于红海竞争，需要保持市场地位和竞争优势 • 技术和市场变化快，需要不断创新 • 可能面临市场份额下降和盈利受损风险 • 企业组织机构庞大，组织效率降低	• 企业陷入自我为中心的怪圈，忽视客户和市场 • 组织机构冗杂，失去活力 • 任何一个小的事件都可能引发企业的全面崩盘

（续）

对比项	创业期	成长期	成熟期	衰退期
企业的关键任务	• 保证企业的生存 • 募集持续的资金投入 • 确立市场需求和产品定位 • 建立合适的组织结构和团队来实现企业的目标	• 增长并扩大规模，建立盈利模式 • 建立高效的组织和人才结构 • 建立品牌知名度，形成良好的客户口碑 • 开发新产品或服务，进入新的市场领域 • 建立高效的运营和成本管理机制	• 巩固市占率和盈利能力 • 寻找新的增长机会 • 追求精细化经营，提高客户满意度，运营效率，降低成本，保持竞争力	• 寻求快速创新并翻盘的机会 • 组织和流程的重组和革新，以激发内部活力 • 降本增效，延缓企业衰退，包括裁员、关闭部分业务等 • 寻求外部并购
企业决策行为的特点	• 创始人个人决策为主导 • 决策相对主观和冲动，缺乏系统性决策机制 • 决策速度快且多变 • 决策趋势：企业生存，快速尝试和迭代，加速产品市场验证	• 决策模式升级，需要将更多管理者纳入决策链，并形成决策机制 • 创始人决策信心快速提升 • 决策趋势：加大市场推广力度，扩大生产规模，优化组织结构，加强内部管理，提升产品/服务质量，寻求新的增长点和市场机会	• 决策机制相对完善 • 决策效率相对降低 • 面向创新的决策开始变得困难	• 决策机制的活力和效率较低，有明显的历史包袱 • 决策依据链条上的人以及决策依据等面临新老冲突 • 畏惧创新

企业所有制属性

企业的管理方式、企业文化、决策模式受到所有制属性的很大影响,不同所有制的企业在这几个方面展现出迥异的思维方式和行为表现。我们按照上市公司、民营企业、国央企、外资企业等类别来分析企业,会发现不同体制的企业会有不同的特点,也因此决策模式不尽相同。当然,其中存在国央企成为上市公司的,一些民营企业也有成长为上市公司的,这些具有双重身份的企业会多多少少兼具两类体制的特点。

上市公司

上市公司的经营和管理,首先需要遵守中国证券监督管理委员会(简称证监会)对上市公司的要求,这是一个相对较高的门槛。且公司能做到上市,本身就对于公司的治理水平、营收规模、产品业务能力都有相当高的要求。

总体而言,以下几点会深刻影响上市公司的决策模式:

- 需要严格遵守上市公司的治理要求和法律法规。
- 保护广大股民和股东的利益是最基本的责任和义务。
- 针对重大决策和公司经营情况,需要按照规定进行公开信息披露。
- 企业的公众形象、品牌、公开信息披露会即时体现在股价上。

证监会于 2018 年发布的《上市公司治理准则》第六十五条明确规定,上市公司的重大决策应当由股东大会和董事会依法作出。对于上市公司来说,股东大会和董事会可以说是最高权力决策组织。当然包括 CEO 在内的高管团队仍然是整体业务的操盘手,但是涉及重大的战略方向、业务决策，还是需要得到股东大会和董事会的支持。董事会也掌握着 CEO 和高管团队任用的权力和责任。

国内上市公司的决策机制通常包括股东大会、董事会和监事会等机构。股东大会是上市公司的最高决策机构，由股东行使股东权利，制定重要决策。董事会是上市公司的执行机构，负责公司的经营管理和决策实施。监事会是上市公司的监督机构，负责对董事会和高级管理人员的决策进行监督。

在重大决策过程中，通常按照以下步骤进行：

1）提出议案：董事会或监事会成员可以向公司董事会或股东大会提出议案。

2）讨论审议：议案经过充分讨论和审议，并可能需要修改和完善。

3）表决：议案经过讨论和修改后，将进行表决。通常按照少数服从多数的原则进行表决。

4）公告：表决结果将在公司公告中进行公布，以便投资者了解公司的最新决策情况。

需要注意的是，不同公司的决策机制可能存在差异，但通常都遵循以上基本原则。此外，上市公司还需要遵守信息披露等相关法律法规的要求，确保决策过程透明、合法、合规。

因此，上市公司的决策除了需要考量业务因素以外，还需要兼顾上述提到的对上市公司治理有要求的法律法规，因此相当比例的上市公司的决策机制建设相对完善，也会通过明确的书面规定和实践操作来确保落地执行。当然也正因为需要遵循相对复杂的法律法规的要求，建立了决策机制后，一定程度上因为复杂的流程推进可能会导致决策的低效和延迟。

民营企业

根据《人民日报》2022年3月的报道，2012—2021年期间，我国民营企业数量从1085.7万户增长到4457.5万户，10年间翻了两番，民营企业在企业总量中的占比由79.4%提高到92.1%，在稳定增长、促进创新、增加就业、改善民生等方面发挥了重要作用，成为推动经济社会发展的重要力量。

从民营企业的总体特点来看，以下几个方面会影响其决策模式：

- 企业家的个人特点深刻影响企业文化、管理风格和决策模式。
- 灵活的管理体制：民营企业通常具有相对灵活的管理体制，对市场的变化比较敏感，能较快做出业务反应。
- 创新和激励机制：民营企业通常注重激发员工的创造力和责任感，提供创新和激励机制，鼓励员工提出新的想法和解决方案。企业的管理模式通常注重员工的自主性和参与性。
- 以市场为导向：民营企业通常以市场为导向，注重顾客需求和市场变化，积极主动地开拓市场。企业的决策和管理往往以市场竞争力和盈利能力为重要目标。
- 高效运营和结果导向：民营企业通常注重效益和利润，追求高效运营和结果导向，注重成本控制和资源优化。企业的决策和管理往往以实现经营目标和提高绩效为中心。
- 创业精神和风险承担：民营企业通常注重创业精神和风险承担，鼓励员工积极探索新的商机和市场机会。企业的管理模式通常注重创新、灵活性和适应性。

- 企业文化塑造：民营企业通常注重塑造企业文化，强调员工的创新、拼搏和共同成长，以增强员工的凝聚力和归属感。企业文化可能容易强调企业家或者创始人的个人成就，当然也会鼓励团队合作和市场导向。

需要注意的是，不同民营企业的管理机制和企业文化特点可能有所不同，受到企业性质、规模和行业特点等因素的影响。同时，随着企业发展和市场竞争的变化，民营企业的管理机制和企业文化也可能发生调整和变化。

因此民营企业的决策模式多种多样，相对传统的民营企业更多的是采用自上而下的集权式管理和决策机制；相对年轻的科技类企业或新经济领域的创业企业有的采用扁平化管理和分层授权决策的机制，有的也采用集权式管理和决策机制，不能一概而论。

国央企

国央企是中国经济的重要支柱，很多有关国计民生的行业的龙头企业是国央企。国央企的管理机制和企业文化特点通常包括以下几个方面：

- 统一管理体制：国央企通常受到政府的直接管理和监督，具有相对统一的管理体制。企业的领导层通常由政府任命，决策权和管理权集中在领导层团队。
- 层级管理体系：国央企通常具有较为庞大的层级管理体系，决策流程相对较长。由于决策需要经过多个层级的审批和讨论，要获得决策结果需要走完所有必需的流程，周期也就相对更长。
- 经济效益和社会责任并重：国央企通常承担国家发展和社

会责任，既追求经济效益，也注重社会效益。企业的经营目标往往包括国家战略目标、经济指标和社会效益。
- 稳妥、有大局观的经营理念：国央企的经营理念更倾向于稳妥发展、控制风险，并且服从国家大政方针政策，需要的时候以国家政策和指令要求为先导，强调国家级别的大局观。
- 企业文化塑造：国央企通常注重塑造企业文化，强调员工的忠诚、纪律和奉献精神，以提高员工的凝聚力和归属感。企业文化可能强调集体主义、团队合作和稳定性。
- 职工福利保障：相比于其他体制的企业，国央企通常更注重提供一定的职工福利保障，如工资福利、医疗保险、住房补贴等，以维护员工的福利权益，增强员工的稳定性和忠诚度。

需要注意的是，近年来国央企市场化改革力度加大，试图提高管理效率和市场竞争力，逐步引入市场化的管理机制和企业文化。不同国央企的管理机制和企业文化特点可能有所不同，受到企业性质、规模和行业特点等因素的影响。

基于如上特点，国央企的决策机制通常更偏向于领导集体决策，并且在重大决策和战略方向上会严格参照政府要求，甚至直接对接政府主管单位参与决策。国央企的决策也更加追求长期主义，常常以五年为周期进行规划。因为决策需要兼顾长期主义和主管领导单位的相关意见，决策周期相对更长。

外资企业

外资企业因为来自不同的国家和地区，也有各自不同的特点。篇幅所限，这里仅针对欧美、日本的企业进行简要介绍。

1. 欧美企业

欧美企业的管理机制和企业文化通常具有以下几个特点：

- 平等和民主决策：欧美企业注重平等和民主决策，倡导员工的参与和合作。决策过程通常较为开放和透明，员工有权参与决策的讨论和表达意见。
- 弹性和自主性：欧美企业通常注重员工的弹性和自主性，鼓励员工发挥创造力和自主决策能力。企业的管理模式强调员工的个人发展和成长。
- 平等机会和多样性：欧美企业注重平等机会和多样性，尊重员工的个人差异和背景。企业的管理模式通常鼓励多元化和包容性，并致力于打造一个公平和平等的工作环境。
- 任务驱动和结果导向：欧美企业通常注重任务驱动和结果导向，强调完成工作任务和实现业绩目标。企业的决策和管理往往以实现经营目标和提高绩效为中心。
- 创新和风险承担：欧美企业注重创新和风险承担，鼓励员工提出新的想法和解决方案，并愿意承担一定的市场风险。企业的管理模式通常注重创新、灵活性和适应性。

基于以上特点，欧美企业较多采用授权分权的决策机制，决策过程比较注重民主意见和数据导向，同时对于市场变化的反应也相对灵敏快速。

2. 日本企业

日本企业的管理机制和企业文化具有以下几个特点：

- 长期稳定性：日本企业注重长期稳定性，追求企业的持续发展和永续经营。企业通常采取长期规划和战略，以确保企业的稳定性和可持续性。

- 基于共享的价值观和企业文化：日本企业的决策往往基于共享的价值观和企业文化。企业会强调员工的忠诚度和奉献精神，以确保决策的一致性和符合企业的核心价值观。
- 组织和集体主义：日本企业注重组织和集体主义，强调团队合作和共同目标的实现。企业通常注重维护组织的稳定性和凝聚力。
- 横向沟通和共识决策：日本企业注重横向沟通和共识决策，重视员工之间的合作和协调。决策过程通常需要经过多次讨论和协商，以达成共识。
- 高度专业化和技术创新：日本企业注重高度专业化和技术创新，重视技术的研发和应用。企业通常鼓励员工提升专业能力和技术水平。
- 品质追求和持续改进：日本企业注重品质追求和持续改进，倡导精益生产和质量管理。企业通常注重产品和服务的质量，以满足客户的需求和提高企业的竞争力。

基于以上特点，日本企业的决策机制倾向于支持业务发展的长期稳定，决策过程中强调集体决策、集体共识并共享价值观。因为对专业技能的尊重，决策中也很重视专家意见。

企业核心价值观

核心价值观是一个企业在精神层面的底层基础，决定了在面临发展方向、产品价值优势、社会责任感等问题时，企业基于什么判定标准进行取舍和选择。举个例子来说，重视用户价值的企业，会以为用户的业务提供货真价实的价值为目标，那么在面对成本压力和产品质量冲突的时候，大概率会顶住成本压力，力求保证产品质量，以实现良好的用户体验和有效的客户价值实现。

可以说，企业的核心价值观是企业决策中评估各种备选方案的指导原则。笔者在采访一些行业龙头企业时发现，这些企业印证了这一点。

帆软是国内商业分析（Business Intelligence，BI）软件的龙头厂商，根据 IDC 的 BI 行业市场研究数据，帆软 2017—2023 年的 BI 行业市场份额连续位列第一。2023 年的营收规模达到 14.6 亿元，员工 1800 人。

帆软的愿景是：让数据成为生产力。帆软的使命是：公司健康增长为世界一流的百年企业；为更高比例的同学（即员工）提供业内领先的综合收入；为客户提供更高品质的产品和服务。在这样的愿景和使命的指导下，帆软把产品质量和用户体验放到最重要的位置。为了持续聆听用户的声音，持续保证好的用户体验，帆软开辟了产品的开源社区。尽管这个开源社区并不能为帆软带来多少营业收入，但它对于用户交流帆软产品的使用技巧和经验，帮助更多用户更加得心应手地使用产品有非常大的意义，正因如此帆软持续投入预算和人员来支持社区的日常运营。自 2011 年开源社区成立至今，累计有 200 多万会员加入，社区的日活会员达到 1.5 万人，这在 To B 科技领域是非常活跃的社区平台。

决策问题的业务属性

企业的决策围绕业务发展的方方面面，大到企业愿景、战略规划，小到办公室桌椅修缮。不同的业务事项获得的决策注意力和资源都不一样,就算是同一家企业,面对不同的业务事项的决策模式和决策逻辑也会不一样。如果一家企业无论对于什么业务属性的问题都采用统一的决策模式和流程,那恐怕会陷入刻舟求剑的怪圈。

通常,与企业的经营战略、经营问题关系越紧密的问题,越是需要获得足够多的决策注意力,越是需要慎重决策。企业可以根据业务类型以及对企业经营业绩的重要程度,对决策问题进行分类分级,以此有针对性地进行决策授权管理。

笔者采访的一家民营企业,最近陆续建立起了一套决策分权机制,如图 3-4 所示。这套机制在保证重要业务决策质量的同时,也能带来比较好的决策效率和落地执行效果。

首先,以 CEO 为首的管理层将需要常规跟进和决策的事项分为两个类型,一个是人事薪酬类事项,一个是经营业务类事项。对于这两个类型的事项,分别设立最高决策委员会,按照月度、季度、年度举行例会,进行跟进讨论和决策。其次,将业务和人员在正常的职能部门划分的基础上,按照以客户为单位的项目制进行组织,并且根据这个客户项目的金额规模进行分级。例如,超过 500 万元 / 年订单额的为 S 级项目,100 万～ 500 万元 / 年的为 A 级项目,100 万元 / 年以下的为 B 级项目。S 级的项目,无论是投标、方案审批、奖金分配事宜,都需要经营业务和人事薪酬最高决策委员会的审批。而 A 级和 B 级项目的审批权就下放到下一级管理层,最高决策委员会只在每个季度进行总体审核和评价。

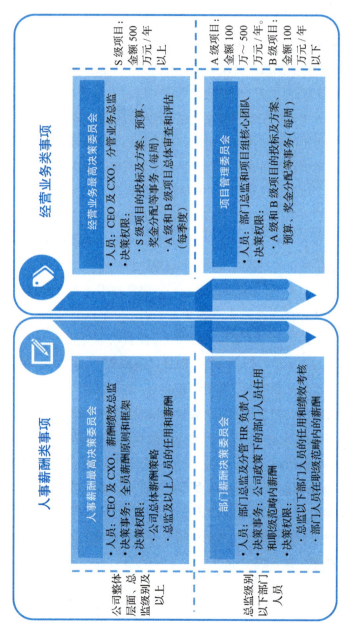

图 3-4 某民营企业的决策分权机制

决策链条和组织架构

决策链条

决策链条是研究和分析企业级采购的必修课，也是华为、IBM 等大企业在 To B 业务上销售管理的重要方法论。简单来说，决策链条是指在一个组织形成决策的过程中，各个相关部门和岗位的角色发表意见、发挥价值并影响最终决策的逻辑链条，也是企业的决策模式在具体业务上的组织形态体现。理解一个企业的决策，一定不能忽略决策链条的构成和逻辑。

以采购决策链条为例，根据甲方决策链条上各个岗位的角色，通常按照以下几个维度进行分类。

按照各个岗位在决策链条中扮演的角色来分：

- 发起者（Initiator）：提出采购需求的人。
- 影响者（Influencer）：发表意见并影响决策的人。
- 决策者（Decider）：有权决定产品要求和供应商的人。
- 批准者（Approver）：有权批准采购方案的人。
- 执行者（Executor）：具体协调并执行采购项目的人。
- 使用者（User）：使用产品和服务的人。

以大型民营企业 3A 公司需要就 CRM 系统进行采购为例，来拆解这个决策链条上甲方参与其中的人员角色。CRM 系统涉及企业最关键的客户采购信息，也承载着所有的订单乃至订单前序的线索管理，因此 CRM 系统几乎等同于企业的核心业务系统。这个采购决策将对企业经营产生深远的影响，决策链条自然会相对复杂，见表 3-5。

按照甲方决策链条上的参与者对乙方的态度来分：

- 教练：不但支持乙方，还会提供相关的指导意见。

- 排他支持者：支持且仅支持乙方这一家供应商。
- 支持者：支持乙方，但可能同时支持其他供应商。
- 中立者：对选择哪一家供应商没有偏好，选择中立。
- 反对者：反对乙方，支持其他供应商。

表 3-5 3A 公司 CRM 系统采购项目决策链条上的角色分类

决策链条角色	企业内各岗位人员	参与方式
发起者	销售管理部	根据业务需求提出采购申请
影响者	技术部、风控部、法务部、财务部	• 技术部：从兼容性和系统打通、技术和系统的稳定性、供应商的技术能力与团队服务水平、定制化开发需求、信息安全等方面提供专业的评估意见，并协助推动项目 • 风控部：从信息安全和业务连续性的角度进行评估和把控，提供专业的评估意见 • 法务部：从合同条款、保密协议、业务数据权属等方面把握并提供专业意见 • 财务部：从公司的成本和预算管理、投入产出的核算、付款条款、后台数据库与财务系统的打通等方面进行把控并提供专业意见
决策者	CEO 或者业务管理一号位	根据综合评估结果，确定一个方案和供应商作为最终选择
批准者	CEO	就采购申请和最终提报的采购方做出最终审批
执行者	采购部、销售管理部、技术部	采购部负责推进并完成整个采购项目的立项、甄选、下单、实施交付。在这个过程中，销售管理部作为项目的提出方，需要作为第二责任人全程配合。在一些中小企业，也可能由销售管理部整体负责 CRM 系统采购项目
使用者	销售管理部、销售部、市场部、客户服务部、高管团队	这些部门的员工在日常工作中需要大量使用 CRM 系统，日常工作的业绩也在一定程度上体现在 CRM 系统上

结合如上两个维度的决策链条角色，我们可以将 3A 公司 CRM 系统采购项目的决策链条做图形化的描述和分析，如图 3-5 所示。

第 3 章 影响企业决策的关键因素

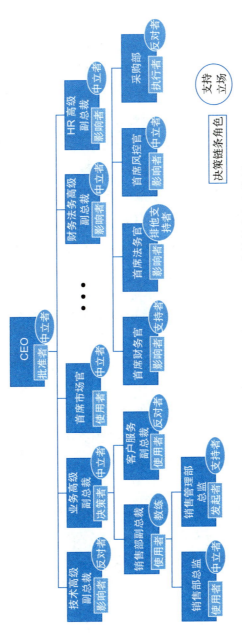

图 3-5 3A 公司 CRM 系统采购项目的决策链条角色分析

基于这样的梳理和分析，3A 公司 CRM 系统采购项目的决策链条就非常清晰地展现出来。从乙方的角度，也可以基于这样的分析制定相应的销售策略，针对决策链条上的每一个环节开展工作，系统整合各种资源并向有利于己方的方向推进采购项目决策。

决策链条是所有企业级决策模型的组织形态表现。以上针对企业级的采购决策链条进行了举例说明和分析，对于采购以外的其他类型的企业级决策，诸如人事任免、战略制定、项目立项等，也都需要经由相应的决策链条来完成。因此，若要深入理解并影响决策，就需要深入研究相应的决策链条，以从根本逻辑上理解并掌握这些决策模式。

组织架构

决策链条是决策模式在组织形态上的体现。那么组织架构与决策模式之间是什么样的关系呢？

企业作为一个组织，其决策行为就是这个组织的行为。企业的组织架构，就是这个企业以什么样的结构存在。组织架构上各个职能部门的定位和相互协同模式，也就一定程度上体现了企业的管理模式、决策模式，以及企业家对企业治理的理念和认知。因此从表象来看企业是在调整组织架构，实际上是在调整决策模式甚至公司管理模式。

举例来说，企业最高管理层如果希望加强对所有采购的统一管理，常常会设立采购部统管所有采购需求，并且要求法务部和财务部对所有采购的合同和预算，跟采购部一起进行流程化标准化管理。因此，这类企业的采购项目决策链条上，自然会出现采购部、法务部和财务部，且采购部会扮演采购决策执行者的角色。

企业家如果非常重视中长期战略规划，则有可能设置战略规划部作为直属部门，并由这个部门牵头推进企业的 3 年、5 年战略规划，那么战略规划部就会成为这个决策链条上的执行者和影响者。

决策依据和判定标准

决策，无论是企业级决策（Business Level Decision）还是消费级决策（Consumer Level Decision），都是决策者根据搜集到的各类信息，对决策事项进行分析和研究，在数个备选方案中做出选择。本质上是基于历史性信息和数据，对事物进行判断并做出面向未来的方向和路径选择。面向未来的路径选择存在不同程度的不确定性，因为谁也不能预知未来。因此决策本身是基于主观的预测和判断做出的。无论是哪一种决策结果，都是基于主观的判断，而判断是基于对事情的理解和认知。

对事情的理解和认知，在决策这件事上，我们称之为决策依据。在这些依据所形成的认知和理解的基础上，基于一定的判定标准，就形成了决策。这里我们就决策依据和判定标准做简要介绍。

决策依据

对于不同的业务属性，在做出决策之前需要获得的决策依据不尽相同。企业本身的决策需要从多个维度进行考量，包括理性和感性的维度、组织和个人的维度、甲方和乙方的维度等。

以理性和感性的维度为例，通常需要如下几类信息作为决策依据。

1. 理性层面

- 宏观环境因素：社会公允的道德和文化氛围、国家政策法规、总体经济走势、资本市场环境、地缘政治等。企业的经营离不开这样的宏观环境因素，且在某些场景下，其中一些因素的变化会对企业的经营甚至生死都起到至关重要的作用。
- 市场需求和趋势：企业需要进行市场调研和分析，了解市场需求和趋势，做出有助于企业抓住市场机会的正确决策。
- 竞争情况：企业会考虑竞争对手的策略和行动，以便制定相应的决策来保持竞争优势。
- 内外部资源和能力：企业会评估自身及外部的重要资源和能力，包括经营现状、财务条件、产研技术能力、产品差异化优势、营销渠道效率、品牌影响力、供应链能力和稳定性等，以决定是否具备实施某项决策所需的条件。
- 企业业务策略：结合企业的业务拓展方向和发展战略，对所需决策的事项进行考量，看是否符合战略方向。

从信息的体现形式来说，各个企业不尽相同，因为不同企业的采集、使用信息的习惯与机制不同。有的企业有相对完善、系统的机制和方法论，且数字化程度相对较高，那么大概率会采用数据、方法论和决策机制有效结合的方式；有的企业缺乏类似的机制和方法论，那么信息的采集和分析使用就会比较分散零碎。

举例来说，2022年2月俄乌冲突爆发是一个典型的黑天鹅事件。这样一个地缘政治的激烈冲突爆发，对诸多行业造成了显著的影响。我们用知微科技对俄乌冲突进行的事态信息监测,来简要描述俄乌冲突对于全球棕榈油供应链的影响。

随着俄乌冲突爆发,黑海航运受阻,直接造成全球葵花籽油的供应严重短缺,而其替代品棕榈油等植物油的需求量因此猛增。

2020年全球棕榈油贸易额为341亿美元,印度尼西亚(简称印尼)占比52.4%,马来西亚占比31.1%,合计占比超八成。全球最大棕榈油进口国印度的进口额度占全球的14.8%,对印尼进口占比达60.5%,对马来西亚进口占比达32.6%。由于印度葵花籽油进口高度依赖乌克兰及俄罗斯(超90%),为了弥补葵花籽油缺口,印度转向采购棕榈油作为替代品,并考虑到战争的影响增加采购量。2022年3月,印度政府向印尼提出增加棕榈油出口量的要求。2022年据印度溶剂萃取协会(SEA)数据,2022年3月,印度棕榈油进口量较2月增长约18.7%。作为全球最大棕榈油进口国,印度增长的高需求支撑棕榈油价格高涨。另外,高通胀压力下,印尼国内食用油价格飞涨,抗议活动频发。鉴于此,为缓解国内食用油供应紧张、抑制物价,印尼政府持续强化对棕榈油的出口限制,并于4月末至5月下旬实行棕榈油出口禁令长达三周,导致棕榈油价格达到2022年的第二次高峰。出于国际购买压力、国内棕榈油供应商压力以及农民工会压力,印尼政府于5月下旬取消出口禁令并且采取降低出口税等方式鼓励棕榈油出口,导致6月以来原棕油价格下跌超过300美元/吨。此外,由于印尼国内库存积压和生产恢复,棕榈油价格呈现持续下跌趋势,如图3-6所示。

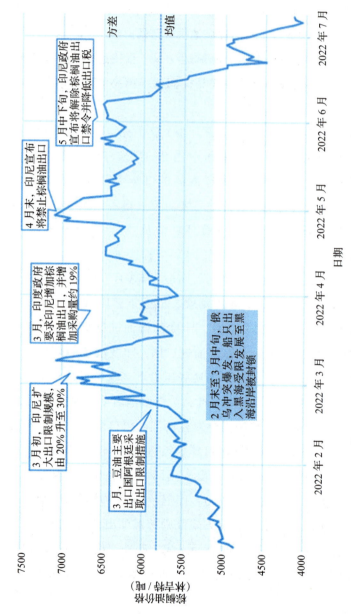

图 3-6 全球棕榈油价格在 2022 年上半年剧烈波动

图片来源：知微科技。

这一系列的变化，根源在于全球棕榈油的出口国和进口国都相对集中，对于供货来源的依赖程度很高。菜籽油、棕榈油、葵花籽油作为同类替代品都有类似的供应量特征，一旦涉及其中关键供货国家，比如乌克兰发生军事冲突，冲突又影响到海运，各个国家相继出现通货膨胀，这一系列的事件就会触发连锁反应，从而导致棕榈油的价格剧烈起伏，如图 3-7 所示。

这是一个非常典型的案例，展示了两个国家之间突然爆发的军事冲突，是如何迅速影响全球范围内其他国家的经济甚至民生，以及不同的产业链的。对于企业决策来说，必然需要将类似的宏观环境因素作为重要的决策依据，否则企业的投资和经营都不可避免地面临巨大风险。

从 To B 业务来说，企业，尤其是业务链长且复杂、目标客户群体众多的企业，需要为决策采集并梳理出如上的各项信息，并进行系统性的分析，才能够在具备全局观的情况下，获得反映市场和业务本质的洞察。如若不然，不但信息本身的准确性和完整性可能会有偏差，而且基于这样的信息得出的洞察和结论也是有误的。

2. 感性层面

（1）企业文化和价值观

To B 的决策一定是代表企业、代表组织的决策。企业本身的文化和价值观清晰定义了这个企业是谁、以什么样的底层逻辑进行经营活动。因此，这个企业如果急功近利，追求短期利益，那么面临选择时，通常容易做出急功近利的决策；如果一个企业追求长期价值，追求客户价值实现，那么大多情况会偏向于做出符合长期价值的决策。

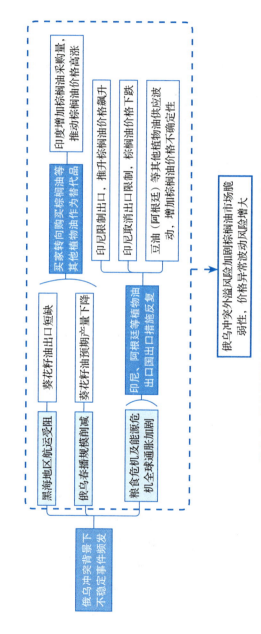

图 3-7 俄乌冲突对全球棕榈油价格的风险传导示意图

图片来源：知微科技。

（2）决策者的个人价值观

一般来说企业创始人的价值观很大程度决定了企业的价值观。但是随着企业的发展壮大，部分业务决策未必要由企业创始人或者 CEO 来决定，因此各级管理者的个人价值观也就会在一定程度上影响决策本身。人的价值观是多种多样的，长期与短期、看重人还是看重事、注重个人利益还是注重企业或团队利益等，各不相同。

（3）决策者与利益相关方之间关系的利弊权衡

需要进行决策的事件或者问题（决策标的），常常会牵涉企业经营的内外各个利益相关方（Stakeholder），例如投资人、董事会、客户、合作伙伴、员工，甚至企业内部各个职能部门和关键岗位的人。其中，除了决策导致的直接业务结果，还需要考量决策本身对各个利益相关方的利弊。有的时候，决策本身就是一个趋利避害权衡下的结果。这种权衡基于对不同决策可能带来的后果的预测，因此也是相对主观、感性的判断之一。

（4）决策者对决策标的或者利益相关方的情感羁绊

人毕竟是感情动物，抛开所有的理性分析和利益权衡，对决策中相关事物和人的情感羁绊也会一定程度影响决策者的最终选择。例如在人事任命上，需要在两个管理者候选人中做出选择，其中一个曾经与决策者是一起扛枪打仗的战友，另一个是外来的职业经理人。如果双方在职业技能和履历上不相上下，那么决策者因为情感羁绊选择战友的概率自然会高很多。

（5）决策者的预判或类似经历

前面提到决策是基于对过往信息和数据的搜集、整理和分析，对未来前进的方向和路径进行预测和判断从而做出选择。其中基于经验或类似经历进行的预判，也会在很大程度上影响这一预测和判断。基于过往经验进行决策，往好了说是参考成功经验，往坏了说就是经验主义，本质上都一样。至于为什么都是基于预判和过往经验的决策，最终后果却有好有坏，这是因为世界上没有全部条件完全一模一样的两件事，看似同样的决策，未必都奏效。

（6）决策者的个人利益

在 To B 决策链条上的任何一环，都是各个岗位和角色的人，每个人在当下的职业和个人身份下都有其个人利益，其决策也多多少少会受到其个人利益的左右。当然，基于每个人不同的价值观，有的人会尽量避免在工作决策中带入个人利益的考量，但并不是每个人都能做到这一点。

判定标准

所谓决策的判定标准，就是决策者以什么样的标准在所有备选方案中做出选择，形成决策。这一点，跟决策模式有关，也跟决策者本身的价值取向有关。

从决策模式来说，如果由企业部分高管组成的最高决策委员会进行决策，或者直接由董事会进行决策，那么就是将决策事项作为提案上会，根据决策委员会或者董事会的规则投票决定。这个时候的判定标准就是投票的票数。

如果决策模式是经过各个层级讨论后提报 CEO 或者董事长决策，或者在某事业部管理层岗位进行决策，那么就是由这位决策者做出决策了。这个时候就在于决策者的价值取向，这个价值取向可能是在调研期间就已经跟团队达成共识的集体价值取向，也可能是决策者个人的价值取向（比如利润率），还可能是决策者对不同备选方案提报者的信任程度、对不同市场机会的乐观程度等，不一而足。

大型企业的采购决策的判定标准常常是招标评审打分，这是决定采购结果需要把握的最关键环节。我们将在后文进行详细介绍。

判定标准是整个决策链条最终结果产出的门槛，对于决策结论至关重要，但容易被忽略。人们常常在琢磨整个决策流程前面的各个环节，但如果判定标准不清晰的话，前面消耗再多的时间和资源，得出的决策结论也未必是高质量的。

第 4 章 | CHAPTER

To B 的决策模式和决策逻辑

不同的企业有不同的决策模式,而且常常会在不同的决策模式之间切换。放之四海而皆准的唯一最佳决策模式是不存在的,每个企业需要根据自己的业务和具体情况来选择适合自己的决策模式。一个企业从创业到成长,再到壮大和成熟,其决策模式也会随之进化。决策模式既是企业管理水平和业务水平的体现,也反过来影响着业务的发展。

所谓决策逻辑,是基于一个企业的价值观和评判标准来进行决策。通常来说,决策逻辑是决策模式的内核,决策模式是决策逻辑的外在体现。两者共同服务于企业的经营目标。

本章分别从决策链条的主体人群、企业所处不同决策模型阶段来介绍不同类型的决策模式。

3 种不同的 To B 决策模式

第 3 章中介绍了决策链条相关的内容，决策链条是决策发生的主体。根据决策链条上发挥主要作用的力量的不同，To B 的决策模式分为个人主导式决策、核心团队主导式决策和群策群力式决策三种类型。

个人主导式决策

部分企业的决策模式主要围绕企业创始人（或一号位）形成，即大小事务主要是企业创始人说了算，这就是所谓的个人主导式决策。这样的决策模式一旦形成，就会延续相当长的时间。该决策模式有可能随着企业的发展或者创始人认知的刷新而进化，也有可能形成惯性持续下去。根据笔者在 2023 年年初进行的企业决策者调研结果，有 37% 的被访企业采用的是个人主导式的决策模式。

个人主导式决策常见于处于创业早期的企业或中小企业，以及部分大中型民营企业。个人主导式决策对于企业的发展有利有弊。

利在于 2 个方面：

- 如果企业创始人极其有能力、有见识，那么这样有相对简单决策链条和决策流程的决策模式，会使企业在决策上形成相对快速的响应和闭环，也有利于决策的实施执行。
- 由于大部分决策都由创始人说了算，一定程度上会强化创始人对企业的控制力和在企业内的权威性。

弊，或者潜在风险，在于 3 个方面：

- 可能会制约组织的势能。信息爆炸时代到来，行业和技术更迭以及企业发展的速度是传统时代的 N 倍，需要充分发挥企业作为一个组织的潜能和力量，挖掘每一个员工的主观能动性和才能，使得每一层级的员工都在职责范围内，对外部市场环境的变化做出敏捷合理的反应。就像华为 CEO 任正非提到的："把指挥权交给能听见枪炮声的一线士兵。"如果企业大小事务都由创始人来决策，那么企业的中层和基层大量的人才潜力未必能够得到充分的发挥，也就会在一定程度上制约企业作为组织的势能。

- 创始人面对巨量的决策事务分身乏术，成为决策效率的瓶颈。企业面对市场和经营环境的变化以及多元的专业领域，每天产生大量的信息，创始人很难在企业事务上做到面面俱到，能力和时间精力上都会受到很大的挑战。积累到一定程度，必然会出现大小事务排队等待创始人决策的境地，创始人的决策瓶颈会拖累企业发展。

- 无法避免认知偏差和个人意志。创始人也是人，自然在对事务的认知、判断、决策中避免不了常人都会出现的各种认知偏差。且企业的任何一个决策，从企业利益的层面和从创始人个人利益的层面有时候并不统一，那么就难免需要在其中进行权衡。

在第 2 章中介绍过，有一类决策窘境是"一言堂"窘境，这是个人主导式决策的一个极致表现。当然，这并不意味着个人主导式决策都是不好的，也有一些非常卓越的企业就是这方面的成功典范，比如乔布斯和马斯克等。这些成功例子的前提是企业家本人的认知、前瞻性和管理能力都超乎常人，同时企业所在的行业和产品也处于大环境的上升周期。

个人主导式决策模式下，决策逻辑取决于企业创始人的个人特点，尤其是个人的认知、思维方式、沟通习惯和价值取向。可以说，这样场景下创始人的思维逻辑，几乎就等同于企业的决策逻辑。

核心团队主导式决策

如果企业的决策链条上发挥主要作用的是少数几个或者十几个核心员工，要么是董事会，要么是包括 CEO 和 CXO 在内的高层管理团队，可能还会包含少量关键岗位的员工，那么这就属于核心团队主导式决策。目前绝大部分企业，包括有正式董事会管理机制的企业，采取的是这类决策模式。

简要来看核心团队主导式决策的利弊，利在于 3 点：

- 不同于个人主导式决策，核心团队主导式决策由多人参与，其中每个人来自各个职能关键岗位，也就一定程度上更容易激发这些职能乃至整个企业组织在业务发展中的势能。
- 多个人参与决策，有各自的专长、能力，能够取长补短，有利于提高决策质量。
- 多个人参与决策，更有利于消除决策者的个人认知偏差。

核心团队主导式决策的弊端，或者说潜在风险，主要在于 4 点：

- 若核心团队的团队文化不够健康，比较容易被其中个别人左右和操纵，或者因为意见和利益不统一而产生冲突和内耗，不利于企业做出高质量决策。

- 若核心团队本身的能力和认知水平有限,也将导致企业的决策水平低下。
- 如果企业规模相对大,没有合理的决策权力拆解和分配,大小事务都需要核心团队来决策,那么核心团队的决策也会有瓶颈,同样不利于激发企业的势能和潜力。
- 如果核心团队的构成不科学,比如以销售为主、以产品和技术为主或者以财务为主,要么与业务发展重点不匹配,要么明显缺失若干关键视角和职能,那么决策必然会因此产生偏颇,从而影响决策质量和业务发展。

核心团队主导式决策模式下,决策逻辑会因为核心团队的价值观、团队文化、认知、能力等因素而不同。一个优秀的核心团队,通常会在 CEO 的领导下形成一套以企业发展为优先级的高效决策逻辑,也就是围绕企业发展的目的来构建决策模式、流程和方法。这个过程中也许有冲突,有意见不一致,但是最终目标是共同的,最终的结果是企业发展,也是所有核心成员全心全意努力的目标。当然,如果核心团队出现问题,必然会影响企业的决策模式和决策逻辑;反之,如果决策模式和决策逻辑出现问题,也必然会影响核心团队。

群策群力式决策

相比前两种决策模式,在群策群力式决策下,要么是决策链条上的主力人数相对多,要么是企业通过决策权分解,将经营相关的决策权分到各个层级各个团队,由其完成大部分的企业决策,形成一个群策群力的模式。

采用群策群力式决策的多为创业型公司、互联网公司或者

AI 技术类公司。这个类型的决策模式有利有弊，利在于 3 点：
- 更加充分地赋能并激活组织的势能和人才的积极性。
- 避免了决策权过分集中于单独个人或者核心团队，打破了决策瓶颈，提高了决策效率，能够实现对市场变化的快速响应。
- 多层级多人数参与决策，相对更容易消除决策中个人出现的认知偏差，不同背景、专长、性格的人可以更好地在决策流程中互相纠偏。

当然，群策群力式决策也存在一些弊端和特殊要求：
- 这个模式需要具备相对系统的决策管理机制，如果在决策权的拆分和授权中出现失误或者混乱，要么容易频繁出现决策错误而导致业务损失，要么造成各个层级各个部门的决策方向产生冲突、形成内耗。
- 对企业战略规划、治理水平、企业文化都有相对较高的要求，否则不但无法形成群策群力式决策，还会产生巨大混乱和内部冲突，甚至贪腐问题。
- 对员工的专业素养有相对高的要求，否则员工一旦出现决策失误，就会直接带来企业损失。

群策群力式决策对决策逻辑的要求相对更高，不但需要决策逻辑符合企业的发展战略，而且需要将其清晰、简明地拆解到每一个决策层级，并形成企业从上至下以及跨部门的共识。这样不但能够最为充分地发挥群策群力式决策的优势，而且能够形成决策乃至战斗力合力，把整个企业打造成一支面对快速变化的市场环境，能够快速响应并组织战斗、参与战斗的军队，最终快速赢得市场。

新国潮茶饮品牌古茗的高管在一次行业大会上，分享了他们在跨界联名营销项目中采用的新颖的项目规划和决策模式。2022年，古茗品牌团队策划了和知名国漫 IP《天官赐福》的联名营销项目，如图 4-1 所示。《天官赐福》在 B 站上的播放量达 2.6 亿，追番人数突破 630 万，连续多周"霸榜"B 站热搜，并斩获 37 次微博热搜，热度爆棚。《天官赐福》在开播当天斩获豆瓣最高 9.2 的高分，更以上线 23 天破亿的播放量成为 B 站国创区最快破亿的动画，多次在国创排行榜上夺魁，口碑与热度"断层式"领先。

图 4-1　古茗与《天官赐福》的联名营销

古茗为此联名项目专门成立了内外营销工作坊。这个工作坊的组成人员不但包括古茗自己的品牌团队,还包括合作方,以及《天官赐福》这个 IP 在 B 站、小红书及其他社交媒体上的超级粉丝——古茗品牌团队非常重视的"品牌超级传播者"。在整个项目规划中,这样的外部"品牌超级传播者"们贡献了很多想法和创意,对于项目的具体策略、方式、设计的构思和打磨都至关重要。这样做的好处显而易见,《天官赐福》这样的知名国漫 IP 拥有巨量的粉丝群体,并且这个巨量的粉丝群体有其独特的审美、爱好、语言习惯,这些都是《天官赐福》超级粉丝们深谙其中并且可以贡献到项目设计中的。再者,经过如此深入融合《天官赐福》粉丝喜闻乐见的元素之后,在传播落地中,这些超级粉丝在这样巨大的特定人群中,会具有强大的影响力和辐射力。这是群策群力型决策模式的典型体现。

决策模式发展的 4 个阶段

根据企业的成长过程和规律,我们把企业的决策模式发展分为 4 个阶段,分别是人治决策阶段、制度化决策阶段、数字化辅助决策阶段、人机协同数智化决策阶段。每个阶段具有当下企业生命周期的特点,也各有利弊,如图 4-2 所示。

第一阶段:人治决策

顾名思义,人治决策就是企业创始人根据个人意志来主导决策,决策机制以及具体决策都以创始人的个人意志为转移。人治决策与前面提到的个人主导式决策常常相伴而行,也就是说不但在具体决策中是个人主导式决策,而且整个企业的决策机制都是创始人说了算,即企业整体决策机制约等于创始人意志。

决策模式	决策主体	决策逻辑	决策依据	利弊
人机协同数智化决策	人和AI在不同层级的决策协同分工	AI和人就可量化和不可量化的决策分工协同	绝大部分决策的依据是可量化的数据洞察	决策效率和质量有巨大提升 单位人效达到前所未有的高度 数据安全和AI的权限管理是挑战
数字化辅助决策	各层级员工	用数据洞察辅助快速高效的业务决策	数字洞察成为主要决策依据，并赋能全员高效决策	决策效率和质量明显提升 组织的能动性和柔性提升巨大 受限于数字化投入和应用水平
制度化决策	得到正式授权的中高层管理者	用制度划分并规范决策权的分配和执行	决策制度规定的依据和标准	授权下的中高层生产力提高 决策风险相对降低 决策的质量受信息限制
人治决策	创始人	创始人的个人决策主张	创始个人的价值观、认知	决策质量取决于创始人风险高 组织的能动性低

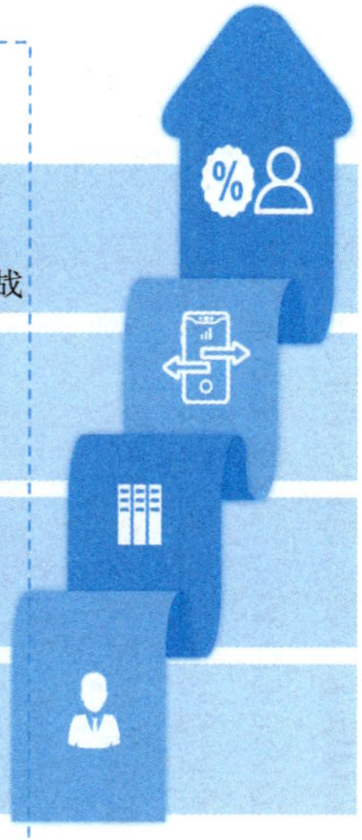

图 4-2 决策模式发展的 4 个阶段

利弊方面显而易见，人治决策就是"一言堂"，相关的弊端已经在第2章中详细介绍，这里不再赘述。其决策逻辑也就等于创始人个人的决策逻辑，创始人的思维方式、认知水平、价值观基本会体现在企业的决策逻辑上。

第二阶段：制度化决策

制度化决策模式是指，企业通过对企业总体决策的分级、授权、流程、监管等各个环节进行标准化和制度化，形成一套企业级的决策机制，对企业的决策进行系统化管理。这种模式是随着企业的成长和管理水平的提高逐步形成的，对管理团队有相对较高的要求。

制度化决策模式是比较成熟的决策机制，能够在风险可控的前提下尽量多地释放组织和团队的潜力。当然它也有利弊两方面的影响，取决于其设计和实施的水平。这个模式的利主要在于对决策实现了制度化系统性管理，决策的规范化和风险管控相对更好，有利于提高总体决策水平；弊主要在于制度设计如果滞后于市场和业务发展，反而可能制约企业发展，走向极致的制度化决策也可能滑入刻舟求剑的决策窘境。

制度化决策模式，要求决策逻辑也充分体现在制度的顶层设计和具体实施中，需要企业创始人在梳理清楚决策逻辑后，在决策制度中的关键环节将其体现进去。这对于制度制定有相当高的要求。

第三阶段：数字化辅助决策

数字化辅助决策，指企业通过采用数字化技术和工具，重构业务流程，在逐步实现全盘业务数字化管理的同时，通过数字化系统对整体业务进行实时数据跟踪、分析，并用以此获得的数据洞察辅助业务决策。

大量企业，尤其是一些高科技企业或者互联网企业，数字化水平相对高，数字化已经成为这些企业的生产力的一部分，也是员工的基本技能之一。这些企业借助各种数字化手段辅助决策，既提升了决策效率和质量，也提升了管理水平。

采用数字化技术和工具重塑业务流程，对于企业各个层级的决策提升有极大的现实意义，主要体现在如下几个维度。

1. 数据收集和分析

数字化手段可以帮助企业收集和分析大量的数据。企业可以通过内部系统、外部数据源以及社交媒体等途径收集数据，并利用数据分析工具进行深入分析。这些数据可以提供决策所需的实时信息，帮助企业了解市场趋势、客户需求和竞争对手动态，从而更好地做出决策。比如企业采用 ERP 和 CRM 系统，能够实时管理并获得供应链和商品下单进展的数据。采用营销自动化系统，能够建立对潜在客户的闭环数字化管理，有利于提高潜在客户的转化率、营销投入的精准度和 ROI 评估。

2. 智能算法和预测模型

数字化手段可以应用智能算法和预测模型来分析数据，并提供预测结果。这些模型可以帮助企业预测销售趋势、市场需求、产品成功率等，从而帮助决策者做出更准确的决策。

3. 协同办公和知识共享

数字化手段可以促进企业内部的协同办公和知识共享。通过使用协同办公工具和平台，员工可以更轻松地共享信息、讨论问题并协同工作。这可以加快决策的速度，减少信息滞后和重复劳动，提高决策效率。国内现在比较流行的协同办公软件有企业微信、飞书、钉钉，在企业实施应用后，所有的业务和员工协同都线上、线下同步实现，不但提升了异地远程的协同效率，也实现了电子化办公，所有的业务数据几乎可以数字化记录、归档、分析，并最终形成可以支持决策的数字洞察。

4. 自动化和智能化决策支持

数字化手段可以自动化一些决策过程，并提供智能化的决策支持。例如，企业可以利用机器学习算法自动化一些常规决策，如库存管理、定价策略等。同时，企业还可以利用智能决策支持系统分析数据和模拟场景，为决策者提供决策建议和风险评估，帮助其做出更明智的决策。后文我们将具体介绍数据驱动决策的解决方案和案例。

5. 以数字化工具和系统辅助决策执行落地

如果数字化工具和系统被充分应用到企业的各种经营活动和职能业务中，比如 CRM 系统被应用到日常的销售管理中，营销自动化系统被应用到市场线索的挖掘和孵化中，财务管理软件被应用到企业的日常预算、报销和财务管理工作中，人力资源管理软件被应用到人力工作的选用预留、组织发展、绩效考核中……那么这些方面的业务决策就可以充分利用数字化工具进行决策落地执行。所有的数字化工具都是围绕业务本身和流程的需要进行配置的，这样更有利于基于业务策略的调整迅速跟进软件配置，策略的落地也就相应地快速和规范。

6. 实时监控和反馈机制

数字化手段可以提供实时监控和反馈机制，帮助企业监测决策的执行效果，并及时进行调整。通过数字化系统，企业可以实时追踪关键业务指标、销售数据和客户反馈等信息，从而及时发现问题并采取行动。

因为行业、地域、企业投入力度等方面的差异，当前企业的数字化程度有高有低。总体而言，数字化程度较高的行业有互联网、银行、电信、新能源、信息技术等，这些行业的企业的数字化进程相对领先，在诸如供应链管理、生产管理、销售和营销管理、人力资源管理、财务管理等方面实现了数字化，其企业经营机制、管理制度和日常运营基本在一揽子的数字化管理平台上得以实现。数字化管理平台为管理层的日常工作提供了实时、多维度的数据洞察支持，因而更有利于管理层就合理分权和授权做出精准的判断，使得充分授权到公司各个业务层级成为可能。同时，该平台赋能了得到授权的团队和员工，提高了他们的决策效率和决策精准度。进入这样的阶段，标志着企业进入数字化辅助决策阶段。而更多其他行业的企业还处在数字化转型的初级阶段，还需要对业务流程进行数字化转型，从之前单一的线下运营推进到数字化管理的阶段。在此之后，数字化辅助决策才能逐步实现。

企业的数字化建设（传统行业称之为数字化转型），其实是新时代下企业全新生产力的塑造，每一个数字化技术和工具的应用落地，本质上是企业的业务协同和管理机制的落地。企业的决策逻辑需要在构建整个企业的数字化基础架构、数字化业务流程中进行把控和体现。

数字化辅助决策的实现,是一个比较长的发展过程。企业要初步实现这个模式,需要具备以下几个方面的条件:

- 企业的数字化具备一定的基础,整体业务流程至少有60%完成了数字化覆盖和重塑;
- 企业文化、人才素养和工作习惯、企业治理水平等方面都发展到相对较高的水平;
- 企业创始人和管理团队的认知、决心和投入力度是推动实现这一决策模式的关键。

数字化辅助决策的利弊非常明显。利主要在于4点:

- 通过数字化部署或者转型,有效推动企业新的业务模式落地或者新的制度规范实施;
- 通过数字化获得更高的业务能见度和及时性,必然有利于提高决策者的判断准确性;
- 基于业务的数字洞察相对更加客观和全面,有利于帮助决策者消除认知偏差;
- 与企业实际运营和应用有关的数字化工具,还能加快企业新决策的落地实施。

弊主要在于3点:

- 如果数据的准确性和客观性出现问题,就会误导决策者;
- 如果决策者自身不具备独立思考能力和过硬的判断力,要么会选择不恰当的数据指标,要么会误读数据结果,都会导致最终的决策失误;
- 如果决策者过度依赖数据洞察在决策上的辅助,也会一定程度上制约决策者的独立思考和多维度校验信息的能力。

笔者曾服务过的 Moka 是一家 HR SaaS 领域的独角兽企业。

Moka 在成立后的最初几年以招聘流程在线管理系统为主要业务，后来发布了核心人力在线管理软件 Moka People 作为第二增长曲线。2015 年，Moka 联合创始人李国兴从斯坦福大学硕士毕业后回国，在找工作的过程中发现企业的招聘环节几乎完全由 HR 人员手工操作进行内外协同，也就是说这个领域的数字化工具还处于空白阶段。于是他和搭档立即决定联手打造一款面向招聘流程的在线管理软件，2015 年 Moka 成立。成立当年 Moka 就发布了招聘管理系统 Beta（测试）版，第二年服务的客户量达到 100 家，2022 年获得 C 轮融资，估值 10 亿美元，正式进入独角兽行列。

  Moka 的决策模式基本经历了一个渐进的阶段性发展过程。创业之初，主要依靠人治的方式进行决策。在业务发展到一定规模后，通过对业界先进的管理理念和管理机制的学习，逐步确立了企业使命和价值观内核，同时建立了一系列的管理和决策机制，诸如各职能部门的管理规则、年度战略规划机制、业绩评估和人才发展体系、经营管理机制。其中包括以经营数据洞察辅助经营决策的机制和理念，以 NPS[①]为产品体验的评价标准，以 OKR[②]为目标、绩效、薪酬决策的统一基准，公司层面统一的预算规划和审批流程等。2019—2023 年间，Moka 陆续采用了各个职能模块的数字化工具，并尽可能实现各个数字化工具平台的互

[①] NPS（Net Promoter Score，净推荐值）是用来衡量用户向他人推荐一家公司、一款产品或一项服务的可能性的指数，通常用来量化评估某款产品的用户对该产品的满意度。

[②] OKR（Objectives and Key Results，目标与关键成果）是一套明确可量度的目标并跟踪其完成情况的管理工具。它由英特尔公司创始人安迪·格罗夫（Andy Grove）发明，1999 年由约翰·杜尔（John Doerr）引入谷歌，并在谷歌发扬光大。近年来，OKR 被字节跳动等多家国内的创新型企业广泛采用。

联互通，最大化各个数据池之间的联通和协同调用。在这个基础上，对各个层级管理者包括基层员工进行最大的数据洞察赋能，确保各级人员在职责范围内的决策有数据洞察作为依据。下面就市场线索的孵化管理以及企业人效（人员效率）管理为例来进行简要说明。

在最初的人治决策阶段，市场线索的孵化管理主要依靠市场部的员工对每一个线索进行分析和判断，只有具备典型的商机条件的才能转交给销售部。大部分企业在这个阶段，将类似这样的线索判定交由市场部负责人处理。这样的分析和判断主要取决于市场部负责人的主观判断和专业能力。如果有多个市场部人员轮流经手这个判定过程，那么每个人都可能基于自己认可的标准或者当时的随机判断进行认定。因为这样的分析和判断在公司内部并没有形成一个达成共识的标准。因此，最终转交给销售部的"市场线索"可能在各方面的条件参差不齐，必然会造成销售部在接收线索后跟进和转化困难。

当市场线索的孵化管理进入制度化阶段时，会有 3 个重要的标志：

- 企业内部跨部门形成对"市场线索与商机"的认定标准；
- 形成线索孵化和转交流程，使得线索上下游交接、跨部门协同成为机制；
- 企业管理层和相关部门会利用线索的指标量化变动作为业务管理决策的重要依据。

To B 营销业内常见的市场线索认定标准是 BANT 法，其中：B 指 Budget，也就是预算，客户是否具备付费能力且有预算进行这个项目；A 指 Authority，也就是权威，指客户的这个联系人是否在决策链条上，对采购决策是否有影响力；N 指 Need，也就是需求，客户的业务是否有这个需求，通过采购能够满足；T 指 Timeline，客户是否针对这个采购需求给出明确的时间表（有的乙方企业在此项会规定采购需求在 12 个月内执行）。乙方企业可以根据自身和行业属性的需要，就此类线索标准进行商议和确定，并在内部达成共识。有了这个线索的标准，可以就此制定市场线索—销售线索—销售商机—订单的流转协同机制，通过制度化来使得跨部门协作更加系统和高效。但我们要知道，这类纯手工操作的线索孵化管理机制，相对来说效率不高，且容易产生各种手工失误和数据问题。

某软件企业采购了某 MarTech 营销自动化工具和纷享销客 CRM 销售管理工具，并将二者进行了 API（应用程序接口）接入和数据打通，基本形成了在市场线索管理上，从制度化决策向数字辅助决策的升级，如图 4-3 所示。基于这样的数字化工具，不但可以实时看到当前各个维度的线索进度、转化率、健康度，及时发现问题进行干预和调整，还可以看到发展趋势，通过未来的投入和市场需求进行相应的预测和规划。更重要的是，通过这样的打通市场营销和销售团队作业流程的数字化工具平台，每一个线索从联系人信息获取，到成为合格的"市场线索"并转交给销售团队，到销售团队跟进后成为"商机"，到最终转化为订单，最后到合同签订并由服务团队开始交付实施，都可以在系统上实时查询和跟进。该系统不但解决了线索在可量化评估条件下的自动流转，还可以通过系统设置完成不同部门之间在线索转化上的配合协同，也就是说，线索管理规则的决策通过系统设置被有效落地到跨部门的执行上。

第 4 章 To B 的决策模式和决策逻辑

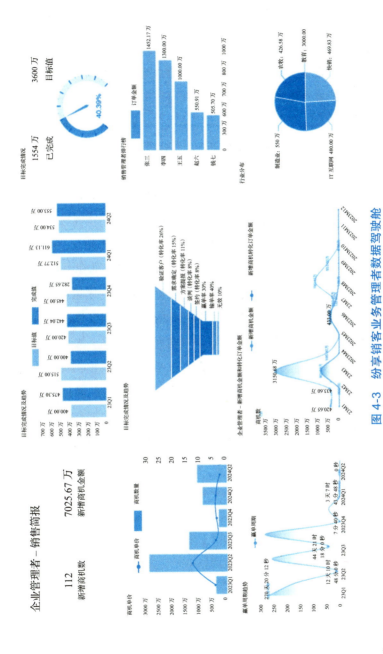

图 4-3 纷享销客业务管理者数据驾驶舱

注：模拟数据源，仅为示意图。

还有一个通过数字化辅助决策的典型案例是对企业人效的管理。从 2020 年开始，各大企业由于外部环境的变化，纷纷开始调整企业的成本预算管理，降本增效成为企业的当务之急。采用数字洞察辅助决策模式的企业，在这个阶段将赢得非常明显的优势。

　　具体来说，企业各个层级的员工和管理者能够根据权限实时浏览并盘点各自团队的人效表现，不但有利于针对人效的变化做出及时的调整和响应，还可以通过系统将企业在人效管理上的调整快速推进到实际执行中。企业在制度化决策甚至人治决策阶段，往往对于人效数据是茫然的。就算有一些人效数据方面的概念，也需要由财务部、人事部、每个业务团队提供成本、人员编制、在岗情况数据，经过手工的汇总统计和分析，才能够得到数据结果。对于一个大中型企业，在没有数字化工具的情况下，通过纯手工操作，这个过程需要短则三四周、长则 2～5 个月才能完成。但是如果企业广泛采用了人力数字化管理系统，这些数据对于不同岗位的管理者和员工都是实时显示的，如图 4-4～图 4-6 所示。这对于管理者实时掌握动态的员工和人效数据是一个巨大的便利。另外，当企业根据人效数据对未来三个月的招聘计划进行调整时，除了通过企业内部的常规的上传、下达渠道以外，还可以通过系统进行通知，并修改招聘管理页面的招聘开放的岗位编制和岗位薪资预算等信息配置，快速落地企业的人效政策。一旦在系统中落地执行，可以每天、每周、每月监测数据进展，并及时对原先的决策进行必要的调整。

图 4-4 Moka People 产品的管理者视角:企业人效数据分析

| 好范式，好决策：To B 的决策逻辑 |

图 4-5　Moka People 产品的管理者视角：企业员工数据概览

图 4-6　Moka People 产品的管理者视角：我的团队

第四阶段：人机协同数智化决策

人机协同数智化决策，是指企业通过有效整合人才的智力、数字化和 AI 技术、业务数据洞察等关键要素和资源，根据业务需要的决策分权授权以及 AI 技术的成熟就绪程度，设计并形成的人和数字化系统协同完成各个层级业务决策的模式，以在快速响应市场变化的同时，最大限度提升企业的生产力。

随着 2022 年年底 ChatGPT 的面世，AIGC（人工智能生成内容）的发展进入快车道。大模型由于对数据、GPU（图形处理单元）和算法的要求极高，因此基本掌握在行业龙头企业的手里，但 AIGC 的应用却是会对企业和个人的具体场景应用产生更大影响的领域。以 To B 营销这个领域为例，To B 营销本身是对企业采购行为的影响，是推动企业客户的业务采用产品和服务并实现价值的过程。无论是企业还是业务决策人，具体的采购行为会因为 AIGC 的出现而发生巨大变化，包括企业和人对信息的消费和吸收，以及采购决策本身的机制。这必然导致营销模式的颠覆性革命。当然，这一变化不是一蹴而就的，而是随着 AIGC 技术在各个领域对人使用和消费信息的方式的改变，各个环节的商业模式相互影响，而逐步发生的。我们正处于这一过程的起始阶段，当前看到的 AIGC 应用可以从内容创作、客户电话拜访、数据分析等方面节省大量营销基础工作，这也是营销人需要实时关注并获得的技能。在未来 2～5 年，To B 营销应该可以实现基于目标客户的千人千面营销触达。在未来 5～8 年，这个过程的变化将会逐步深入营销的各个环节，最终颠覆 To B 领域的营销互动和决策模式。

我们正处于数字化进程因为 AIGC 出现而加速的阶段。

AIGC技术还没有深入应用到社会经济生活中。极个别的企业开始尝试采用算法和AIGC的相关技术，在非常简单可控但需要进行判断和决策的环节，通过数字化和自动化技术手段进行识别、判断和决策，实现了非常基础层级的决策自动化，这也就意味着它们进入人机协同数智化决策的初级阶段。

大数据技术厂商Kyligence的创始人韩卿也持有同样的看法。韩卿在他对内部的全员信中提到，在没有AIGC技术的时代，数据分析是一个非常专门的技能，掌握在数据分析师手里。大量的基层和中层员工及管理者在日常工作中产生和接触到的大量业务数据，因为他们并不具备足够的数据分析能力而闲置。但随着AIGC时代的到来，每一个员工都有机会借AIGC技术迅速获得数据分析能力，使得企业的日常决策和运作更多地受益于数据洞察的支持和赋能。韩卿还提到："今天当AI可以直接调用并分析数据的时候，不需要前置一个数据可视化大屏，员工可以让AI快速给出分析结论，比如是涨了还是跌了，有什么原因，是什么因子影响的，影响有多大等，这里的效率提升是十倍到上百倍。相当于AI把以前数据分析师需要做的大部分工作做了，人类只需要选择、判断和稍微修正就行。"Kyligence提出了对人机协同数智化决策模式阶段性发展的预测，如图4-7所示。第1阶段是AI在决策中扮演支持的角色，大部分的决策还是由人来完成；第2阶段是AI在决策中发挥的作用逐步加强，几乎可以分担整体企业需要做的决策的一半份额；第3阶段是AI逐步帮助企业实现了决策自动化，也就是大部分的企业决策可以通过流程规划和自动化设置由AI直接完成，而人只负责其中最关键、最复杂的小部分决策。

图 4-7 Kyligence 对人机协同数智化决策模式阶段性发展的预测

人机协同数智化决策是未来的趋势，是企业决策管理水平和数字化进程发展到相当高阶的体现。企业要初步实现这个模式，需要具备几个方面的条件：

- 企业的数字化具备相当高的水平，覆盖 100% 的关键业务和 90% 的非关键业务；
- 企业文化、人才素养和工作习惯、企业治理水平等方面都发展到非常高的水平；
- 企业全盘业务运转健康成熟，且在管理机制上完成了科学、合理的分解，能够做到充分的分权授权；
- 企业创始人和管理团队的认知、决心和投入力度是推动实现这一决策模式的关键。

人机协同数智化决策模式同样有利有弊。利在于可能会带来整个企业经营方式的变革，重新打造企业的核心竞争力和护城河，也可能带来行业变革的契机。弊在于对于企业拥抱新技术和新变革的能力要求极高，如果企业的历史包袱比较重，这会是一个非常挣扎和痛苦的蜕变过程，其间不但会发生组织架构和人才结构的根本性变化，也一定会带来企业核心产品和用户关系的根本性变化；同时，对企业的业务数据安全和用户的隐私安全都会带来比较大的挑战。在笔者看来，尽管我们能够在一定程度上预见人机协同模式的不完美，但其效率提升作用和总体生产力的先进性都是不可否认的，而且无论个人的意愿和意见如何，这是社会和技术发展的趋势，总会到来。

2011 年，美国风险投资家、原网景创始人 Marc Andreessen 在《华尔街日报》上发表文章提出"软件正在吃掉世界"的观点。当时各种软件正在以颠覆性的态势重构各个行业的数字化应用，甚至还主导了很多原本是硬件发挥主要作用的场景，因为软件可以更灵活、更低成本、更高效地实现很多原本由硬件主导实现的数字化功能和特性。2017 年，英伟达创始人兼 CEO 黄仁勋提出"软件正在吃掉世界，而 AI 将要吃掉软件"，如图 4-8 所示。2022 年年底 ChatGPT 发布后，我们看到了 AI 带给软件行业的巨大机会和挑战。

图 4-8　软件吃掉世界，AI 吃掉软件

注：本图由 AI 生成。

总的来说，企业的决策模式是一个随着企业发展和技术进步不断演进的过程。从企业创业阶段的人治决策，到企业发展壮

大并进行管理升级后实现的制度化决策,再到数字化转型过程中逐步实现的数字化辅助决策,最后到 AI 时代的人机协同数智化决策。

决策五力模型——企业决策能力评估模型

每个企业的特点和业务不同,采用不同决策模式起到的效力不同,因此企业需要根据当下和未来的需要对决策模式的效力进行检验和诊断,若有必要,进行相应的调整和升级。

笔者对企业决策模式的 5 个关键领域的能力进行了系统梳理,并由此提出了决策五力模型,用以帮助企业针对自身决策模式的效力进行检测和诊断。

决策五力模型的构成

企业的各种经营行为体现为大大小小的决策和这些决策的实施。决策能力一定程度上代表了企业的经营能力,体现了企业家对企业的治理能力,而决策模式就是企业决策行为模式的集中表现。决策模式的优劣与效率可以通过决策五力模型评估。决策五力模型包含 5 个关键领域的能力,分别是组织力、制度力、数智力、穿透力、纠偏力,如图 4-9 所示。

1. 组织力

企业的决策离不开个人,一定是人在推动决策,但是不能脱离企业这个组织,成为企业创始人(或一号位)的个人决策。现代企业的竞争力,除了技术、产品、营销等能力以外,组织的能力也至关重要。面对快速变化的市场和信息爆炸的时代,企业的组织力是企业最大限度调动各级人才的能动性和创造力，激发人才潜力的关键。在决策模式上更是如此。企业能够根据业务和组织架构，对必要的业务决策进行分级和授权，赋能各级员工参与甚至主导相应层级的决策，并对此有完善且灵活的管理机制，就是企业决策模式的组织力的体现。

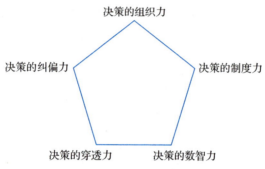

图 4-9　企业决策能力评估模型：决策五力模型

2. 制度力

企业的决策模式不是指单一的一次决策，而是从上至下大小决策行为的集中体现。如果企业在从上至下大大小小的决策上，没有统一清晰的管理，缺乏系统性的机制对决策的各个环节进行规范，那么这个企业注定在决策上的总体行为就是杂乱无章的。对决策的制度化管理，是一个企业形成高效决策模式的基本要求。决策的制度力包含对决策流程、决策链条、决策判定标准、决策信息采集、决策问题分级、决策授权、决策落地执行、决策质量和风险管控等各个环节的制度化规范管理。当然，不是说有了制度就能解决一切问题，这只是基础，且需要符合企业特点和业务需要，否则过于机械化的制度反而会限制决策所需的空间和灵活性。

3. 数智力

在移动互联网、大数据、云计算、AI 技术日渐普及的今天，充分利用数字化技术和工具，对于塑造企业核心竞争力至关重要。企业的长期发展，很难依靠企业家一个人的认知和判断。市场变幻莫测，技术迭代持续不断，如果企业的决策模式没有及时、充分地利用数字化技术，就很难形成从宏观到微观的对外部市场和企业自身的充分、实时了解，也不一定能够获得高质量的数据洞察以支撑决策，当然也就更难与具备数智化决策能力的竞争对手抗衡。

4. 穿透力

穿透力原本指能量外化穿透物质与辐射外界的能力，能量越强，穿透力越大。这里我们用它来描述决策模式在如下几个关键维度的影响力高低。

（1）决策的业务合理性

衡量决策过程及决策本身多大程度契合市场变化和业务逻辑。越是贴近市场变化和业务发展逻辑，决策对业务的指导意义就越大。决策的业务合理性，就是决策本身有多大程度契合业务发展的体现。

（2）决策的连贯性

企业的决策模式是一套完整的机制，覆盖从企业业务逻辑和战略方向的顶层设计决策，到业务单元每个环节的日常运营的细小决策。企业决策的连贯性体现在两方面：一方面，企业能够将顶层设计决策有效拆解到每一个层级、每一个维度的落地决策，并保证决策从上至下拆解之后，决策内核和决策意志不变形、不跑偏，即决策拆解上下一致；另一方面，在时间轴的一定阶段内，企业决策能够做到前后连贯，而不是朝令夕改。因此决策的连贯性，是决策在空间维度从上至下、在时间维度从前到后的体现。

（3）决策的落地执行力

决策如果停留在纸面上或者口头上，就是一纸空文。只有真正有效落地执行，决策才有可能对业务发挥作用，才能够在实践中检验决策对业务是否有效用，是正面效用还是负面效用，有多大效用。因此决策的落地执行力是从形成决策到决策落地执行，也就是决策穿透力在执行层面的体现。

5. 纠偏力

企业的决策也是业务抉择，在多个发展路径中做选择，在多个可选的解决方案中做选择。在决策的整个过程中，有多个环节可能产生偏差，从而导致最终决策的偏差。常见的偏差有决策人的认知偏差、在搜集决策问题基本情况时的信息/数据偏差、进行最终选择时的判定标准偏差、落地执行偏差等。那么在企业的决策模式中，是否有对以上提到的种种偏差及时纠偏的设置？纠偏从根本上说是对信息和决策的质疑与校验，发现问题并且及时修正。有效的纠偏力，才能保证企业的决策模式具备一定的自我矫正能力，也才是高质量持续的企业决策的有力保障。

决策五力模型的应用

决策五力模型根据决策五力的每一项进行一系列的提问检测，并根据答案与决策五力每一项代表的效力高低的相关性，进行自动化算法计算和评估，最终得出该企业决策模式有效性的评估结果。这一结果有助于企业对自身的决策模式进行检查和诊断，并根据诊断结果采取相应的调整和升级措施。

基于企业决策模式的五力模型，我们如果随机针对两家不同性质和不同决策模式的企业进行系统性评估分析，会得出这两家企业在决策模式上的差别，如图 4-10 所示。

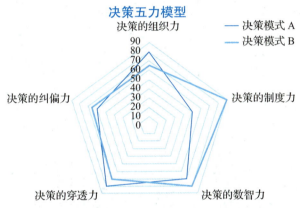

图 4-10　某两家企业决策模式的评估测试结果

针对企业决策模型的有效性评估是一套完整而系统的检测和诊断体系。这里我们准备了简易版和专业版两个版本的评估方式（见表 4-1），读者可以根据自己的需要和兴趣对自身企业进行检测评估。

表 4-1　决策五力模型：企业决策模型有效性评估模型

	专业版	简易版⊖
问题数量	100 个	50 个
评估方式	专业顾问 + 专业评测模型	简易版在线评估软件
所需时长	5～15 个工作日	5 分钟

⊖ 简易版可以从微信公众号"To B 的决策逻辑 and 老震"获取。

第 5 章 | CHAPTER

常见的企业决策模型及其应用

企业决策的制定是一个复杂的认识、诊断、解决问题的过程，这个过程由于要评估和权衡很多因素，常常会陷入僵局。借鉴一些经典的决策模型是一个有效的方法，它能够帮助我们通过系统梳理各种信息，进行备选方案评估和利弊权衡。

针对决策和战略制定的理论模型有很多，这里无法一一介绍，仅从中选取 15 个比较常见、实用性强、针对性强的模型，并分为通用型分析类模型、企业变革策略分析类模型、业务和产品决策类模型三大类，从概念简介、适用场景、优缺点三个维度进行介绍。

通用型分析类模型

PESTEL 模型

1. PESTEL 模型简介

PESTEL 模型又称大环境分析模型,是分析宏观环境的有效工具,不仅能够分析外部环境,而且能够识别一切对组织有冲击作用的力量。它是调查组织外部影响因素的方法,其每一个字母都代表一个因素,共涉及 6 个因素:政治(Political)、经济(Economic)、社会文化(Sociocultural)、技术(Technological)、环境(Environmental)和法律(Legal)。

- 政治:政治因素涉及政府对组织的影响和干预。这包括政策、法规、政府稳定性、政治体系、政府对外贸易政策等因素。
- 经济:经济因素涉及宏观经济环境对组织的影响。这包括经济增长率、通货膨胀率、利率、汇率、收入水平、失业率、消费者信心等因素。
- 社会文化:社会文化因素涉及社会文化对组织的影响。这包括人口结构、民族传统、教育水平、价值观念、生活方式、消费习惯、健康意识等因素。
- 技术:技术因素涉及科技发展对组织的影响。这包括技术创新、数字化、自动化、信息技术、通信技术等因素。
- 环境:环境因素涉及自然环境对组织的影响。这包括气候变化、资源可持续性、环境保护法规等因素。
- 法律:法律因素涉及法律法规对组织的影响。这包括劳动法、知识产权法、竞争法、消费者保护法等因素。

通过对这 6 个因素的分析，组织可以了解宏观环境对其业务和运营的影响，从而制定相应的战略和决策。PESTEL 模型提供了一个全面的视角，帮助组织预测风险和机会，并适应外部环境的变化，如图 5-1 所示。

图 5-1　PESTEL 模型

2. PESTEL 模型的适用场景

PESTEL 模型几乎适用于所有类型的业务，尤其是受宏观经济影响明显的企业和产业。To B 业务是其中典型的业态，这个领域的企业受经济环境和经济周期的影响非常明显，因此对于 To B 的企业来说，PESTEL 模型是一个需要被重视和充分应用的模型。PESTEL 模型适用的分析和决策的具体场景相对广泛，包括但不限于目标市场分析、业务开拓策略、风险评估、政府和公共政策影响评估。

3. PESTEL 模型的优缺点

（1）优点

- 全面性：PESTEL 模型涵盖了宏观经济的各个大的方面，相对全面，能够捕捉到各种可能影响业务的因素。
- 预测性：可以帮助企业预测未来的趋势和变化，从而帮助企业做出更长远的规划和决策，以适应环境的变化。

（2）缺点

- 过于宏观：PESTEL 模型关注的是宏观环境因素，可能忽略了企业内部因素对业务的影响。因此，仅仅依靠 PESTEL 模型可能会忽视企业自身的优势和劣势。
- 不确定性：PESTEL 模型分析的是外部环境因素，这些因素受到多种变量的影响，如政策变化、经济波动、社会趋势等，具有不确定性。因此，模型的分析结果也存在一定的不确定性。
- 细节缺失：PESTEL 模型提供了宏观的分析框架，但缺乏对细节的深入分析。在实际应用中，需要进一步细化和深入研究各个因素，以更准确地评估其对业务的影响。

SWOT 分析模型

1. SWOT 分析模型简介

SWOT 分析模型是一种用于评估组织内外部环境的工具，以确定其优势（Strength）、劣势（Weakness）、机会（Opportunity）和威胁（Threat）。SWOT 是以上 4 个单词的首字母缩写。SWOT 分析通过识别组织内部的优势和劣势以及外部的机会和威胁，帮助组织了解其当前状况，并制定相应的战略和决策。SWOT 分析模型如图 5-2 所示。

图 5-2　SWOT 分析模型

2. SWOT 分析模型的适用场景

SWOT 分析模型的适用范围很广，包括但不限于以下几个业务场景：

- 战略规划：SWOT 分析可以帮助组织评估其内部资源和能力，并识别市场上的机会和威胁，从而制定适应性强的战略规划。
- 产品开发：SWOT 分析可以帮助组织评估产品的优势和劣势，并识别市场上的机会和竞争威胁，以确定产品开发的方向和策略。
- 市场营销：SWOT 分析可以帮助组织了解市场竞争环境和消费者需求，从而制订市场营销策略和推广计划。
- 商业扩张：SWOT 分析可以帮助组织评估进入新市场或扩大现有市场的机会和挑战，从而指导商业扩张的决策和实施。

3. SWOT 分析模型的优缺点

（1）优点

- 简单易用：SWOT 分析模型简单直观，易于理解和使用，不需要复杂的统计数据和分析工具。
- 全面性：SWOT 分析综合考虑了组织内外部的因素，提供了全面的视角，帮助组织了解其优势、劣势、机会和威胁。
- 提供决策依据：SWOT 分析为组织提供了评估和比较不同因素的基础，为制定战略和决策提供依据。

（2）缺点

- 主观性：SWOT 分析受到个人主观判断的影响，不同的人对同一因素的评估可能存在差异，导致分析结果的偏差。
- 简化复杂性：SWOT 分析对复杂的内外部环境因素进行简化，可能忽略了一些细节和重要因素，对结果的准确性有影响。
- 静态分析：SWOT 分析通常是一次性的静态分析，不能全面考虑环境的动态变化，需要与其他工具和模型结合使用。

时间管理四象限模型

1. 时间管理四象限模型简介

美国管理学家史蒂芬·柯维（Stephen R.Covey）提出的时间管理四象限模型是用于判断业务决策紧迫性的模型，对于梳理决策事项的优先级十分有用。时间管理四象限模型（如图5-3所示）本质上是一个时间管理理论，将工作从重要和紧急两个维度按照高低不同的程度进行划分，基本上可以分为4个象限。对业务问题采用时间管理四象限模型来进行决策紧迫性的认定，对重要性、紧迫性这两个维度进行标准的设定，能够使管理者清晰地确定什么工作应该具有更高的优先级，占用更多的精力。这对于决策的意义在于，当决策者无法区分摆在面前的多个需要决策的事项的优先级时，按照这个模型进行梳理和排序，能够快速在纷繁复杂的企业事务中有效聚焦，对于什么事情是需要企业最高决策者优先处理的，什么事情是可以通过授权由企业各级管理者甚至基层人员处理的，就一目了然了。

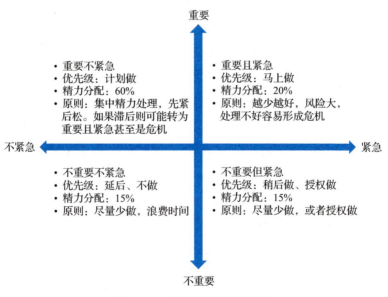

图5-3　时间管理四象限模型

2. 时间管理四象限模型的适用场景

时间管理四象限模型适用于很多场景，比如以下企业决策场景：

- 决策事务的优先级排序：帮助企业管理者在众多繁杂的企业事务中有效梳理出决策优先级排序，确保企业的决策优先级不会本末倒置，决策注意力聚焦于最重要的事。
- 决策授权机制：企业的最高管理者需要有效拆分各项任务，并授权各层管理者和员工根据各自的职责范围、能力范围和业务需要做出相应的决策并执行落地。时间管理四象限模型能够帮助企业合理划分组织各个层级的决策权，确保对工作重要性、各层级的职责能力和决策权做到相应的匹配。
- 企业资源配置：企业的资源是有限的，企业无时无刻不需要在各种场景下有效、合理地分配资源给各个业务部门，包括资金、人才、技术、时间、企业家精力等。这套方法可以帮助企业合理划分各个业务和工作流的优先级，也就明确了各项资源的分配原则。
- 管理者的日常工作规划：管理者由于惯性，常常不自觉陷入日常不重要的各种琐事。这套方法能有效帮助管理者在日常工作规划中合理分配时间，制定自己每周、每月、每季度的工作计划，确保聚焦到优先级高的工作流上。

3. 时间管理四象限模型的优缺点

（1）优点

- 简明易用：这个模型通过重要性和紧迫性这两个维度对工

作流进行梳理，简单直接但高效易用。
- 适用范围广：绝大部分与时间分配、任务优先级排序有关的问题可以尝试采用这个模型进行评估。

（2）缺点
- 主观性：任务的重要性和紧迫性可能因人而异，导致用户在分类任务时存在主观因素，有可能出现误判。
- 过于简化：进行企业的决策优先级排序时，可能还需要一些关键信息，比如决策人的职责、能力等信息，而这个模型过于简化，没有涵盖这些信息，需要使用者另行对这些信息进行评估。

企业变革策略分析类模型

波特价值链分析模型

1. 波特价值链分析模型简介

波特价值链分析（Porter's Value Chain Analysis）模型是一种用于评估组织内部活动的工具，通过对组织活动的分析，来识别组织的业务机会。波特价值链分析模型将组织的活动划分为主要活动和支持活动，如图 5-4 所示。主要活动包括入库物流、生产操作、出库物流、市场销售和售后服务，这些活动直接参与产品或服务的生产和交付。支持活动包括采购、技术研发、人力资源管理和企业基础设施构建，这些活动提供支持和资源，以使主要活动能够顺利运行。

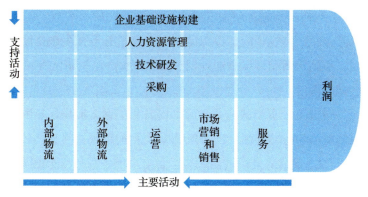

图 5-4 波特价值链分析模型

分析的步骤可以参考如下的机制：

1）环境分析：首先要对外部环境进行分析，包括行业趋势、市场需求、竞争对手和消费者行为等。这有助于了解企业所处市场和行业的情况，为潜在业务机会的发现提供背景和依据。

2）价值链分析：对企业的价值链进行详细分析，包括主要活动和支持活动。对于主要活动，要重点关注每个环节的价值创造和竞争力，了解企业在不同环节的优势和劣势；对于支持活动，要分析每个环节对主要活动的支持程度和贡献。

3）价值链矩阵分析：将环境分析和价值链分析结合起来，通过绘制价值链矩阵来找出潜在的业务机会。在矩阵中，将外部环境的变量（如市场需求、技术趋势等）与企业的价值链环节进行匹配，找出那些在当前市场环境下有潜力增加价值的环节。

4）创新和差异化：根据价值链分析和价值链矩阵分析的结果，确定潜在业务机会后，要考虑如何创新和差异化。这可以包括改进现有环节的流程和效率、引入新技术或资源、提供更优质的产品或服务等。

5）评估和实施：对潜在业务机会进行评估和实施。评估包括风险分析、市场预测、资源需求等，确保机会的可行性和可持续性；实施包括制订详细的计划、资源配置、组织调整等，确保机会能够落地。

通过以上分析步骤，企业可以找出潜在的业务机会，并制订相应的战略和行动计划，以实现增长和竞争优势。

2. 波特价值链分析模型的适用场景

波特价值链分析模型适用于评估组织的内部活动，发现增加价值的机会，支持战略规划和业务决策。具体来说，其适用场景包括但不限于以下几个方面：

- 业务流程改进：波特价值链分析模型可以帮助组织了解不同活动的价值创造过程，发现流程瓶颈和优化机会，提高效率和质量。
- 竞争优势分析：波特价值链分析模型可以帮助组织了解自身在价值链中的位置和竞争优势，从而制订差异化战略和市场定位。
- 供应链管理：波特价值链分析模型可以帮助组织了解供应链中不同环节的价值创造和分配，优化供应链管理和合作关系。
- 业务拓展和并购：波特价值链分析模型可以帮助组织评估和比较不同业务和潜在合作伙伴的价值链，指导业务拓展和并购决策。

3. 波特价值链分析模型的优缺点

（1）优点

- 内部视角：波特价值链分析模型关注组织内部的活动和价

值创造过程，提供了深入了解组织的视角，有助于发现内部的优化和创新机会。
- 细致全面：波特价值链分析模型将组织的活动划分为不同的环节，包括主要活动和支持活动，综合考虑了组织活动的全面性和细致性。

（2）缺点
- 内部导向：波特价值链分析模型过于关注内部的活动和过程，忽略了外部环境的影响和竞争力的综合性，需要结合其他模型和工具进行分析。
- 静态分析：波特价值链分析模型通常是一次性的静态分析，不能全面考虑市场环境和活动的动态变化的影响，需要结合其他模型和工具进行动态分析。

麦肯锡 7S 模型

1. 麦肯锡 7S 模型简介

麦肯锡 7S 模型（McKinsey 7S Framework）由麦肯锡的两位专家托马斯·J. 彼得斯（Thomas J.Peters）和小罗伯特·H. 沃特曼（Robert H.Waterman）于 20 世纪 80 年代提出，是一种用于组织诊断和变革的管理工具，通过分析组织的 7 个要素，帮助组织了解和优化自身的整体运作。这 7 个要素具体如下：

- 战略（Strategy）：组织的长期目标和规划，包括组织的使命、愿景、战略定位等。战略要素涉及组织的竞争优势、市场定位和发展方向。
- 结构（Structure）：组织的层级结构和组织架构，包括组织的部门划分、职责分工、权力和决策层级。结构要素涉及组织的形式、层级关系和协调机制。
- 系统（System）：组织的各种管理系统和流程，包括组织的运营、决策、沟通、信息技术等。系统要素涉及组织的运作方式、流程和规范。
- 共同价值观（Shared Value）：指组织的核心价值观和文化，包括组织的价值观念、信念、行为准则等。共同价值观要素涉及组织的文化、价值观和员工行为。
- 技能（Skill）：组织的核心能力和员工的技能水平，包括组织的专业知识、技术能力、创新能力等。技能要素涉及组织的核心竞争力和员工的能力素质。
- 员工（Staff）：组织的员工队伍和人力资源，包括组织的招聘、培训、激励和绩效管理等。员工要素涉及组织的人力资源和员工发展。
- 风格（Style）：组织的领导风格和管理方式，包括组织的领导力、沟通方式、决策风格等。风格要素涉及组织的管理风格和领导行为。

这7个要素相互关联，相互依赖，共同构成了组织的运作系统。其中，战略、结构和系统要素被认为是企业成功经营的"硬件"，风格、员工、技能和共同价值观要素被认为是企业成功经营的"软件"，如图5-5所示。通过分析和优化这些要素之间的关系和一致性，可以帮助组织实现战略目标、提高绩效、适应变革。

2. 麦肯锡7S模型的适用场景

麦肯锡7S模型适用于组织诊断和变革，包括但不限于以下几个方面：

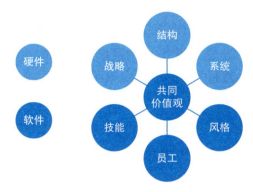

图 5-5　麦肯锡 7S 模型示意

- 战略规划：麦肯锡 7S 模型可以帮助企业将战略与其他要素进行匹配和协调，确保战略的有效实施和落地。
- 组织诊断：通过分析和评估组织的 7 个要素，帮助企业了解组织的运作情况，找出不协调和矛盾之处，为组织改进和优化提供依据。
- 组织变革：麦肯锡 7S 模型可以帮助企业识别变革中的问题和挑战，调整和优化组织的各个要素，以支持变革目标的实现。
- 合并和收购：麦肯锡 7S 模型可以帮助企业在合并和收购过程中，评估两个组织之间的协调性和冲突，制订整合策略和计划。

3. 麦肯锡 7S 模型的优缺点

（1）优点

- 综合性：麦肯锡 7S 模型综合考虑了组织的多个要素，帮助企业全面了解组织的整体运作、协调性和一致性。
- 可操作性：麦肯锡 7S 模型提供了一个结构化的框架，可以帮助企业系统性地分析和改进组织的各个要素。
- 可视化：麦肯锡 7S 模型可以通过绘制 7S 图表的方式，将组织的各个要素可视化，帮助企业直观地了解组织的现状和变化。

（2）缺点
- 简化性：麦肯锡 7S 模型对组织的复杂性进行了简化，无法全面覆盖组织的所有方面和因素。
- 静态性：麦肯锡 7S 模型通常是一次性的静态分析，不能充分考虑组织的动态变化和演进。
- 数据获取：麦肯锡 7S 模型需要大量的组织数据和信息，对数据的获取和分析能力有一定要求。
- 相对于大中型企业更适用：7 个要素几乎涉及企业的方方面面，牵一发而动全身。对于分析的完整性和细致程度有极高要求，根据这个模型确定的解决方案的落地执行也会有相应的复杂性和难度。

Cynefin 模型

1. Cynefin 模型简介

Cynefin 模型是一种用于复杂性问题的分析和解决方案探索的框架，由 David Snowden 和 Mary Boone 于 2007 年提出。Cynefin 一词源自威尔士语，意为"地方"或"状态"。该模型旨在帮助人们理解和应对不同类型的问题和情境，以更好地做出决策和进行管理。

Cynefin 模型将问题和情境分为 5 个领域，如图 5-6 所示。

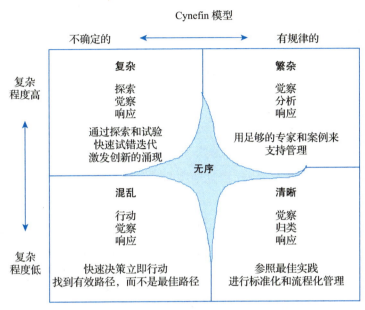

图 5-6 Cynefin 模型

- 清晰（Clear）：适用于已知且可预测的问题。该域中的因果关系显而易见，方法是觉察—归类—响应（Sense-Categorise-Respond）。解决这类问题需要依赖已有的最佳实践和标准流程。
- 繁杂（Complicated）：适用于介于清晰和复杂之间的问题。该域中的因果关系需要分析，或者需要一些其他形式的调查和专业知识的应用，方法是觉察—分析—响应（Sense-Analyze-Respond）。解决这类问题需要专业知识和专业人士的参与。
- 复杂（Complex）：适用于部分已知但不完全可预测的问

题。该域中的因果关系仅能够从复盘中获得，无法预测，方法是探索—觉察—响应（Probe-Sense-Respond）。解决这类问题需要通过探索、实验、学习和适应来寻找新的解决方案。
- 混乱（Chaotic）：适用于没有明确因果关系和解决方案的问题。方法是行动—觉察—响应（Act-Sense-Respond）。在这种情况下，需要迅速采取行动并根据反馈调整策略。
- 无序（Disorder）：适用于无法确定问题性质的情境。在这种情况下，需要进行问题归类，然后选择适当的方法来解决。

David Snowden 和 Mary Boone 在他们发表于《哈佛商业评论》上的题为"A Leader's Framework for Decision Making"的著名论文中，将 Cynefin 5 个领域中除了"无序"以外的 4 个领域，用表 5-1 进行了归纳总结。

2. Cynefin 模型的适用场景

Cynefin 模型适用于以下几个方面：
- 组织管理：帮助领导者了解和处理不同类型的问题和情境，以制定适当的管理策略和行动计划。
- 创新和变革：帮助组织在面对复杂性和不确定性时进行创新和变革管理。
- 项目管理：帮助项目团队识别问题的性质和类型，以采取相应的方法和措施。
- 决策制定：帮助个人和团队在不同情境下做出更明智的决策，避免过度简化或过度复杂化问题。

表 5-1 Cynefin 模型：领导者在不同场景下的决策指南

领域	所处环境和状态	领导者的职责	危险信号	如何应对危险信号
清晰	• 多次重复出现的模式和活动 • 清晰的因果关系 • 正确答案明显存在 • 基本属于已知中的已知状态 • 基于事实进行管理	• 觉察、归类、响应 • 确保恰当的流程及时部署实施 • 适当授权 • 采用最佳实践 • 清晰、明确的传达和沟通 • 不必进行过于充分的互动和沟通	• 自大和自满 • 企图将复杂问题简单化 • 成见或经验主义 • 对既有的知识经验缺乏质疑 • 当状况发生变化时过分依赖最佳实践	• 开辟多个沟通渠道，充分质疑主流观点 • 避免微观管理的同时对一线保持敏感 • 切忌默认事情很简单 • 意识到最佳实践的价值和局限
繁杂	• 需要专家进行诊断 • 很难诊断出因果关系 • 存在多个可能的正确答案 • 知道不确定性的存在 • 基于事实的管理	• 觉察、分析、响应 • 组建不同类型的专家团队 • 倾听各种不同专业意见	• 专家对各自的经验过于自信 • 分析僵局，各种意见对峙 • 迷信专家团队 • 非专家的意见被忽略	• 鼓励内外关键人员质疑专家意见，以避免试验和游戏的方式促使团队突破惯思维定势
复杂	• 不断变化，不可预测 • 答案逐步形成和涌现 • 不知道面临什么样的不确定性 • 有多个可选思路 • 需要创造性的新方式和新的管理模式 • 随机应变伏波动	• 探索、觉察、响应 • 创造利于试验和沟通和创新的环境 • 将互动和沟通提升到新的优先级 • 产生更多新思路的方法：鼓励讨论和交流，设置必要的门槛，设立激励措施，鼓励不同意见和多元化，有效管理起始条件，有效管理答案探索和形成的过程	• 不自觉总是回到舒适圈 • 命令和控制型的管理模式 • 总是企图寻找可控的因素而非任探索中逐步找到解决方案 • 总是急于快速找到解决方案或者一把抓主机会	• 保持耐心并给予时间充分复盘 • 采用各种新方式鼓励充分互动，以促使新的模式逐步形成
混乱	• 剧烈起伏波动 • 没有明显的因果关系，故没有必要一定要找到唯一正确答案 • 需要在短时间内做出多项决策 • 情况紧急 • 随机应变型的管理模式	• 行动、觉察、响应 • 有效的答案比唯一正确的答案更重要 • 通过令行禁止和强管控来并重建秩序 • 采取清晰直接的沟通	• 采用令行禁止和强管控的时间过长，变得不合时宜 • 领导者沉迷于个人形象的崇拜 • 错失创新的机会 • 混乱状态持续存在	• 建立风险防范机制，比如并行多个团队来获得混乱环境中的机会和优势 • 一旦危机被有效控制，鼓励有质疑领导者将应对混乱状态的建议和声音 • 有意识地将应对混乱状态过渡到复杂状态的机制调整

第 5 章 常见的企业决策模型及其应用

3. Cynefin 模型的优缺点

(1) 优点

- 问题分类：Cynefin 模型能够帮助人们对问题进行分类和理解，以便采取适当的方法和策略。
- 决策指导：Cynefin 模型能够指导决策制定者在不同情境下做出更准确和有效的决策。
- 管理复杂性：Cynefin 模型提供了一种管理和应对复杂性的框架，帮助组织和个人在不确定性下做出更好的决策。

(2) 缺点

- 主观性：Cynefin 模型的分类和判断依赖于个人主观的观察和理解，可能存在不同的解读和应用。
- 过于简化：Cynefin 模型将问题划分为五个领域，但由于现实世界中的问题可能更加复杂和多样化，它无法完全适用于所有情境。
- 缺乏具体操作指南：Cynefin 模型提供了一种框架和理念，但缺乏具体的操作指南和方法，需要结合其他工具和技术进行综合应用。

MECE 模型

1. MECE 模型简介

MECE（Mutually Exclusive，Collectively Exhaustive）模型是用结构化的方式组织思考和分析问题，并找到解决方案的一套方法论。它是麦肯锡金字塔原理（The Minto Pyramid Principle）的一个很重要的原则。所谓的不遗漏、不重叠是指在将某个整体（不论是客观存在的还是概念性的整体）划分为不同的部分时，必

须保证划分后的各部分符合以下要求:
- 各部分之间相互独立(Mutually Exclusive);
- 所有部分完全穷尽(Collectively Exhaustive)。

MECE(相互独立、完全穷尽)是麦肯锡思维过程的一条基本准则。"相互独立"意味着问题的细分在同一维度下并有明确区分、不重叠;"完全穷尽"则意味着全面、周密、没有遗漏,覆盖了整个问题的空间。使用MECE模型,可以确保思考和分析的全面性、结构性,避免重复或遗漏,提高问题解决的质量。

2. MECE模型的适用场景

MECE模型适用于各种问题解决和分析的场景,包括但不限于以下几个方面:

- 问题解构:MECE模型可以帮助将复杂问题分解为互斥且完全穷尽的部分,使问题更易于理解和解决。
- 数据分析:MECE模型可以帮助对数据进行分类和归纳,使数据分析更有条理、更全面。
- 决策分析:MECE模型可以帮助评估决策选项,并进行逐一排除或合并,以找到最佳的解决方案。
- 沟通和表达:MECE模型可以帮助将复杂的思想和概念进行清晰和有逻辑的表达,使沟通更加有效。

3. MECE模型的优缺点

(1)优点
- 结构化思考:MECE模型提供了一种结构化的思考方法,有助于整理和梳理复杂问题,使思考更有条理和系统性。
- 全面性:MECE模型追求相互独立且完全穷尽,能够确保问题解决的全面性，避免遗漏或重复。
- 有效沟通：MECE模型能够帮助将复杂的概念和信息进行简化和分类，使沟通更加清晰和有效。

（2）缺点
- 限制性：MECE模型可能对某些复杂的问题或领域不适用，有时会过于简化问题的本质。
- 划分主观性：MECE模型的划分和分类依赖于个人的主观判断，可能存在不同的划分方式和结果。

业务和产品决策类模型

波士顿矩阵分析模型

1. 波士顿矩阵分析模型简介

波士顿矩阵分析（Boston Matrix Analysis）模型是一种用于评估组织产品组合的工具，以确定产品的增长潜力和市场份额。基于产品的销售增长率和市场占有率，将产品分为四个象限：明星（Star）产品、现金牛（Cash Cow）产品、问题（Question Mark）产品和瘦狗（Dog）产品。明星产品具有高销售增长率和高市场占有率，现金牛产品具有低销售增长率和高市场占有率，问题产品具有高销售增长率和低市场占有率，瘦狗产品具有低销售增长率和低市场占有率，如图5-7所示。

2. 波士顿矩阵分析模型的适用场景

波士顿矩阵分析模型适用但不限于以下几个场景：
- 产品组合管理：波士顿矩阵可以帮助组织了解产品的增长

潜力和市场份额，从而管理产品组合，决定资源的分配和发展重点。

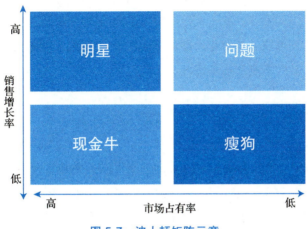

图 5-7 波士顿矩阵示意

- 市场竞争分析：波士顿矩阵可以帮助组织了解市场上不同产品的竞争态势，从而调整市场策略以获得竞争优势。

3. 波士顿矩阵分析模型的优缺点

（1）优点

- 直观清晰：波士顿矩阵通过图示的方式，直观地展示了产品组合的现状和发展潜力，易于理解和沟通。
- 策略指导：波士顿矩阵提供了对产品发展策略的指导，使组织能够更有针对性地做出资源分配和市场策略的决策。

（2）缺点

- 数据依赖：波士顿矩阵的分析结果依赖于可靠的数据和信息，如果数据不准确或不完整，可能导致分析结果的偏差。

- 静态分析：波士顿矩阵分析通常是一次性的静态分析，不能全面考虑市场环境和产品动态变化的影响，需要与其他工具和模型结合使用。
- 二元划分：波士顿矩阵将产品分为四个象限，这种二元划分可能过于简化产品的多样性和复杂性，不能全面考虑产品的特点和市场情况。

波特五力模型

1. 波特五力模型简介

波特五力（Porter's Five Forces）模型是一种用于评估行业竞争力的分析工具，通过分析行业内部因素和外部因素，帮助企业了解行业竞争的激烈程度，并制定相应的竞争策略。五力是指供应商的议价能力、购买者的议价能力、新进入者的威胁、替代品的威胁和同行的竞争能力，如图5-8所示。通过评估这些力量的强弱程度，企业可以了解行业竞争的激烈程度，制定相应的竞争策略。

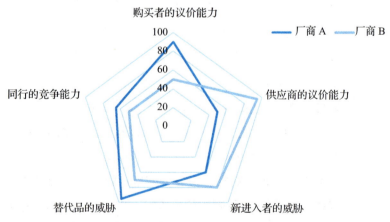

图5-8 波特五力模型下两家同业厂商的对比打分

- 供应商的议价能力（Bargaining Power of Suppliers）：供应商对企业的产品或服务的供应情况和议价能力。如果供应商数量有限且集中度高，供应商对价格和供应条件有较大的控制权，那么供应商的议价能力就较强。这会对企业造成压力，可能导致成本增加或供应中断。
- 购买者的议价能力（Bargaining Power of Buyers）：买家对企业产品或服务的购买情况和议价能力。如果买家购买量大，卖家数量多，产品有高度可替代性，那么买家的议价能力就较强。这会对企业造成价格竞争和利润压力，可能导致价格下降或需求减少。
- 新进入者的威胁（Threat of New Entrants）：潜在进入该行业的新竞争者对现有企业的威胁程度。如果进入门槛低，那么潜在竞争者的威胁就较高。这会增加行业竞争的激烈程度，对现有企业的市场份额和利润造成威胁。
- 替代品的威胁（Threat of Substitutes）：其他行业或产品对企业产品或服务的替代程度。如果存在容易获得且价格竞争力强的替代品，那么替代品的威胁就较高。这会对企业的市场需求和定价能力造成负面影响。
- 同行的竞争能力（Rivalry Power of Peers）：行业内现有竞争者之间的竞争激烈程度。如果竞争者数量多，产品或服务差异化程度低，竞争者之间存在激烈的价格战，那么现有竞争者之间的竞争程度就较高。这会对企业的市场份额、利润和竞争策略产生影响。

2. 波特五力模型的适用场景

波特五力模型适用但不限于以下几个场景：

- 市场分析：波特五力模型可以帮助企业了解市场的竞争环境，包括供应商、购买者、新进入者、替代品和同行，为市场进入和发展提供依据。
- 竞争优势分析：波特五力模型可以帮助企业了解自身的竞争优势和劣势，找出差异化和创新的机会，制定差异化战略和市场定位。
- 市场定位：波特五力模型可以帮助企业确定适合自身的市场定位和目标市场，从而在竞争激烈的市场中找到自己的位置。
- 业务拓展和并购：波特五力模型可以帮助企业评估和比较不同行业和潜在合作伙伴的竞争力和吸引力，指导业务拓展和并购决策。

3. 波特五力模型的优缺点

（1）优点

- 全面性：波特五力模型综合考虑了行业内部和外部的竞争因素，对行业竞争力的评估比较全面。
- 分析框架：波特五力模型提供了一个结构化的分析框架，有助于系统性地分析和理解行业竞争。

（2）缺点

- 基于两个有局限性的基础假设：一是同行业之间只有竞争关系，没有合作关系（但现实中企业之间存在多种合作关系，不都是完全的竞争关系）；二是行业的规模是固定的，各个厂商只能在这个既定的蛋糕里争抢市场份额（该假设忽略了市场可以通过不断地开发和创新来增大规模）。这两个基础假设有一定的局限性，因此在一定程度上限制了这个模型反映真实的市场和产品竞争情况的能力。
- 静态分析：波特五力模型通常是一次性的静态分析，不能充分考虑行业的动态变化和不确定性。
- 数据获取：波特五力模型需要大量的市场数据和信息，对使用者的数据获取和分析能力有一定要求。
- 视角局限：波特五力模型主要关注行业内部的竞争力，忽略了其他外部因素和市场环境的影响。

战略钟模型

1. 战略钟模型简介

战略钟（Strategic Clock）模型由经济学家克利夫·鲍曼（Cliff Bowman）提出，是企业分析竞争战略的工具，能帮助企业家更好地识别和分析企业的竞争优势，从而确立有针对性的竞争策略，如图 5-9 所示。该模型基于波特（Porter）的竞争战略理论，并对其进行了扩展和改进。战略钟模型将竞争策略划分为 8 种路径，以反映企业在价格和差异化方面的竞争定位。这些路径包括低价低值、低价、混合、差异化、集中差异化、有风险的高利润、垄断性价格、丢失市场份额，代表了企业在不同市场环境下的竞争优势和定位。

对于图 5-9 描述的 8 种路径，简要介绍如下：

（1）低价低值战略

采用该途径的企业关注的是对价格非常敏感的细分市场的情况。企业采用这种战略是在降低产品或服务的附加值的同时降低产品或服务的价格。

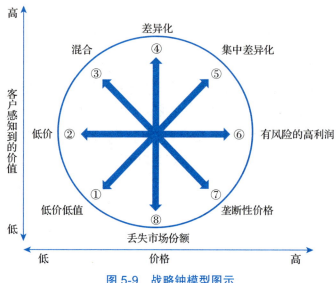

图 5-9　战略钟模型图示

（2）低价战略

该途径是建立企业竞争优势的典型途径，即降低产品或服务的价格，获得价格竞争优势。但是这种竞争策略容易被竞争对手模仿，跟进降低价格甚至降价幅度更大。在这种情况下，如果企业不能将价格降低到竞争对手的价格以下，或者顾客由于低价格难以对产品或服务的质量水平做出准确的判断，那么采用低价策略可能是得不偿失的。要想通过这一途径获得成功，企业必须取得成本领先地位。因此，这个途径实质上是成本领先战略。

（3）混合战略（低价格 + 高客户感知附加值）

采用该途径的企业在为顾客提供可感知附加值的同时保持低价格。而这种高品质低价格的策略能否成功，既取决于企业理解和满足客户需求的能力，又取决于企业是否有保持低价格策略的成本能力。兼顾二者有相当大的难度，因此这种策略竞争对手较难复制。

（4）差异化战略

采用该途径的企业以适中的价格向顾客提供高附加值的产品或服务，其目的是通过提供更好的产品或服务来获得更多的市场份额。企业既可以通过采取有形差异化战略，如产品在外观、质量、功能等方面的独特性，也可以采取无形差异化战略，如服务质量、客户服务、品牌文化等，以获得竞争优势。

（5）集中差异化战略

采用该途径的企业可以采用高品质高价格策略参与竞争，即以特别高的价格为用户提供更高的产品或服务的附加值。采用这样的竞争策略意味着企业只能在特定的细分市场中参与经营和竞争。

（6）⑥⑦⑧合称高价撇脂（Skin the Cream）战略

采用途径⑥⑦⑧的企业一般处于垄断经营地位，完全不考虑产品或服务的成本和附加值。企业采用这种经营战略的前提是市场中没有竞争对手提供类似的产品或服务。否则，竞争对手很容易夺得市场份额，并很快削弱企业的市场地位。

2. 战略钟模型的适用场景

战略钟模型适用于以下几个方面：

- 产品定位策略制定：在总体以价格和客户认可的价值为主导的市场环境中，分析产品和竞争产品的差异化优势，并根据客户的价值取向进行产品定位的策略制定。
- 竞争优势识别：用于在竞争环境中，在客户最重视的两个维度，即价格和产品带给客户的价值上，识别出产品相比于竞争产品的优势。

- 产品竞争策略制定：根据产品定位和客户的价值取向，制定产品的竞争策略。

3. 战略钟模型的优缺点

（1）优点

- 简单直观：战略钟模型提供了一个简单而直观的框架，帮助企业分析和评估其竞争策略。它可以帮助企业了解自身在市场中的定位，并识别潜在的竞争对手。
- 锁定了定位与价格和价值之间的关系：战略钟模型强调价格和差异化特性之间的关系，通过更好地把握这两者的关系，帮助企业在市场中寻找更有竞争力的定位。

（2）缺点

- 受限于二维条件：战略钟模型以价格和客户感知的价值为评估维度，相对单一，没有考虑更复杂的市场情况和条件，因而有一定的局限性。
- 时代烙印：价格和客户感知的价值过去在很多传统行业中是最重要的差异化竞争优势，但是在新技术涌现和传统行业被颠覆的数字化浪潮下，这两者未必在竞争中起决定性作用。

决策树模型

1. 决策树模型简介

决策树（Decision Tree）模型是一种基于树状结构的预测模型，用于解决分类和回归问题。它通过将决策问题划分为一系列简单的决策步骤，帮助我们做出准确的预测和决策。决策树模型的总体概念是通过构建一个树状结构，将决策问题分解为一系列的节点和分支。每个节点代表一个决策或测试条件，而每个分支代表一个可能的决策结果或测试条件的结果。根节点是起始点，而叶节点是最终的决策结果。决策树比较常用在需要相对复杂且大数据量的决策分析中，一般通过机器学习和算法来完成分析和决策。

决策树模型的使用过程通常包括以下几个步骤：

1）数据收集：收集与决策问题相关的数据，包括特征和目标变量。

2）数据预处理：对数据进行清洗、处理和转换，以确保数据质量和一致性。

3）特征选择：根据特征的相关性、预测能力和复杂度等因素，选择最具有代表性和最重要的特征。

4）模型构建：使用训练数据集，根据选定的特征和目标变量，通过算法构建决策树模型。

5）模型评估：使用测试数据集对构建的决策树模型进行评估，以衡量其预测性能和泛化能力。

6）模型调优：根据评估结果，对决策树模型进行优化和改进，以提高其预测准确性和解释性能。

7）模型应用：使用经过调优的决策树模型对新的数据进行预测和决策，以帮助解决实际的决策问题。

为了方便读者理解，我们选取一个可以用手工计算和操作完成的实例来展示决策树模型的基本结构，图5-10所示为供应商入围评估的实际应用案例。

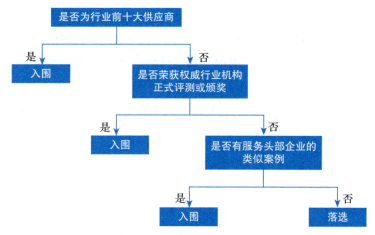

图 5-10 决策树模型在供应商入围评估中的应用示意

2. 决策树模型的适用场景

决策树模型适用于以下几个方面：

- 企业经营决策：这类决策通常涉及不同经营策略的投入和产出，以及成功的概率，这些要素都比较符合决策树分析的基本要求。
- 投资路径决策：投资决策要考虑的时间周期、资本情况、利润回报、风险系数等要素，都符合决策树分析的基本要求。

需要强调的是，应用决策树模型必须具备以下条件：

- 具有决策者期望达到的明确目标；
- 存在决策者可以选择的两个以上可行备选方案；
- 存在决策者无法控制的两个以上不确定因素；
- 不同方案在不同因素下的收益或损失可以计算出来；
- 决策者可以估计不确定因素发生的概率。

3. 决策树模型的优缺点

（1）优点

- 条理清晰，程序严谨。
- 定量与定性分析相结合。
- 对于具备统计学或计算机科学背景的专业人员来说方法简单，易于掌握。
- 应用性强，适用范围广。

（2）缺点

- 对于非统计学或计算机科学专业的人士来说有一定的门槛。
- 决策树模型容易出现过拟合现象，使得模型的泛化能力很低。
- 决策树的稳定性较低，对数据集进行很小的改变就可能导致训练出完全不同的树。
- 决策树的计算结果为局部最优，而非全局最优。

KT 决策法

1. KT 决策法简介

KT 决策法是极负盛名的决策模型，是由美国人查尔斯·H. 凯普纳（Charles H.Kepner）和本杰明·特雷高（Benjamin B.Tregoe）提出的把发现问题分为界定问题和分析原因两步的方法。KT 决策法是一种思考系统，即就事情各自的程序，按照时间、场所等明确区分发生问题的情形和没有发生问题的情形，由此找出原因和应该决定的办法，如图 5-11 所示。在于 1965 年出版的《理性经理人》一书中，凯普纳和特雷高提出了制定有效决策的三个主要影响因素：

- 对所要完成的任务目标的认识程度；
- 对备选方案进行评估的质量；
- 对采用其他方法可能导致的后果的了解程度。

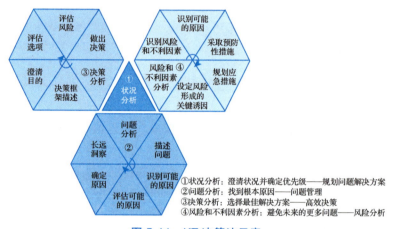

图 5-11　KT 决策法示意

KT 决策法的核心思想是找到最优的选择，以最小的负面后果实现切实的结果，而不是以找到完美的解决方案为目标。KT 决策法被认为是一个更能引导人们做出公正、客观的决策的方式，因为它极大限度避免了人们因为过分关注结果而产生有意或无意的偏见。

KT 决策法遵循以下 9 个步骤。

（1）创建决策的任务描述

需要描述希望达到的目标，以及实现这个目标所要采取的行动。

（2）确立运营目标

这里需要定义清楚至少三点：

- 必须达到的目标——必须做的；
- 想要额外达到的目标——希望做的；
- 束缚和限制——系统中存在的局限。

（3）对以上目标进行权重评估

对以上目标进行权重评估的结果见表 5-2，其中，分数根据权重级别由低到高，打分从 1 分到 10 分不等。

表 5-2　对每项目标进行权重评估

目标	权重
目标 A	8
目标 B	6
目标 C	4
目标 D	2

（4）搜集并列出所有可能的备选方案

尽量搜集并列出所有可能的备选方案，暂且不用考虑可行性和难度等。

（5）为每一个备选方案进行打分

首先排除不满足"必须达到的目标"的备选方案；然后对剩余的每一个备选方案，根据你希望做到的程度，从 1 到 10 分逐一进行打分（见表 5-3）；最后，把各个备选方案的满意度打分乘以每项对应的目标的权重。

（6）根据打分对所有可选的解决方案进行排序

排序完成后，选出其中排名靠前的几个选项（2~5 个）进入下一步。

表 5-3 对备选方案 a 进行权重系数计算

目标	权重	备选方案的满意度打分（能多大程度达到目标）	权重系数得分
目标 A	8	5	40
目标 B	6	4	24
目标 C	4	5	20
目标 D	2	6	12
备选方案 a 的合计权重系数得分			96

（7）罗列不利因素清单

- 根据决策事项和备选方案，罗列可能的不利因素。
- 针对可能的不利因素，用备选方案逐一梳理该备选方案针对此不利因素的后果（见表 5-4）。

表 5-4 不利因素影响打分

不利因素	可能性	重要程度	权重系数得分
甲	4	7	28
乙	2	5	10
丙	5	5	25
方案 a 的合计不利因素影响打分			63

（8）就排序进行比较分析

根据上面的逐一分析，将总体权重系数计算分数和不利因素评估的分数进行对比，选择其中备选方案权重系数得分更高、不利因素影响打分更低的方案。

（9）针对不利因素进行风险规避

根据甄选出来的方案针对每一项不利因素的后果进行规划并提出行动计划，以最大限度降低负面影响。

2. KT 决策法的适用场景

KT 决策法适用于以下几个方面：

- 复杂问题解决：当面临一个存在多个因素和变量相互影响的复杂问题时，KT 决策法通过分解问题、收集数据和评估解决方案的方式，帮助解决问题并找到最佳解决方案。
- 决策优化：对于需要做出多个决策的个人或组织，KT 决策法通过明确决策标准、收集数据和评估选择，提高决策的效率和准确性，帮助优化决策过程。
- 风险和危机管理：在面临风险和危机时，KT 决策法可以帮助明确问题、评估风险和选择应对措施。它通过预测和分析可能的问题和风险，帮助减少潜在的损失并提供有效的解决方案。
- 项目管理：在项目决策和问题解决过程中，KT 决策法可以帮助项目团队更好地分析和解决问题。它提供了一种系统性的方法和工具，帮助团队在项目管理中做出明智的决策。

3. KT 决策法的优缺点

(1) 优点

- 结构化：KT 决策法提供了结构化的步骤和工具，帮助决策者系统分析和评估问题，从而减少主观因素对决策的影响，提高决策的准确性和可靠性。
- 简单易用：KT 决策法的步骤相对简单，易于理解和操作，即使没有专业决策背景的人员也能够快速上手使用。
- 全面性：KT 决策法要求决策者全面收集和分析与问题相关的信息和数据，确保决策的全面性和客观性。这有助于避免片面和主观的决策。

- 适用范围广：KT决策法适用于各种类型的决策问题，包括个人决策、团队决策和组织决策等。

（2）缺点

- 时间和资源消耗多：KT决策法要求决策者进行大量的信息收集和分析工作，这可能需要较长的时间和较多的资源投入。对于一些需要迅速决策的紧急情况，KT决策法可能不太适用。
- 依赖数据和信息：KT决策法的有效性和准确性依赖可靠、全面的数据和信息，如果相关数据和信息不足或不可靠，决策结果可能会受到影响。
- 不适用于复杂问题：KT决策法适用于较为简单和结构化的决策问题，对于复杂的问题，例如涉及多个因素的问题，KT决策法可能不够灵活和全面。
- 缺乏主观因素考虑：KT决策法主要注重于客观因素的分析和评估，对于一些涉及主观因素和价值观的决策问题，KT决策法可能无法提供充分的考虑。

数据驱动决策

1. 数据驱动决策简介

数据驱动决策（Data-Driven Decision-Making，DDDM）是指通过收集、分析和利用数据来指导决策过程，以提高决策的准确性和效果。随着数字化转型在各个行业的发展和普及，企业的行为和业务逐步实现了线上化，使得基于大数据的分析在企业业务层面逐渐成为可能，且已有不少成功落地的案例。

数据驱动决策在业内有多种具体的操作流程，这些流程大同小异，这里为大家介绍其中比较典型的一种。

第 1 步：确定业务目标，包括具体什么业务需要进行决策，期望达到什么样的业务目标。明确这一信息有助于确定 KPI，也就是决策依据和判定标准，来进行评估并做出决策。

第 2 步：研究并确定业务团队有哪些数据源可以获取，用以进行合理的分析得出 KPI 的结论。

第 3 步：进行数据搜集、清洗和整理。在保证数据源完整、客观真实的前提下，进行数据采集，并对获得的数据进行清洗和整理，确保数据具有所有必需的字段和格式，以便进行各个所需维度的分析。

第 4 步：数据分析和探索。根据 KPI，在整理完毕后的数据中进行分析和探索。在这个过程中，建议使用成熟的 BI 软件或者一些应用软件自带的大数据看板功能，通过图形化界面更加直观地看到数据图表上的数据趋势差异。

第 5 步：总结出数据洞察，辅助对各种备选方案的评估，并做出决策。数据图表只是图表，只有总结出数据背后的业务现状、问题和归因，才能对决策产生辅助性参考价值。

第 6 步：根据决策结论，利用企业各业务部门应用中的数字化工具执行决策，同时在这个过程中监测实施效果，并反馈给决策者进行及时调优。

2. 数据驱动决策的适用场景

数据驱动决策的适用范围极广，诸如经营、财务、进销存、营销、产品、服务等企业经营的方方面面，只要数据条件具备，数据对企业决策就可以发挥相当明显的作用。尤其是在数字化程度相对高的行业，一旦企业的行为和日常运营能够实现数字化，企业的这些行为数据的获取将成为可能。尽管数字化进程和数据驱动决策不能相提并论，但好的数字化基础是数据驱动决策的必要条件。

案例1：企业级客户实施服务数字化管理和辅助决策

施耐德电气是全球顶级电工企业，是全球能效管理和自动化领域的龙头企业，在全球100多个国家拥有15万名员工。施耐德电气在全球的客户关系管理采用了Salesforce的产品，在中国需要采用本地化的同类产品以符合中国的数据法规要求。同时，施耐德电气面临在服务业务管理上的诸多难题，比如：产品设备对后续服务要求高，但服务合同执行状态管理难，对维护保养的计划和预测难度大；工单量大且需要大量的线下沟通完成派工，派工效率低，影响客户服务水平，也影响派工追溯和服务质量改善；现场服务缺乏一套标准的作业流程及管理工具；销售和服务成本计算难，财务部门无法精准核算发生的服务费用。

施耐德电气最终选择采用销售易服务云（如图5-12所示），实现对服务合同的闭环管理，覆盖从产品销售到货后的开机、延保、保养服务自动按合同条款执行，资产质保到期自动更新，服务合同到期自动提醒续约延保，有效实现业绩的二次增长。结合服务工程师技能、设备位置、工程师时间，通过销售易服务云的工单智能推荐、自动分配、多人派工等功能，大幅提升工单派工效率及问题解决率。销售易服务云为施耐德电气打造了从客服受理、派工、备品备件管理、现场维修、工时记录、费用结算到满意度调查的标准化服务流程，大幅提升服务效率，减轻管理难度。销售易的PaaS（平台即服务）平台可满足施耐德电气复杂的业务逻辑及定制化需求，助力施耐德电气搭建业务框架，实现复杂业务的快速落地。

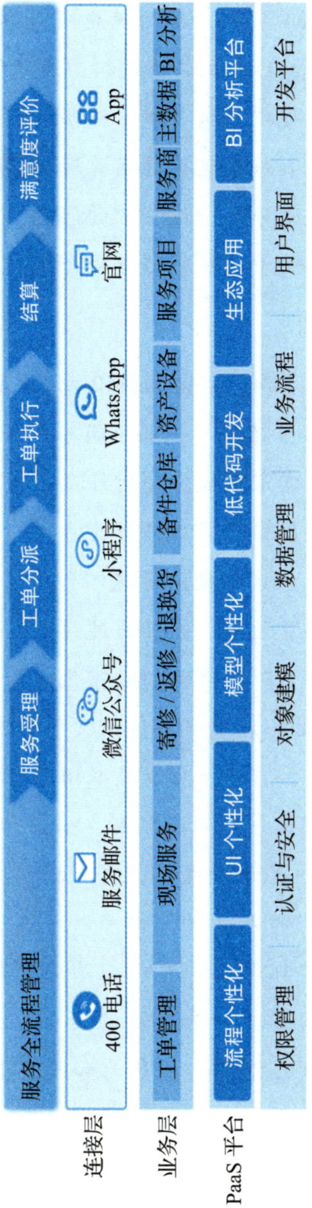

第 5 章 常见的企业决策模型及其应用

连接层	服务全流程管理	服务受理	工单分派	工单执行	结算	满意度评价
	400电话	服务邮件	微信公众号	小程序	WhatsApp	官网	App
业务层	工单管理	现场服务	寄修/返修 退换货	备件仓库	资产设备	服务商 主数据	BI分析
PaaS平台	流程个性化	UI个性化	模型个性化	低代码开发	生态应用	BI分析平台
	权限管理	认证与安全	对象建模	数据管理	业务流程	用户界面	开发平台

图 5-12 销售易服务云功能蓝图

借助销售易CRM系统，施耐德电气还构建了客户360°视图和设备360°视图的双核心驱动架构，通过服务工单的自动分配，服务过程实时可视以及服务成本透明可控，实现了设备和服务的全生命周期管理。基于这样的实时数据监控大屏，施耐德电气不但能够及时发现服务运行过程中的问题，更能够第一时间基于数据的指引做出高质量决策，持续提升客户服务的质量并提升二次销售业绩。

案例2：连锁门店的数字化革新和辅助决策○

宜家在中国的门店经营，一直强调客户体验。在数字化技术逐渐成熟的条件下，宜家提出希望对涉及门店客户体验的四个关键环节进行升级，包括结账方式、提货方式、食品区域、活动区域，如图5-13所示。宜家期望通过这四个环节的数字化升级，提升客户体验、门店经营效率，并且通过经营数据的实时监控和分析，为经营策略提供及时、准确的数字化决策支持。承接此项目的赛诺数据科技（Datakey）是国内营销数字化技术企业赛诺贝斯科技集团旗下的子公司，它基于移动互联网平台和大数据分析技术帮助宜家高效实现了这一系列的创新，如图5-14～图5-16所示。

由于手机App的普及和成熟，每个消费者在关注、参与宜家的活动和购买宜家的产品时，都可以通过手机App直接与宜家沟通。这就使这些环节不但可以以消费者熟悉且习惯的方式进行，并且通过对消费者行为数据的聚合分析，更好地从数据洞察结果来理解和顺应消费者的行为和购买偏好，如图5-17～图5-19所示。

○ 本案例素材及相关图片由赛诺贝斯提供。

第5章 常见的企业决策模型及其应用

原有模式		升级后的模式
宜家商场结账方式： 1. 直接去收银台结账 2. 工作人员先开订单票，顾客再凭票去收银台结账		宜家商场结账方式： 1. 直接去收银台结账 2. 工作人员先开票，后去收银台结账 3. 顾客自行扫码，自行付款
宜家商场提货方式： 1. 小件商品直接带走 2. 自提区域自提 3. 邮寄到家		宜家商场提货方式： 1. 小件商品直接带走 2. 储物柜货架自提柜取货 3. 邮寄到家
宜家食品区域： 1. 6个模式 2. 顾客餐厅是M型点餐		宜家食品区域： 1. 新增3个模式 2. 顾客餐厅改成小程序点餐，核销机自动核销
宜家活动区域： 少量的免费活动		宜家活动区域： 1. 商场大面积区域承接收费活动 2. 新增活动页面供顾客在线预约

图 5-13　宜家本轮消费者体验升级的四大环节

图 5-14　宜家打造消费者提货环节的新模式

175

图 5-14　宜家打造消费者提货环节的新模式 （续）

图 5-15　宜家店内餐厅的点餐小程序应用

图 5-16　宜家店内活动对消费者的多点数字触达

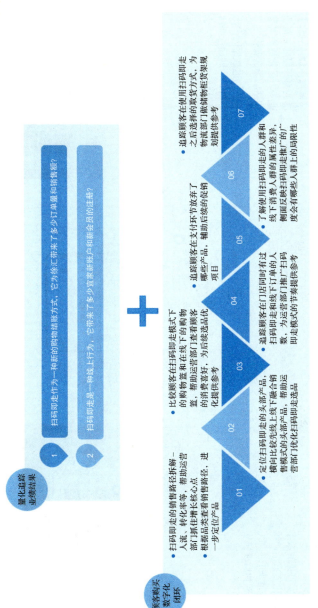

图 5-17 宜家消费者扫码结账的数字化闭环流程

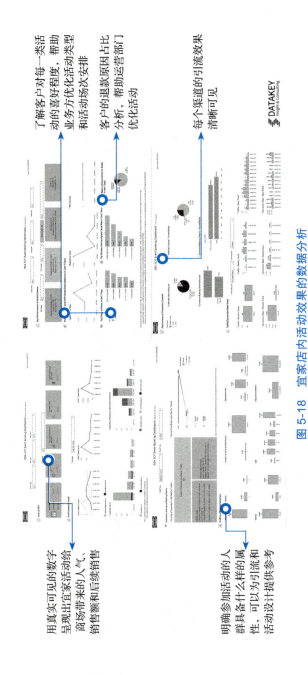

图 5-18 宜家店内活动效果的数据分析

第 5 章 常见的企业决策模型及其应用

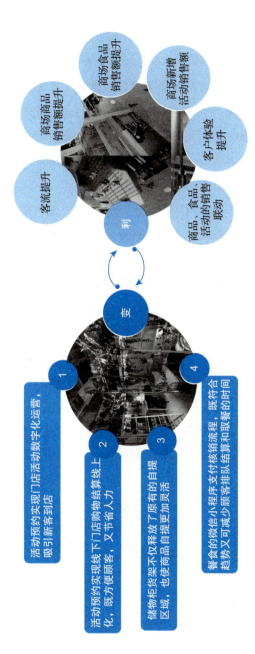

图 5-19 宜家本次数字化升级实现的业务价值

案例 3：财务费控场景的数字化辅助决策

在公司经营决策中，财务费控是关键的一环。针对财务费控的决策，是需要充分的数据依据的。比如：当前的财务健康状况如何？哪些方面的成本支出是大头？哪些方面可能存在跑冒滴漏？具体哪几个方面需要调整成本控制的政策？调整多大幅度？这些问题，如果离开了对当前财务状况的实时监测和深入分析，是无法做出准确且合理的决策的。

合思是国内知名的财务收支管理平台，为企业提供智能聚合消费、费控报销、收付款管理、财务收支经营分析和电子会计档案等全方位的财务数字化服务。其收支管理平台通过三个层级的数据驾驶舱视角，为企业员工和管理者提供决策和行动上的辅助数据支持，如图 5-20 所示。

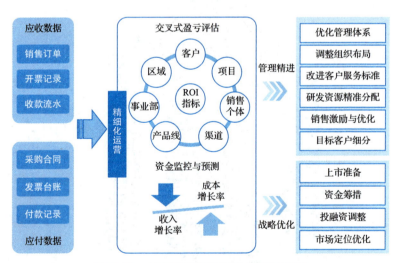

图 5-20　合思收支管理平台的数据逻辑

基于企业收支变化，系统可以生成不同级别的管理者所需数据驾驶舱的数据图表配置，根据每个层级岗位的关注点有针对性地选取数据并生成图形化分析，能够帮助不同级别的管理者以最快的速度掌握职责范围内的财务收支的实时动态，并及时采取有针对性且准确的决策和行动，如图 5-21 所示。

3. 数据驱动决策的优缺点

（1）优点

- 客观性：数据驱动决策基于客观数据和事实，减少主观偏见和个人情绪对决策的影响，提高决策的客观性和准确性。
- 可量化和可衡量性：数据驱动决策可以将问题和解决方案转化为可量化的指标，使决策过程更明确、可衡量和可追踪。
- 预测性能：通过分析历史数据和趋势，数据驱动决策可以帮助预测未来的结果和趋势，提前做出相应的调整和决策。
- 提高决策效率：数据驱动决策可以通过自动化数据收集和分析的方式，提高决策的效率，减少人工的时间和精力投入。
- 有利于持续改进：数据驱动决策可以帮助企业进行持续的改进和优化。通过收集和分析数据，可以发现问题和潜在机会，并制定相应的改进措施。

（2）缺点

- 数据质量问题：数据驱动决策的前提是数据的准确性和完整性，如果数据质量不好，可能会导致决策的错误或偏差。

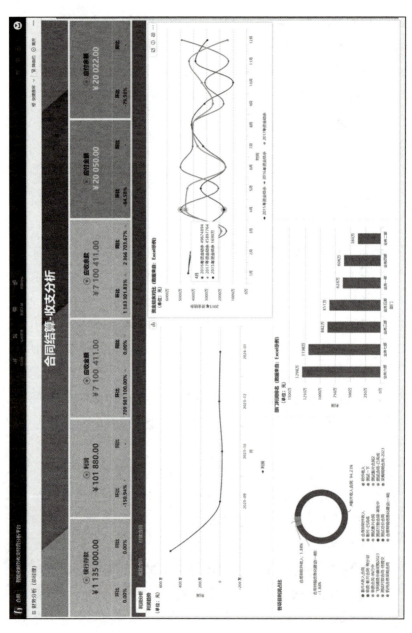

图 5-21 合思收支管理平台——CEO 驾驶舱

- 数据分析复杂性：数据驱动决策需要进行数据收集、清洗、分析和解释等一系列复杂的数据处理过程，需要有专业的技能和工具支持。
- 数据隐私和安全问题：在数据驱动决策过程中需要处理大量的敏感数据，这可能导致数据隐私和安全问题。
- 需要基于合理的数据指标：数据驱动决策需要收集和分析与决策有合理相关性的决策数据指标，如果数据决策指标选择不当，可能会影响决策的质量。
- 依赖性：过度依赖数据驱动决策可能导致对数据的过度信任，忽视其他重要的非数据因素，可能会忽略直觉、经验和创新的影响。

客户增长地图

1. 客户增长地图简介

客户分层（Account Segmentation）在欧美的 To B 领域是比较常用的经营策略，主要是按照不同的维度对企业的客户群体进行分层，不同的群组或者类别的客户具备不同的属性特点，以便更好地理解、拓展并服务不同类型的客户。To B 的业务大多遵循二八原则，也就是 80% 的收入来源于 20% 的客户。因此，一个精准的客户分层策略就是一个企业对目标市场的战略地图。笔者在之前的工作中深入、广泛地应用了这一实践。在此基础上，笔者根据中国 To B 业务的特点，系统梳理并提出了客户增长地图（Account Segmentation for Growth Landscape）。通过结合中国本土企业的成长周期和业务规模维度，进行客户分层并部署包括营销、服务、产品等在内的有针对性的增长策略，最大化客户价值，以帮助企业快速巩固现有客户并拓展新客户，实现业务的快速增长。下面我们就客户增长地图做简要介绍，有兴趣了解更多内容的读者，可以从微信公众号"To B 的决策逻辑 and 老震"获取。

具体来讲，可以根据企业的业务优先级，在以下维度中选择两三个维度对企业的客户进行分层。

维度 1：客户使用产品或服务的程度。

客户使用产品或服务，尤其是科技类产品或服务的程度，需要逐步深入，且订单的规模也跟客户的使用程度有直接关系。可以对企业的产品或服务的使用程度进行分级定义，以便于就这个维度对客户进行分层。用北森的客户来举例子，仅仅使用了评测软件的客户算级别 1，使用了评测软件和 SaaS 软件招聘模块的算级别 2，使用了前两者还加上绩效考核模块的算级别 3，以此类推。分层级别越高的客户，对产品或服务的黏性越高，客单价通常会越高，要求的服务级别也会越高。

维度 2：客户此类预算中我方占比。

通常，To B 的客户在特定采购类别上会有预先制订的预算计划，比如市场营销数字化平台 MarTech 系统的预算、IT 基础架构公有云服务的预算、HR 部门的年度招聘预算等。这些预算在具体实施的时候，可能会全部花给单一供应商，但也有可能会花给两三家供应商。这个维度的指标，就是指在这样的特定预算项上，客户把整体预算分别按照百分之多少花给了乙方供应商的产品或服务。这个分级标准可以视具体产品业务的采购特点来定，比如预算占有率低于 20% 的可以称作渗透期客户，预算占有率在 20%～50% 之间的称作主流期客户，预算占有率大于

50%的为垄断期客户。确定这个指标，对于一个企业明确自己所在赛道的市场总量有非常重要的意义，但其难度在于需要获得每一个企业预算项的精准数据，而这具有一定的难度和不确定性。

维度 3：客户年采购金额。

简单来说，这个维度就是指以销售收入来划分客户规模，就是客户一年内与提供产品或服务的企业签订的合同总金额（或者年采购总金额）。根据产品或服务的特点，这个划分级别可以根据每家企业的具体情况来定，比如 5 万元以下、5 万~20 万元、20 万~50 万元、50 万元以上。

维度 4：客户所处生命周期阶段。

这个维度主要考察客户自身业务的成长性，在相当程度上决定了这家客户对我们的需求成长曲线以及由此带来的业务风险。从级别分类来说，这也就是这些客户自身业务所处的生命周期，可以分为创业期、快速成长期、成熟稳定期、萎缩下行期。

以上 4 个维度可以两两结合进行二维对比分析，以此来确定相关的经营和增长策略。举例来说，如果选择"客户预算花费占比"和"客户年采购金额"两个维度进行二维分析，那么客户增长地图如图 5-22 所示。

2. 客户增长地图的适用场景

客户增长地图适用于客户数量有一定规模且客户的分布比较分散的 To B 业务。如果目标客户数量在 30 个以内，大概率不需要用这样的模型进行分类和分析。另外，如果产品本身刚刚进入市场，还没有完全渡过市场验证阶段，那么这个模型应该还不具备所需要的大量针对目标客户的数据，也就无从下手构建模型，更不用说打磨这个模型。

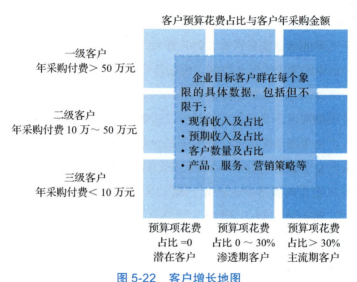

图 5-22 客户增长地图

3. 客户增长地图的优缺点

(1) 优点

- 更精准的客户群体定位和增长策略制订：通过构建客户增长地图，企业可以更准确地了解不同客户群体的需求、特点和行为，从而能够更精准地定位不同群体的营销策略和产品服务。

- 资源优化：根据这个地图，企业可以更好地分配资源，将有限的资源集中投入到最有价值和潜力的客户群体上，提高资源的效率和利用率。

- 促进增长和提高运营效率：通过更精准的定位和个性化的营销，瞄准重点客群，可以提供营销转化率、客单价和客户留存率，从而提高销售效果和企业利润。

（2）缺点

- 数据要求高：对客户各个维度的划分需要大量的客户数据和信息支持，包括客户特征、行为数据、交易记录等。如果数据质量不好或数据缺失，会影响客户分层的准确性和效果。
- 复杂性高：客户分层需要进行复杂的数据分析和模型建立，需要专业的技能和工具支持。对于一些中小型企业而言，可能面临技术和人力资源的挑战。
- 维护成本高：客户分层需要持续地对客户数据进行跟踪和更新，并根据数据的变化进行相应的调整和优化，这需要较高的时间和成本投入。

产品营销 PVGI 模型

1. 产品营销 PVGI 模型简介

产品营销 PVGI 模型是笔者在过去 20 年的实践工作中，总结梳理的一套针对 To B 业务的产品营销方法论。如图 5-23 所示，产品营销 PVGI 模型从产品营销的根本逻辑出发分为四个主要模块，分别是产品营销规划（Product Marketing Planning）、产品核心价值定位（Value Positioning）、产品进入市场（Go-to-Market），以及产品技术领导力和市场份额增长（Market Impact and Growth），PVGI 即这四个模块的首字母缩写。这四个模块不但覆盖了产品营销的顶层设计，也基本覆盖了产品生命周期的几个关键阶段，从价值定位到产品上市，再到快速成长。下面我们就此模型做简要介绍，有兴趣了解更多内容的读者，可以从微信公众号"To B 的决策逻辑 and 老震"获取。

2. 产品营销 PVGI 模型的适用场景

产品营销 PVGI 模型适用于几乎所有 To B 业务的产品或服务，不过要求产品或服务本身有一定的技术门槛或者核心竞争力，且对于看重品牌长期溢价能力的企业更有价值。对于所有 To B 企业，建议都设置产品营销的相关岗位，具体规模可以根据企业的经营理念来决定。如果想把产品和品牌打造为企业的核心差异化优势，则需要一个精悍的产品营销团队，这套 PVGI 模型的应用也将发挥更加突出的价值。

图 5-23　产品营销 PVGI 模型示意

3. 产品营销 PVGI 模型的优缺点

（1）优点

- 契合产品生命周期：模型本身契合 To B 业务的产品生命周期，基本覆盖所有关键节点。
- 充分挖掘产品差异化价值：这套方法论可以用来应对 To B 业务常常面临的同质化挑战，能够有针对性地充分挖掘产品的差异化价值。
- 有实践路径指导意义：为关键节点每一个模块的关键任务都提供了详细的操作指南，能够帮助企业和团队有效落地实施。

（2）缺点

- 对企业产品营销的投入程度和重视程度有一定的要求，否则无法落地。
- 对产品和市场团队的专业程度有一定的要求。

第 6 章 CHAPTER

P&D 企业决策范式

企业的决策时时刻刻发生,涉及企业方方面面的管理和运营。在工作的方法和范式[一]上,不同的企业有不同的决策模式和习惯,不同的管理者、不同的团队也有自己的决策方法。但为数众多的企业和管理者也的确面临没有可参照的决策方法和模型的难题,尤其是面对复杂的决策问题和事项的时候。鉴于此,笔者提出 P&D 企业决策范式,通过对决策过程中 5 个关键环节的精

○ 范式(paradigm)是由美国著名科学哲学家托马斯·库恩提出的一个科学哲学概念。从本质上讲,范式是一种理论体系或框架,包括理论、法则、定律等。它为科学研究提供了坐标、参照系及基本方式,是科学体系的基本模式、结构和功能。

准把握，以一个标准且基础的决策范式为企业决策者提供一套可以参照的方法论和工具模板。

好的决策，未必只能来源于科学的决策范式，好的创意、充满智慧的洞察、勇往直前的魄力，都可能创造好的决策。但一个好的决策范式、好的决策方法，至少会提供一个科学且系统的决策模式作为参考，这是决策质量的有效保障。

P&D 企业决策范式及其应用场景

1. P&D 企业决策范式简介

根据业界对判断和决策应用于社会学、行为经济学和心理学领域的学术研究成果，结合自身 20 多年的管理经验，笔者就企业决策的多种路径和方法进行研究，并提出了 P&D 企业决策范式。P&D 企业决策范式将诊断问题（Diagnose the Problem）、确立原则（Identify the Principle）、搜集方案（Solicit the Proposals）、制定决策（Make the Decision）、执行并优化决策（Execute and Optimize the Decision）这 5 个关键的决策环节纳入简明扼要的企业决策方法论，帮助企业和管理者高效掌握系统化决策的能力并建立系统化决策的机制。P&D 企业决策范式的命名就源于这 5 个环节的关键词的首字母。

P&D 企业决策范式模型将企业决策从环节和流程管理的角度拆解为 5 个步骤，针对每个环节进行精准、高效的管理，最终提升决策质量和决策效率。这 5 个步骤如图 6-1 所示。

这样一套完整的决策模式，能够帮助企业管理者在充满不确定性的大环境下，对重大和复杂的决策问题以相对体系化且完备的决策方法论进行应对和管理，以最大限度避免在决策过程中可能出现的各种偏差和陷阱，提高决策质量并降低决策风险。

图 6-1　P&D 企业决策范式

2. P&D 企业决策范式的应用场景

P&D 企业决策范式适用于对企业来说比较重要且相对复杂的决策，比如企业的总体发展战略、年度经营目标和经营计划、组织变革、新产品线的技术路线、品牌定位和品牌战略、客户服务模式、销售模式和激励制度等。通常来说，绝大多数企业的日常决策并不需要完全参照这个范式来完成，尤其是对于时间紧急且资源有限的决策问题。决策者和管理者可以从这个范式中选取适当的环节和元素进行应用。对于简单直接的业务问题，事务负责人和对口的一两个同事简单商量后就可以完成决策了。

P&D 企业决策范式的基础条件

P&D 企业决策范式原则上适用于所有类型的企业，无论是民营企业、国央企还是外企，无论是大型、中型还是小型企业，都可以根据自己的规模、业务需要采用这个模型的思路和框架进行本地化和落地部署。该模型本质上是利用制度和理性决策方法论来对抗不确定性和决策者的个人认知偏见，这决定了想要成功实施 P&D 模型，有 3 个基础条件：

- 企业最高管理者的认知和思维水平足够高；
- 企业具备开放坦诚、实事求是的企业文化；
- 企业初步形成了系统性的量化管理机制。

P&D 企业决策范式的应用和实施

看清楚——诊断问题

诊断问题是整个决策流程的第一步，要搞清楚需要决策的事务或者问题的本质和症结。提出需要决策的问题，这个问题可以各色各样、包罗万象，大到企业的经营方向和战略，小到企业办公用品的采购、员工出差报销标准，都在企业需要决策的问题范围内，是决策的标的。因此对提出的决策问题的诊断，就是对决策标的的理解和分析，也是对决策需求的梳理。正所谓对症下药，能否对决策问题做出准确诊断，直接关系到能否做出高质量决策。

这里从诊断问题的几个维度来介绍 3 种具体的诊断方法，包括系统性思考诊断法、5W2C 诊断法、甲乙双方盘点诊断法。

之所以企业级的决策会远远复杂于个人消费者的决策，是因为企业是一个组织，其经营和运作涉及业务的各个环节，涉及众多与业务相关的内外部因素。只有对需要决策的问题的诸多因素进行了解和分析，才能对需要决策的问题有相对完整、客观的了解和判断，也才能找到需要决策的问题的症结所在。

1. 系统性思考诊断法

系统性思考是一种认识和理解事物的系统性逻辑和思维方式。《如何系统思考》一书的作者邱昭良博士认为，系统思考就是从整体上看待我们身边的各类系统，对影响系统行为的各种力量及相互关系进行分析，以培养人们对动态变化、复杂性、相互依存关系的理解，从而更好地与系统和谐相处，共同发展。《系统之美》一书的作者 Donella Meadows 从底层逻辑上，归纳总结出了认识并理解事物的三大要件，即要素、关联以及功能和目标。她认为内在关联驱动不同的要素之间相互作用，从而使整个系统能够充分发挥作用，达到其整体目的。

相较于传统的思维模式，系统性思考有以下三大特点：

- 角度更加全面，有更好的思考广度；
- 能够透过现象看本质，也就是有更好的思考深度；
- 结合不同背景、原因进行动态思考，意味着思考有更多维度、更多角度。

由于企业决策的复杂性，以及无论是企业还是业务都是系统性工程，影响其发展和状态的因素众多且内在联系错综复杂。要通过任何单一的手段进行问题本质的探索都有相当大的挑战和难度。因此我们提倡采用系统性思考来对问题进行诊断，这样更有利于获得对决策问题全面客观的了解，并追溯到问题本质。

如何从系统性思考的三大构成要件——要素、关联以及功能和目标来进行企业决策问题的诊断呢？

这里以一个常见的决策场景为例，某企业面临当前办公场地租约到期，怎么决策场地下一步租约的问题。

（1）要素
- 场地租约合同，涉及的条件包括租金、租期、付款条件、续约条款等；
- 租约的甲方主体，也就是该企业；
- 租约的乙方主体，也就是场地方；
- 租约的标的，也就是办公场地，涉及地址位置、周围配套设施、交通便利性、装修、大楼品级等条件。

（2）关联

就以上的各个要素之间的内在关联和变化规律进行归纳和梳理，罗列出该企业最看重的关联，并在这个关联的基础上挖掘决策问题的核心。

该企业当前处于快速发展期，但对于行业和整体经济环境的前景持谨慎的态度，因此希望办公场地要有相对高的性价比，同时具备一定的可扩展办公空间以便公司快速发展时进行人员扩张。

- 企业与办公场地之间的关系。续租事宜是企业与办公场地之间的关联，企业需要决定是否继续在该场地租下去。这里，该企业当前的办公室租约即将在6个月后到期，且公司正处于快速发展期，因此办公场地是业务的刚需，无论是续租当前场地，还是另租别处，都必须在6个月内解决问题。

- 企业与租约之间的关系。企业需要考虑租约的条款和条件，以及与场地所有者的协商和沟通关系。该企业尽管处于快速发展期，但毕竟企业的资金要大量用于支撑企业的日常经营，且当前现金流本就紧张，加上对当前经济环境持审慎的态度，因此希望持续进行降本增效，那么自然是希望办公室租约能够实现比较高的性价比，也就是租金尽量低，办公室的条件相对好。那么也就能初步发现，续约或寻租的关键期望在于"性价比"。
- 办公场地与租约之间的关系。办公场地的状态、租金调整等因素会对决策产生影响。

（3）功能和目标

- 功能：企业办公场地续租的功能是提供一个适合企业运营的工作空间，以支持员工工作和业务需求。
- 目标：以尽量高的性价比，找到满足企业经营需要的办公场地。

通过以上对系统性三大要件的梳理，能够初步对决策问题做一个概括性的了解，但是还不能充分展现必要的细节，也还不能有针对性地挖掘问题本质。

2. 5W2C 诊断法

这是笔者原创的决策诊断方法，简单实用，笔者在过去的工作决策中常常用到。这套方法通过对事件的基本情况进行快速、全面的摸底，帮助决策者建立对决策问题相对完整、全面的了解，并且依照其中关键环节的清单进行信息搜集和整理，避免遗漏重要信息。5W2C 是指 What（什么问题）、When（时间要求）、Where（目标市场和领域）、Who（目标客户和关键利益方）、Why

(为什么，即业务价值)、Condition（基本条件）、Clairvoyance（透视诊断）。这里我们用某人事管理软件企业的绩效管理模块新产品上市推广计划作为例子，来梳理这个决策问题的基本面。

（1）What（什么问题）

新产品将于 8 个月后上线，应该如何进行产品上市发布和推广？其中包括几个关键问题：企业对新产品上市效果的预期、上市策略、上市的主要方式、预算规模等。

（2）When（时间要求）

从研发的进度看，预计 8 个月后产品完成开发上线。从营销的角度看，预计产品发布在其前后 1 个月内。

（3）Where（目标市场和领域）

中国一线城市和东南亚市场。

（4）Who（目标客户和关键利益方）

目标客户的企业及其员工、自己企业的相关员工、生态合作伙伴企业及其员工、发布相关报道的媒体、行业专家、政府主管单位和领导。

（5）Why（为什么，即业务价值）

无论是现有客户还是潜在客户，绩效管理都是企业在人事管理中的核心业务。因此这款新产品是该企业深入拓展核心人事管理领域的关键模块，对于该企业是否能够拉升现有人事管理软件产品的总体竞争力至关重要。人事管理软件产品是该企业的第二增长曲线，那么这个模块的成败也就关系到该企业第二增长曲线是否能够顺利发展。

（6）Condition（基本条件）

根据举例的决策问题，罗列出来相关的基本条件，这些条件的详细信息对于客观、精准地理解决策问题的全貌至关重要。通常，几乎所有的企业重大决策都需要考虑以下几个关键条件：

- 政策和宏观环境；
- 市场规模和技术趋势；
- 客户需求和采购模式（若是 To B 业务，须兼顾以组织为单位和以目标人群个体为单位）；
- 竞争格局和自身竞争优势；
- 决策问题对客户业务价值的影响；
- 自身能力和资源条件；
- 财务投资回报预测。

在罗列出的所有条件中，需要基于对各项数据和指标的解读形成洞察和结论，并且对这些结论进行权重排序，才能对决策问题的诊断有指导意义。

梳理基本条件的步骤如下：

1）罗列所有的基本条件；

2）明确这些基本条件的权重并排序；

3）就基本条件进行调研和信息采集，重点关注其中权重高的条件。

这里我们按照这个例子，将基本条件的大类罗列如下：客户需求、采购模式、政策和宏观环境、竞争格局、产品或服务的成熟度和竞争力、业务价值、团队能力和人力、产品经营财务预算、对该问题的决策需要哪些人员和部门的参与等。在进行基本面盘点时，光有这些大类条件是远远不够的，需要根据业务逻辑拆解到关键指标再到细分指标。下面选取权重最高的两项基本条件——客户需求和业务价值进行拆解示例，分别见表 6-1 和表 6-2。

表 6-1　5W2C 诊断法实例拆解之客户需求指标

基本条件项	关键指标	细分指标
客户需求	目标客户画像	客户企业画像，如企业性质、所属行业、规模、企业生命周期阶段、地域、组织架构等
		客户个人画像，如职业、岗位、性别、年龄、教育水平、工作岗位 KPI、与各关键部门的配合关系等
	客户需求	客户业务场景
		客户业务价值
		对客户企业的风险和威胁点
		客户采购模式
		客户总体预算
		客户选型的关键指标
		客户个人的利弊影响
		客户采购流程
	目标市场规模	目标市场的年度总预算金额
		目标客户企业的数量
		目标市场的年复合增长率
结论	根据以上指标进行解读并得出结论	

表 6-2　5W2C 诊断法实例拆解之业务价值指标

基本条件项	关键指标	细分指标
业务价值	作为人事管理软件产品大类中的一个子项产品，绩效管理产品的重要性	在人事管理软件产品采购决策中的权重
		占人事管理软件产品总体营收的比例
	人事管理软件的营收	人事管理软件过去 2 年的营收历史记录
		人事管理软件产品未来 3 年的营收目标
		人事管理软件产品未来 3 年的复合增长率
	对于形成公司核心竞争力的价值	当前核心竞争力的 SWOT 分析
		绩效管理新产品发布后的核心竞争力 SWOT 分析
	其他方面的关键价值	现有客户的黏性和续约率
		对新客户转化率的促进和提高

在对决策问题的基本条件进行盘点的过程中，可以根据业务和具体信息的属性选用相应的决策分析工具和模型。比如：PESTEL模型适用于盘点总体市场环境；SWOT模型用于分析基本的业务现状；波特价值链不但可以全面盘点内外条件，还可以分析其中各个要素之间的内在关联等。

无论使用什么模型、什么方法论，从决策问题诊断的根本意义上，是要对以上所有基本条件充分了解。要做到充分了解，就需要细致、全面的调研，没有调研，就没有发言权。因此信息搜集的过程，就是对决策问题进行调研的过程。无论采用传统的调研方式还是采用新技术赋能的大数据调研，都是为了获得对问题全貌客观、完整的认识和理解。这个过程的科学性和细致程度决定了问题诊断的质量，而问题诊断的质量是形成高质量决策的第一个门槛。

（7）Clairvoyance（透视诊断）

根据对所有基本条件进行的信息搜集、归纳与分析，就决策问题得出相应的诊断结果。具体的诊断结果需要包含几个维度的基本总结和判断，分别是决策问题的重要级别、紧急级别、组成决策链条需要的人员、决策的关键条件和判断、决策问题的拆解。仍然以上面用到的某企业发布人事管理软件新模块的上市策略为例。在完成所有信息搜集和归纳分析后，决策问题的诊断结果见表6-3。

表6-3 决策问题的诊断结果示例

诊断维度	诊断结果
重要级别	重要级
紧急级别	紧急（1个月内完成决策）
组成决策链条需要的人员	CEO、CTO、CMO、销售VP、产品市场总监、产品总监、品牌公关总监、财务BP

（续）

诊断维度	诊断结果
决策的关键条件和判断	• 客户画像清晰（HR中高层）、客户需求长期存在、客户付费能力有走低趋势 • 绩效管理模块对第二增长曲线至关重要，涉及8万家潜在目标客户、约200亿元规模的人事管理软件市场，人事管理软件的整体营收目标为3年15亿元，其中绩效管理模块营收目标为3年2亿元 • 人事管理软件领域竞争激烈，具体到绩效管理模块上，该企业的产品在融合企业微信和钉钉这两大办公协同平台方面有明显优势，且管理者界面的数据报告和洞察相对全面，但这些优势对客户的吸引力还不够强，需要进一步打磨竞争优势 • 2024年度企业财务计划中人事管理软件的总体预算目标为8000万元，其中品牌营销推广费用为3000万元 • 新产品上市后3个月内预计产品的使用体验还不够完善，且销售、实施、服务体系正在建立，运行的流畅程度和客户体验预计会得到快速提升 • 目前产品、服务、销售、市场团队对绩效管理还在学习中，人才储备和团队能力都需进一步加强
决策问题的拆解	• 绩效管理模块新产品上市的业务目标是什么 • 新产品上市策略是什么 • 新产品上市的预算规模有多大 • 新产品上市的主要形式是什么 以上4个决策具体问题大体属于业务逻辑嵌套的关系，因此需要依次进行决策

3. 甲乙双方盘点诊断法

企业的任何一个行为或者变动都会影响到客户，无论最终客户是以企业为单位，还是以个人消费者为单位。因此这里介绍围绕企业自身和企业客户方的一个决策问题诊断方法，我们称之为"甲乙双方盘点诊断法"。这个方法的好处是能够帮助企业在诊断决策问题中，相对全面地兼顾己方和客户方以及组织和个人两个层面的信息，包括现实的和潜在的价值和弊端，见表6-4。这对于企业级的决策是非常重要的。

表 6-4 甲乙双方盘点诊断法（以企业级产品业务为例）

诊断维度	我方（乙方）		客户（甲方）	
	企业	个人（以产品部负责人为例）	企业	个人
现实价值和优势（Strength）	绩效管理模块的 3 年营收目标为 2 亿元	项目成功的激励奖金为 200 万元，并且将是自己职业生涯的高光成就	直接在人事管理软件中嵌入企业微信，能够调取企业微信办公的数据模块，实现绩效数据与客观一致和快速同步，同时提升管理效率	对于客户的管理者，能够快速提高业务透明度，通过系统和数据实时掌握企业人才的绩效进展；对于客户的员工，企业微信的无缝集成使得绩效管理模块中员工无须手动填写部分绩效详细数据
现实弊端（Weakness）	相对新的领域，需要持续在预算、品牌和营销等各个维度进行投入	如果绩效管理模块成功上市，可能会影响公司对其他产品线的重视程度和投入力度，对现有产品团队会有影响	企业需要抛弃当前应用的绩效管理工具，需要有足够的动力和决心；我方的产品价格高于竞争对手大约 20%	管理者和员工如果已经习惯了当前的绩效管理工具，则需要改变习惯，重新适应新工具平台
潜在价值（Opportunity）	第二增长曲线产品的核心功能，是否满足客户的独特差异化优势。目标市场 8 万潜在客户，约 200 亿元规模的机会	如果产品成功上市，公司可能会加大对绩效管理模块相关产品的投入；对于个人职业发展也是非常大的利好，无论在公司内还是外部市场	若全面采用人事管理软件包括绩效模块，则有望实现全面的人事管理数字化转型，不但可以端到端完成线上人事管理业务，还能获得实时、多维度的人事数据报告与洞察，从而顺应快速变化精准决策	大量节省现在存在于线下的各种人事管理的动作和时间，提高工作效率
风险、潜在弊端（Threat）	这个领域竞争激烈，如果产品开发和上市失败，不仅面临过去 1 亿元的投资失败，也很难真正进入 200 亿元规模的人事管理软件市场	如果产品上市不顺利，可能导致公司管理层受到此产品整体投入和规划上的负面质疑，危及自己的职业声誉	当前已经采用了其他竞争对手的同类产品，要更换供应商比较麻烦；如果客户从企业微信转到飞书等其他协同办公平台，则可能导致同时更换人事管理软件	目前员工使用界面不够流畅，还存在一些 bug，需要继续改善提升

4. 决策问题诊断过程中的注意事项

- 放下偏见和心理预设。
- 数据的真实性和准确性：管理者需要对一线的声音有感知，也需要进行信息校验。
- 平衡主观判断与客观数据结果。

定规则——确立原则

完成对决策问题的诊断之后，需要基于诊断结果确立决策的框架性原则。这个原则本身是对本次决策任务边界和规则的界定，决定了决策本身服务的业务目标、决策链条、决策流程、决策依据、判定标准、风险和红线，如图 6-2 所示。

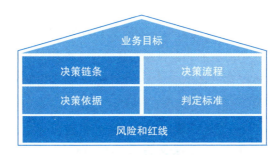

图 6-2　决策的框架性原则

1. 业务目标

业务目标在这里指本决策问题需要服务于什么具体的业务目标，这个业务目标一定要在整个企业的总体业务目标中发挥相应的价值和作用，包括短期价值和长期价值。理论上来说，没有任何一个决策是完美的，每一个决策都会有其利弊得失。那么企业在面对不同选择时，就需要聚焦目标，寻求相对利益最大化和风险最小化。业务目标不同，对利弊得失的评估就会非常不一样，那么决策也就会非常不一样。另外，总体业务目标最好能够量化，这样，无论企业哪一个层级、哪一个职能部门的决策，都相对容易瞄准更精确的目标（或者拆解后的目标）。

举例来说，2017年的时候，某公有云平台的发展战略是快速占领市场，在这个总体业务目标下，组织和人才发展、产品研发、定价策略、品牌和营销拓展策略都是比较激进的。无论是组织架构还是预算投入，都以营收指标为主要评估标准。而到了2023年，因为整体市场环境的变化，该公有云平台的发展策略转变为尽快实现营收平衡甚至盈利，那么组织架构、研发策略、定价策略、品牌营销策略都需要重新调整。

从另外一个角度来说，企业的经营涉及成百上千个决策，一个业务的拓展过程是大大小小的决策环环相扣、互相影响的过程。因此，一个清晰的业务目标，是整个企业相对顶层设计的总体决策，需要拆解为各个层级各个职能部门的业务目标，再贯彻到企业整个组织每一个执行的事务中。因此，一个总体清晰的企业总体业务目标，被严谨地拆解到每个职能，由此带动每个职能、每个部门进行工作目标拆解，由此逐层分解，是保证每一个业务单元保持与公司总体业务目标一致并联动的关键。我们用图6-3作为实例来帮助读者理解。

2. 决策链条

决策链条是影响决策的关键因素，也是决策框架性原则中的一条，这里介绍如何构建某具体决策问题的决策链条。决策链条上的每一个角色，在面对每一个具体的决策问题时可能会是企业各个职能部门和岗位的人员。涉及企业部分环节的经营业务时,对应决策链条的主体是不一样的。企业可以通过制度化的规定,将常规且需要频繁决策的业务以决策机制固定下来,其中就会包含决策链条、决策流程等。当然也有一些业务并非常见类型,那么就需要根据决策问题进行分析和诊断,并构建相应的决策链条。

图 6-3 企业总体业务目标的拆解

按照各个岗位所扮演的角色,决策链条分为:

- 发起者(Initiator):提出决策事务需求的人。
- 影响者(Influencer):提出意见并影响决策的人。
- 决策者(Decider):针对各种备选方案最终确定决策的人。
- 批准者(Approver):最终决策提报的上级领导,决定是否批准决策方案的人。
- 执行者(Executor):具体协调并执行决策方案的人。

- 决策结果的受众人群（Decision Impacted Audience）：决策落地执行后影响到的主要人群。

比如前面提到的某企业办公场地租约问题，决策的发起者是行政部负责人，影响者是财务部、CTO、销售负责人，决策者是CEO，批准者是CEO，执行者是行政部和HR部门，决策结果的受众人群是全体员工。

3. 决策流程

需要基于对决策问题的诊断、决策追求的业务目标、决策链条进行决策流程的梳理和制定。举例来说，决策链条上的每一个主体角色人员，需要在一个总体流程规划中以什么职责、时间、方式协同推进本次决策事宜？

这里仍然以某企业办公场地续约一事为例，确立的决策流程见表6-5。

表6-5 办公场地租约到期一事的流程

步骤	具体任务	责任方	支持方	时间
第一步：决策问题诊断	对办公场地租约到期一事进行基本事实梳理，形成简要报告并提报人力行政副总裁	行政经理	人力行政副总裁、财务部、人力资源部、采购部	2023年2月1日—2月4日
第二步：明确决策原则	召开第一次项目讨论会，讨论明确办公场地租约到期一事决策的原则，诸如预算、业务价值、风险点、决策链条人员等	行政经理	CXO、财务部、人力资源部、采购部	2023年2月7日
第三步：搜集备选方案	就可能的选项进行调研、搜集，并形成可行性建议方案，提报人力行政副总裁	行政经理	财务部、人力资源部、采购部	2023年2月8日—2月18日

（续）

步骤	具体任务	责任方	支持方	时间
第四步：形成决策	召开备选方案的决策讨论会，就所有方案的优劣利弊进行介绍和讨论	行政经理、人力行政副总裁	行政经理、财务部、人力资源部、CXO	2023年2月20日
	由CEO根据讨论的意见进行详细评估并做出决策	CEO		2023年2月22日
	本事项决策的审批者是CEO本人，因此这一步在这里可以省略。但是相关的采购流程需要在采购系统上提交并完成线上审批流程	CEO、行政经理	采购部、财务部	2023年2月23日
第五步：决策实施	立项并确定执行计划	行政经理	人事部、财务部、采购部、CXO	2023年2月25日
	按照执行计划启动并定期总结复盘	行政经理	人事部、财务部、采购部、CXO	2023年2月26日

4. 决策依据和判定标准

决策依据是企业对决策问题进行全方位考量的各项条件和指标，而决策判定标准则是在最终决策时需要进行对比和判定的核心条件。这一点在第3章中有相对详细的介绍。决策依据是全方位考量的所有因素，但是在最终决策时，需要聚焦到少数几个核心因素，这几个核心因素在很大程度上代表了企业的核心价值观和业务关键利益。在所有的决策依据中，可以选择其中对企业追求的目标最关键的少量几项作为最后的决策判定标准。

比如办公场地租约到期一事，决策依据可以包括但不限于表6-6列出的条件。

表 6-6　办公场地租约到期一事的决策依据

大项	子项	细项	重要级别
楼宇条件	地理位置和面积	商圈	中
		地铁	高
		现有员工离家远近	中
		容纳员工人数	中
	成本	租金	高
		付款条件	中
		办公室装修情况	高
		赠送车位数量	低
	品牌形象	楼宇级别	中
		楼内租户级别	低
		装修规格	中
	楼宇综合服务	空调暖气	高
		卫生间装修规格	中
		保洁服务级别	中
		访客管理水平	低
		车库条件	低
约束条件	员工规模	2000～2500 人	中
	预算范围	150 万～200 万元 / 年	高
	装修时间	若非已经装修好的,至少需要 2 个月的装修周期	中
	当前租约到期日	2023 年 7 月 31 日	高

这家企业在这个事件上的最终决策判定标准聚焦到了两点,一是员工上班的体验,二是企业的成本效益。因此在办公场地租约的最终判定标准上选择了以下 4 条:

- 地铁通勤,体现员工上下班通勤的方便程度;
- 空调暖气,体现员工在工作期间的冷暖体感;
- 租金高低,体现最直接的长期固定成本效益;
- 现有装修条件,体现初期入住的固定成本效益。

整体来看，办公场地租约到期一事的最终决策，就需要考虑评估这两个大类的相关条件：①决策判定标准为"是"的条件；②约束条件等级为"高"和"中"的条件。具体见表 6-7 和表 6-8。

表 6-7　办公场地租约到期一事的决策判定标准

大项	子项	细项	重要级别	是否决策判定标准
楼宇条件	地理位置和面积	商圈	中	否
		地铁	高	是
		现有员工离家远近	中	否
		容纳员工人数	中	否
	成本	租金	高	是
		付款条件	中	否
		办公室装修情况	高	是
		赠送车位数量	低	否
	品牌	楼宇级别	中	否
		楼内租户级别	低	否
		装修规格	中	否
	楼宇综合服务	空调暖气	高	是
		卫生间装修规格	中	否
		保洁服务级别	中	否
		访客管理水平	低	否
		车库条件	低	否

表 6-8　办公场地租约到期一事的约束条件

大项	子项	细项	约束值	约束条件等级
约束条件	员工规模	员工人数浮动区间	2000～2500 人	中
	预算范围	包含所有相关花费	150 万～200 万元 / 年	高
	时间	装修周期	若非已经装修好的，则至少需要 2 个月的装修周期	中
		当前租约到期日	2023 年 7 月 31 日	高
		需要确定决策日期	2023 年 3 月 31 日前	高

5. 风险和红线

根据对决策问题的诊断，初步明确该事件在决策中和决策形成后存在的风险点，需要规避风险的关键性雷区即红线。用上面提到的办公场地租约到期一事为例，这件事的风险点之一就是租约即将在 2023 年 7 月 31 日到期，根据当前合约，需要在 3 月 31 日之前确定是否续约，如果不续约，就需要在 7 月 31 日之前完成搬迁。除此之外，也需要考虑所选择的办公楼宇本身的财务健康状况，以规避楼宇物业经营不善等各种突发情况。

拓思路——搜集方案

任何决策最终都是为了找到问题的解决方案。拓思路这个步骤就是把所有可能的解决方案都纳入备选项，之后再进行细致的评估。

寻找并搜集解决方案的过程，需要尽量保持开放，切忌带着偏见或者执念来寻找备选方案。这里的偏见或执念，是指在一开始就对决策最终要选择的解决方案带有一定的预设，潜意识或者有意识地倾向于具有某些特征的解决方案。比如，面临办公场地租约到期一事，行政经理在搜集所有的备选方案之前，就希望找一个离自己家近的新办公室，或者因为自己格外怕冷而希望找一个暖气偏热的办公楼。又或者 CEO 在行政经理搜集备选方案之前，为了省钱，就直接要求找一个市面上报价最低的办公楼。价格最低的办公楼通常是毛坯房交付，需要彻底装修，花费不菲，而选择租金稍高但目标楼层都是之前的公司刚刚装修不久的楼宇，可以省去大量的装修费用。因此，租金报价低的楼宇未必是企业选择办公场地时在成本效益上的最优解。

在搜寻备选方案时，为了尽量不漏掉可能的创新的备选方案，除了在立场和态度上尽量保持开放和包容，还可以采用以下几种手段：

- 跨部门项目组：根据决策问题的属性和决策链条涉及的利益相关方，组织跨部门的相关人员成立项目组。项目组成员是具体推进项目的主要负责人员，同时隶属于各个职能部门，能够在一定程度上根据需要调动各自职能部门的资源，进行企业内部针对决策问题最大限度的备选方案搜集。
- 头脑风暴法：由决策问题的发起人邀请公司内外相关人员召开头脑风暴会议，集思广益，在很短的时间内快速募集尽量多的想法和创意。一般以线下会议的方式进行，10人上下的规模。主持人在头脑风暴期间，尽量鼓励与会人员提出自己的创意和想法，这个过程会很好地激发与会者彼此的灵感。
- 内部有奖征集创意和提案：内部征集创意和提案是另一种形式的头脑风暴，只是没有把所有人聚集在一起进行讨论和互相激发的会议形式。这种形式的好处是，公开邀请内部员工参与，体现了公平、公开、公正，也的确会有机会调动有创意、有积极性的员工提出好的想法。且一旦好的提议被采用，会有奖励，这对于员工和内部企业文化的建立都有积极的影响。
- 善用外部资源：外部组织（如咨询机构、客户、媒体、协会、专家组织等）会有外部视角和外部资源，在特定的决策问题上，也许会有更好的解决方案和思路。

需要注意的是，为了保证效率，搜集所有备选方案的过程中要注意两点：一是注意按照决策依据需要的各项指标和条件采集信息，无法进行系统性的备选方案评估；二是注意严格按照决策流程推进，否则单纯为了穷尽所有的备选方案，耽误太多时间也就耽误了决策。要知道，穷尽所有的备选项本身是不现实的。在时间窗口和信息源允许的前提下，尽量做到充分的备选方案调研和搜集。

慎选择——制定决策

1. 对备选方案的评估

在前面的决策问题诊断和决策原则确立环节，已经对于整个决策问题的基础信息有了相对完整的摸底和汇总。在备选方案的评估阶段，基于对决策问题的诊断结果，结合决策依据和判定标准、利益相关方的影响、约束条件、方案可行性和成功概率、不确定与潜在风险 5 个因素对所有的备选方案进行评估。当然，如果决策依据和判定标准已经涵盖了其他 4 个因素，则不用进行重复评估，如图 6-4 所示。

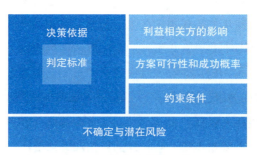

图 6-4　备选方案的评估

针对所有备选方案的评估，要把以上的所有因素和条件都考虑进来，头绪会比较多，尤其是对于一些复杂的项目或者事项。管理者可以根据数据和信息获取的情况，采用打分制、排除法等方式，帮助对多个条件和因素进行对比和分析。

决策依据和判定标准之前已经介绍过，这里仅对利益相关方的影响、约束条件、方案可行性和成功概率，以及不确定与潜在风险这四个因素如何分析和评估进行简要介绍。

（1）对利益相关方的影响

对于企业的经营来说，各项决策除了要服务于企业的核心经营目标，所产生的结果或多或少也会影响到企业的各利益相关方，比如股东、客户、合作伙伴、员工、政府主管机构、公众等。如果某个因素对一些利益相关方的影响极其正面或者极其负面，那么就需要将这一点纳入最终决策评估的关键考量中。尤其是一些中大型企业，其业务决策关系着企业的经营指标和日常运营，股东、客户和员工固然是最重要的利益相关方，但也要注意不能忽略了营商环境中的公众意见和舆论走向。

2008年5月12日，四川省汶川县爆发8级地震，震区几乎被夷为平地，伤亡惨重。社会各界纷纷发起捐款救助。其间各大企业的捐款额几乎都在千万元级别甚至上亿元。W公司决定捐款200万元，其时任董事长王某在博客上表示"W公司捐出200万元是合适的"，并称公司内部有条提示"每次募捐，普通员工的捐款以10元为限"，其意就是不要让慈善成为负担。后迫于舆论压力，王某在灾区对公司"捐款门"事件公开道歉，W公司也随即提出捐助1亿元重建灾区资金的方案。

在这一事件中，以王某为核心的W公司管理团队决定捐赠额度为 200 万元，每个员工捐款不超过 10 元，站在企业自身、股东和员工的角度，也许是一个相对理性的决策。但是在地震发生后面对震区重大伤亡的场景，全国公众陷入前所未有的震惊和悲痛之中。200 万元的额度，尤其是王某博客上的言辞放到当时的公众面前，无形中伤害到陷入巨大悲痛中的公众的感情，导致公众认为王某和 W 公司的这次捐款行为是逃避企业的社会责任，是无视灾区巨大伤亡损失的冷漠表现。因此，这里如果复盘这次 W 公司的捐款决策，典型是在决策备选方案的评估过程中，忽略了公众的情绪和社会对 W 公司的期望。

（2）约束条件

无论哪一个备选方案，都需要有一定的前提才能打通路径解决问题。这些前提条件就是约束条件，比如预算、人员、时间周期、政策法规、物理距离、企业现金流要求等。在备选方案上，可能有共性的约束条件，也可能有独特的约束条件。

举例来说，我国自 2016 年开始陆续颁布了包括《中华人民共和国网络安全法》《中华人民共和国数据安全法》《中华人民共和国个人信息安全法》在内的法律法规。其中要求在华企业，无论是民企、外企还是国央企，其员工的个人信息相关数据，在没有得到合法批准的情况下不得传送到中国境外地区。2023 年 6 月 1 日开始，这类法规开始生效。大量在华运营的外企和跨国公司，其人力资源管理系统是全球化部署的，常常使用的是 Workday、Taleo 等产品。这些企业如果采用的是这类全球化的基于公有云的企业软件系统，那么企业的员工数据默认会回传到这些系统分布在海外的各大数据中心，如美国、欧洲、新加坡等。因此自 2022 年下半年开始，大量的在华外企和跨国公司在采购实施基于云的人力资源管理系统时，纷纷把系统上的员工数据存放在中国本土作为一个硬指标来进行采购决策。

再举一个将现金流列为约束条件的例子。在过去 30 年我国经济飞速发展的大潮中，很多行业流行通过大额垫资来换取大额订单，无论在房地产行业还是在基建、消费品零售、制造业、信息科技、广告等行业，都是如此。随着新的经济周期的到来，现金流成为不确定性下企业抵抗力的关键指标。经济放缓、需求萎缩之下，在较长的大额垫资周期链条上任意一环的企业如果出现现金流的闪失，不但影响上下游企业，还会影响整个产业链。W. T. Grant 是美国的一家零售连锁店，从 19 世纪初开始运营。该公司由威廉·托马斯·格兰特（William Thomas Grant）创立，发展成为美国最大的折扣零售商之一，在美国各州都有门店。然而，在 20 世纪 70 年代，W. T. Grant 面临财务困难，导致其最终失败和破产。有几个因素导致了它的垮台：

- 高债务：W. T. Grant 因激进的扩张和收购战略而积累了大量债务。该公司通过大量借贷为其增长提供资金，导致高昂的利息支付侵蚀了其利润。
- 糟糕的管理决策：该公司管理层做出了几项有问题的决定，进一步加剧了其财务压力。其中一项决定是实施赊账交易，允许客户赊购货物而不立即付款。这导致应收账款增加，收款困难。
- 经济衰退和激烈的竞争：W. T. Grant 在不断变化的零售环境中面临挑战。该公司努力适应不断变化的消费者偏好，并面临来自其他折扣零售商的激烈竞争。此外，20 世纪

70年代的经济衰退进一步影响了消费者支出并影响了该公司的销售。
- 缺乏有效的监测和控制：W. T. Grant 的运营缺乏有效的监测和控制。这导致了库存过剩、欺诈和滥用信贷等问题，进一步加剧了该公司的财务压力。

（3）方案可行性、不确定性与潜在风险

随着世界地缘政治冲突、全球化趋势逆转、疫情冲击以及技术革新浪潮，企业面对的大环境充满各种不确定性。另外，在评估各个备选方案时，不但需要考虑每个方案涉及的不确定性，还需要评估每个方案代表的路径的可行性。大多数情况下，有很多数据和信息要么无法获得，要么很模糊。决策中面对无法避免的不确定性并没有万全之策，但有一些量化评估方法不失为相对理性的评估方式，企业可以根据具体应用场景来选用：

- 假设与推理。决策问题面临的经济大环境、政策走向、技术沿革、各备选方案的路径和可行性都充满各种不确定性。针对其中关键指标和条件的不确定性进行假设并沿着这一假设进行推理，能够梳理出关键不确定条件的发展脉络和最终影响。这一方法是后面几种量化评估方法的基础。
- 概率预测。概率预测通过量化不确定性，提供可能的结果的概率分布预测。根据需要回答的决策问题，选取相应的指标数据，采用相应的概率模型进行计算和分析评估。常见的模型包括回归分析、时间序列分析、贝叶斯推理、马尔可夫链等。其中贝叶斯推理被大量应用于对不确定性的认识和判断，也常用于信息科技产品的设计和开发。贝叶

斯推理是一种基于贝叶斯定理的推理方法，它可以通过先验概率和观测数据来更新对事件或假设的概率估值。这个模式非常符合人们通常对于未知事物或者不确定性的认知过程，也就是根据现有已知信息设定一个基础值，根据事物发展的阶段性结果对基础概率进行验证和修订。

- 时间序列分析法。时间序列分析法是一种统计方法，它将经济发展、购买力大小、销售变化等相同变量的一组观察值按时间顺序排列，构成时间序列，然后利用数字方法对其进行分析，预测市场未来的发展变化趋势，并确定市场预测值。其主要特点是通过研究时间推移来预测市场需求趋势，不受其他外在因素的影响。不过需要注意的是，宏观环境会发生变化，仅根据过去的数据、依据过去的规律对未来进行预测往往会产生较大的偏差。

- 沙盘演绎（Scenario Planning）。沙盘演绎也称作场景规划，是结合了假设推演和概率的方法，它根据未来走势的概率和因果逻辑，对与企业相关的主要大势的发生和演进进行推演，并对此过程可能给企业带来的重大影响和后果进行预测。企业可以在沙盘演绎的过程中识别并确定可能的应对策略。在此基础上得出的结论可以用以支持企业决策。

除了以上几种量化评估方法，还有其他一些评估模型可供企业管理者使用，比如 SWOT、决策树、Cynefin 模型、KT 决策法等，这几类模型的介绍参见第 5 章。同时，在针对备选方案的量化评估和决策方面，中村慎吾在《高胜算决策》一书中就具体的概率预测方法，结合 NASA 的实际案例进行了经典的阐述，有兴趣的朋友可以参阅借鉴。

2. 形成决策的组织形式

形成决策的组织是保证相对高质量决策的关键，尤其需要充分参考在决策原则中确立的决策链条。决策链条基本涵盖了与该决策问题利益相关的企业内部关键岗位人员，虽然并非决策链条上的所有岗位人员都要出现在最终决策的组织内，但是需要充分参考他们的输入和意见。大型企业的重大决策，通常以一个相对完善的组织方式完成决策的关键环节。比如：一些科技类企业针对产品规划和开发计划，设立产品决策委员会；在企业的重大经营战略决策上，可以设立企业经营管理决策委员会；在企业重大人事问题上，可以设立企业人才与发展决策委员会。当然一些中小型企业或者创业高成长阶段的企业，不一定需要在组织机构和流程上设置得过度复杂，但是在重大决策上，形成一个以 CEO 为核心的决策委员会或者决策小组还是非常有必要的。这样的组织，能够在很大程度上借助流程和组织的力量，尽可能避免个人决策的认知偏差和决策陷阱。当然，这样一个决策委员会，需要建立相应的决策规则和机制，以保证决策的相对公正和科学。比如鼓励开放和充分的讨论、科学的投票和决策判定标准、决策链条信息的完整呈现、决策的监督和复盘机制等。

当然，在相当多的场景下，企业就算采用了决策委员会的组织形式来主导决策过程，在决策的最终关头，还是免不了需要企业最高管理者（CEO 或者创始人）进行最终拍板。在这样的模式下，决策环节就分为两个阶段，一是决策委员会进行内部讨论并形成决策建议，二是企业最高管理者最终拍板敲定决策。在这个模式下，除了需要决策委员会的相应管理机制，还需要建立针对决策环节第二个阶段的管理机制，也就是对企业最高决策人最终拍板决策的管理，比如风险评估预警机制、不同意见参与考量、企业最高管理者的教练和导师机制等。

要结果——执行并优化决策

1. 高质量执行对决策的意义

决策本身，只是企业经营动作的开始，决策事项如果没有好的落地执行，相当于企业的经营动作在开始的时候就结束了。没有高质量的落地执行，决策就是一纸空文。无论什么决策，但凡没有被有效执行，就无法转变为实际价值，也无法体现决策的质量。因此我们认为高质量的执行对于决策的意义重大，从 5 个方面来看：

- 实施决策的关键。决策只有在实施阶段才能产生真正的价值。高质量的执行是将决策转化为实际行动的关键。无论决策有多么出色，如果没有有效的执行，它们就只能停留在纸面上，不会带来任何实质性的改变。
- 创造成果和价值。高质量的执行能够将决策转化为具体的成果和价值。通过有效地实施决策，个人和组织可以实现预期的目标，并取得可见的成果。这包括提高工作效率、降低成本、增加利润、改善客户满意度等。
- 提高决策的效力。高质量的执行反过来可以提高决策的效力。通过实施决策并观察结果，个人和组织可以收集反馈信息，了解哪些决策是成功的，哪些需要调整或改进。这种反馈循环可以帮助改善决策的质量，提高未来决策的准确性和可行性。

- 建立信任和声誉。高质量的执行可以帮助树立个人和组织的良好声誉。通过持续地实施决策并取得成果,个人和组织可以建立起信任和可靠性的形象。这对与他人建立合作关系、吸引投资、争取客户等方面都具有重要意义。
- 培养领导力和执行能力。高质量的执行是培养领导力和执行能力的重要途径。通过实践决策并负责实施,个人和组织可以不断提升自己的领导力和执行能力。这些能力对于解决问题、应对挑战、推动变革等都至关重要。

2. 在执行过程中不断优化并调整决策

至于具体落地执行,业界已有大量的优秀案例和方法论研究,这里不做赘述。这里要探讨的是如何在高质量的执行过程中,用实际落地的阶段性效果和反馈反哺决策,及时对决策进行优化和调整。这里介绍一些基础方法和流程:

1)依据决策结论成立执行项目组,并根据决策结论制订项目执行规划,其中需要包含过程检测的量化跟踪机制、过程监测的反馈机制、决策调优机制。简单来说,比如每周或者每月的项目组例会,根据执行的情况进行评估和复盘,快速针对原有决策,也就是执行方针、方式、指标、资源等关键项进行调整和优化。

2)在启动决策执行之前,确定过程管理的定性和定量指标。这个指标最好根据最终的实施目标进行分阶段和分项拆解,保持这些过程指标与最终目标之间的强关联性和逻辑性。这样在过程中对效果数据的监测、反馈和评估,能够一定程度上指导对原有决策的调优。

3)定期收集反馈和数据,并进行评估分析。在执行决策的过程中，定期收集反馈和数据，并通过定期的项目组例会集中意见并进行评估和讨论，比较实际的进展和效果与预期目标之间的差距。识别出哪些方面的决策执行良好，哪些需要调整。

4）及时调整决策。基于前面的分析、评估和解决方案，对决策进行必要的调整。这可能涉及修改决策的具体方案、重新分配资源、调整时间表等，确保调整后的决策能够更好地适应实际情况和满足需求。

5）持续监测和评估。在调整决策后，继续监测和评估实施的进展和效果，确保调整后的决策能够带来预期的改进。如果仍然存在问题或挑战，重新回到前面的步骤，进行决策调整。

这里以在互联网行业常见的产品敏捷开发机制作为例子，如图 6-5 所示，来看一个产品开发的决策是如何一边开发、一边发布、一边迭代的。

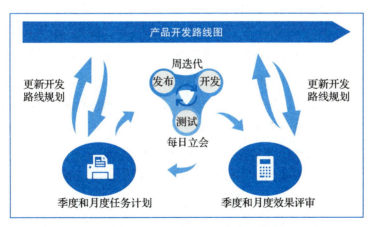

图 6-5　互联网产品敏捷开发的决策模式

互联网行业的产品敏捷开发机制是一种以迭代、快速响应和持续改进为核心的开发方法。它强调快速开发、频繁发布和不断学习的理念，以适应快速变化的市场需求和用户反馈。在高效执行中，这种敏捷开发机制可以帮助决策进行快速调整和优化，具体体现在以下几个方面：

- 快速迭代和交付。敏捷开发强调将产品或功能划分为较小的可实现部分，通过短周期的迭代开发和交付来快速响应需求。这种快速迭代和交付的方式使决策能够在实践中得到验证，及时收集用户反馈和市场数据，从而在下一轮迭代中进行调整和优化。
- 用户参与和反馈。敏捷开发注重用户参与和反馈。通过与用户的密切合作、用户测试和用户反馈的收集，可以及时了解用户需求和偏好，并将其纳入决策的调整和优化过程中。这种用户驱动的方法可以帮助确保决策更加贴近用户需求和市场实际。
- 灵活性和适应性。敏捷开发强调适应快速变化的环境和需求。在高效执行中，决策可以根据市场反馈和数据进行快速调整和优化。这种灵活性和适应性使决策能够更好地应对变化，避免过度投入和浪费资源，同时能够更快地推出创新和有竞争力的产品。
- 持续改进和学习。敏捷开发鼓励持续改进和学习的文化。通过定期的回顾和评估，团队可以识别决策中的问题和改进的机会，并及时进行调整和优化。这种持续改进和学习的循环使决策能够不断提高，逐步优化产品和业务。

第 7 章 CHAPTER 7

把握并影响企业的采购决策

To B 业务就是围绕客户企业的需求提供相应的产品和服务，帮助企业实现经营管理目标。To B 业务以企业为目标客户来开展业务。这些企业作为客户（甲方），为了满足自身需求采购供应商（乙方）的产品和服务，具体是通过采购行为来实现的。因此，企业级客户的采购行为是 To B 业务需要把握的最关键环节。本章就分别站在甲乙双方的角度来拆解企业的采购行为。

"作为乙方，你有多了解你的甲方客户的采购行为？"这个问题是处于 To B 领域的乙方企业管理者需要经常盘点的问题，也是乙方企业能够长久发展、持续获得客户的最基本条件。了解甲方客户的采购行为，才能了解甲方采购行为背后的业务需求；只有充分满足甲方的业务需求，乙方的业务模式才算成立，才能持续打磨出为甲方提供真正业务价值的产品和服务，形成围绕甲方企业采购旅程的闭环业务模式，其中整合了包括品牌营销、销售、交付和服务等在内的各个重要的客户交互环节。

企业级客户采购的本质和关键要素

企业采购的本质——满足企业生存和经营需求

企业采购本质上是为了满足企业生存和经营的需要，这是采购行为要达到的根本目标。企业的任何一个采购行为，都有其需要达到的业务目标，或者是降本增效，或者是扩大业务规模，或者是维系日常经营。企业在生存和发展过程中需要获得任何一种外部资源，都需要用一定的预算或对应代价来换取。采购需要由采购方和供货方形成合作而完成，根据双方在合同中的角色不同，通常把采购方称为甲方，供货方称为乙方。

因此要充分理解企业的采购行为，就需要深入分析企业的需求，也就是企业需要通过采购特定的产品和服务来发挥什么业务价值，达到什么样的业务目标。举例来说：钢铁制造企业需要采购铁矿石，这是炼钢的基础原材料；汽车制造企业需要从各种零部件供应商处采购发动机、轮胎、座椅等零部件，以保证整车生产的顺利进行；应用软件企业采购云计算基础设施服务来提高数据存储和处理效率；企业采购办公文具来满足日常员工办公需要等。

采购本身能够帮助企业实现多大的业务价值，决定了企业会多重视这一采购项目，以及企业愿意分配多大的预算、人力、物力来完成这一采购。换句话说，是否满足企业生存和经营的刚需，关系到采购项目是否能够获得甲方企业的足够重视和投入。越是与甲方企业生存和核心经营的业务需求直接相关的采购项目，甲方企业的预算分配优先级越高，付费意愿也越高。排除个别的人为因素，如果一个采购项目对于企业的经营目标无足轻重，那么大概率这类采购需求不会在企业预算规划中占有显著的位置，且企业一旦面临预算紧张的情况，这类采购项目很容易被削减或取消。

企业采购的关键要素

企业的采购涉及诸多要素，这里阐述其中的12项关键要素，并以营销自动化平台的采购为例，对这些要素进行罗列，见表7-1。

表7-1 企业采购的关键要素

关键要素	要素释义	举例
项目发起方	由哪个业务部门提出的采购需求	市场部数字营销部
项目负责人	采购项目的负责人，可能是采购部的专门人员，也可能是项目发起方指定的部门内人员	市场部数字营销经理张大俊
业务目标	采购项目需要获得的来自供应商的产品和服务，需要在企业的哪个生产经营环节使用，满足企业什么样的生产经营需要，帮助企业达到哪些生产经营的业务目标	甄选高性价比的营销自动化平台，帮助市场部在一年内达成以下目标： • 建立数字营销线上线下结合的闭环营销增长机制 • 投产3个月内首期建成基于2万条潜在客户私域流量池的初始营销自动化机制 • 投产12个月内实现市场线索同比提升30%

（续）

关键要素	要素释义	举例
采购标的	要采购的产品和服务是什么	营销自动化平台
采购标的的标准要求	采购的产品和服务，需要符合哪些基本要求，比如款式、材质、技术规格、数量、交付标准、配套服务等	• 系统的兼容性：钉钉、微信、邮件、各大社交平台 • 系统的稳定性：可用性指标、故障率指标、最大数据吞吐量等 • 数据库容量和性能 • 关键功能清单 • 售后服务能力
候选供应商画像	哪些供应商是本次采购需要邀请并筛选的目标对象，供应商画像需要满足哪些具体条件或具备哪些能力	• 市面上营销自动化的主流供应商之一（前五大厂商） • 拥有10个以上同类型公开的成功案例 • 注册资本超过200万元 • 成立时间超过5年
预算来源和财务流程	采购的预算是否在企业正式的预算规划中，或者企业是否预留了这笔钱。这一预算的性质决定了在采购流程中需要按照什么样的财务流程进行使用	预计采购预算规模在15万元以内，来自市场部2023年年度预算池；按照市场部季度性预算划拨和执行流程执行
供应商评估的形式和方法	这是采购决策的关键环节，决定了企业将以哪些具体标准对供应商及其产品进行详细的定性和定量评估，并最终选出与哪家供应商合作	邀请招标，向市场份额领先的6~8家企业发出招标邀请。最终评估指标包括总体价格、系统能力、方案合理性、服务配套、续约条件、供应商资质等6项，由评标委员会进行打分评估
采购决策链条	整个采购项目中，需要涉及哪些利益相关方的意见，比如产品的使用者、采购决策者、决策意见参与者、出资方、效果受益方等	由市场部、IT部、销售运营部、财务部等部门选派相关员工组成采购项目组和评标委员会，推进采购的审批和决策流程
采购流程和时间表	这次采购需要依照什么样的时间安排和流程推进并管理	需要依照未来2个月的时间节点要求，根据企业采购审批流程和招标过程管理，制定具体的采购流程和时间表

（续）

关键要素	要素释义	举例
产品和服务交付标准	采购的完成以供应商依照合同约定交付产品和服务为标志，这个节点需要双方约定具体的交付标准，双方共同确认才表示交付成功	甲乙双方需要根据交付验收单逐条核对，双方确认无误，签字完成交付环节。交付验收单包括用系统分配的账号注册登录、培训赋能、数据导入、测试项目完成等多个环节的验收
采购合同	采购合同是整个采购项目最核心、最关键的法律文件，体现了整个采购项目中甲乙双方的利益和风险，需要双方慎重确定并执行其中的内容	采用企业标准的采购合同模板，并由IT部、财务部、市场部参与合同内容的制定和审批

企业级客户的采购旅程

企业级客户采购旅程的双螺旋模型

企业的采购本身是为了获取外部资源以满足企业生存和经营所需。采购的本质，源于企业自身的需求。我们只有立足企业需求来理解企业采购，才能更精准地把握企业采购背后的动因。现代营销的一个非常好的视角，是从企业的采购旅程出发来研究企业级的采购决策路径和逻辑。企业从对自身、对行业发展的认知，到对市面上可供选择的供应商和产品的了解，到对自身需求的深入挖掘和研究，再到正式确立采购项目，已经对自身的需求进行了一段时间的探索，采购也就只是需求被落实和满足的整个旅程中的一个环节。

1. 双螺旋模型介绍

笔者根据过去多年的企业级营销实践，借鉴现代营销的理论，根据企业级采购过程中甲、乙双方信息收敛和放大的流向，总结出企业级客户采购旅程的双螺旋模型,如图 7-1 所示。图中的双螺旋,上半部分是收敛型螺旋,是甲方从需求发现到采购签约的过程。收敛型的螺旋形状,体现了甲方在发现自己有相关的采购需求的初期,对于自身的需求和市场上可选的产品和供应商的信息,进行的一个逐步梳理、比较、收敛的过程。最初的需求并不明确,可选的产品和供应商范围就相对广。随着需求梳理、可选产品和供应商的各项分析和对比的深入,就会筛选出来一个比较小范围的供应商名单,并最终从中确定一家来合作。下半部分是放大型螺旋,对应了乙方从影响甲方对己方品牌和产品的认知,到获得甲方的采购签约的过程。放大型的螺旋形状,体现了企业级产品和业务的一个特点,那就是一旦赢得了很高的客户满意度,就会带来后续业务的两个增量驱动因素:1)企业级客户的采购行为决定了对于第一次合作的供应商通常会从小规模订单开始,如果合作顺利,不仅会产生复购,而且大概率会加大采购规模;2)企业级客户的口碑效应会带动更多同类型客户的采购需求。

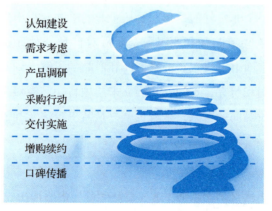

图 7-1　企业级客户采购旅程的双螺旋模型

（1）认知建设阶段

在认知建设阶段，甲方企业客户开始意识到自身企业发展和经营中面临的问题和机会可能会被外部供应商的解决方案或产品解决。这个想法的出现可能源自行业舆论话题、同行推荐和交流、各种行业营销大会和活动、行业权威专家意见和行业报告，或其他信息来源。也就是企业意识到自身存在的问题或机会，并开始寻找解决方案。

（2）需求考虑阶段

甲方客户企业开始系统性梳理自身的需求，就面临的问题和机会，企业需要通过满足需求达到的短期和长期业务目的进行详细盘点和规划。同时甲方企业也会考虑不同产品或解决方案如何满足这些需求，自身需要具备什么资源、付出什么成本和代价来获得这样的产品或解决方案。

（3）产品调研阶段

在这个阶段，企业客户会深入研究可用的产品，包括这些产品背后的技术壁垒、技术趋势，对企业各种配套条件的要求等。企业客户会就各大主流产品、技术和解决方案进行学习、研究、比较和评估，以确保能够甄别出相对最适用于自身企业现阶段和未来发展的产品和解决方案。

（4）采购行动阶段

一旦甲方企业客户明确了自身的需求且在调研的过程中初步确定可以找到适合自己需求的产品，那么就会启动采购项目，进入采购行动阶段。这涉及谈判合同条款、确定交付时间、支付费用等步骤。

在整个企业采购旅程中，正式的采购决策产生于采购行动阶段。具体的采购模式，基于不同维度有不同的分类：按照采购标的对企业生产的关系,分为核心生产资源采购和非核心生产资源采购;按照采购的招标方式,分为公开招标、限制性招标;按照采购供应商是不是产品的源头厂商,分为间接采购、直接采购;按照采购标的是否为现货,分为现货采购、远期采购;按照采购在企业内部的发起方和管理方,分为集中采购、分散采购。关于采购和供应链管理,有很多专业书籍和论述,本书主要关注的是从 To B 业务的角度来理解和把握采购决策,尤其是数字化类型产品和服务的采购,因此我们将从需求和采购决策的整体行为模式与发展趋势进行探讨。

(5)交付实施阶段

在产品或解决方案采购合同签订完成后,乙方作为供应商需要依照采购合同约定,向甲方企业客户交付产品或解决方案,并进行相应的实施和安装。这可能涉及对甲方对口员工进行培训、配置系统、将产品或解决方案集成到现有基础设施或者生产环境中等。

(6)增购续约阶段

企业级产品一旦进入日常运营和生产过程,通常来讲企业不太会轻易做出更换供应商、更换产品的决定。因为任何一个产品或者解决方案一旦融入企业的日常运营,只要能够保证企业的生产顺利进行甚至提效,保证甲方企业的业务和产品的质量,且投入产出在甲方企业的预期内,那就基本算是达到了甲方企业采购的预期。只要企业持续运转,为了保证业务的连续性和稳定性,甲方企业通常会首先考虑对既有合作的产品采取续约、增购的方式。某些场景下,企业需求增加,在充分了解和验证了乙方供应商的能力和产品质量的前提下,甲方也会愿意除了既有合作的产品外再增加采购现有供应商的更多品类的产品,形成增购。这表明甲方对产品满意,并希望扩展使用范围或规模。当然如果处于进入复购周期起始阶段，甲方客户不满意乙方供应商的产品和服务，那么就可能会开启新的采购旅程，将其他新的供应商纳入采购考量范围。

（7）口碑传播阶段

企业客户的满意度和体验将影响口碑传播。企业级产品想拓展新客户，最大的挑战是新客户的认知和信任建立，需要相对长的过程和周期。但是，如果客户的同行圈层有好的口碑和推荐，将会极大缩短这个过程和周期。当然，企业级客户也非常谨慎，除非对乙方的产品和服务感到满意，否则不会向其他潜在客户推荐。因此乙方供应商的产品，一旦在甲方客户群体中建立了良好的口碑，就有望形成良性循环，有利于建立乙方企业卓越的品牌影响力，并促进销售增长。

以上是针对典型的企业级客户采购旅程双螺旋模型的简要介绍。当然，不同行业和不同类型的企业在特殊情况下的采购未必完全按照这个模式完成，但是大部分企业级客户的采购尤其是相对重要且复杂的业务通常会在这个模式的框架下完成。

2. 为什么是双螺旋形状

针对这个客户采购旅程双螺旋模型，To B 科技领域有很多同行都做过研究和论述，但大多没有将业务规模的影响和走势纳入模型。就算有，大部分也是停留在从"认知建设"到成单这个过程的一个倒三角上，也就是人们常常提到的"销售漏斗"。之所以称为双螺旋模型，是因为从视觉上，这个模型由上半部分和下半部分两个螺旋组成。上半部分的螺旋是一个从大到小的过程，对于 To B 的产品业务来说，是从"认知建设"到"采购行动"的过程，是一个筛选目标客群、形成需求并转化为订单的过程，每一个阶段向下一个阶段的发展都存在一定的转化率，最终形成了一个漏斗形的趋势，这部分也常常被业内人士称为"销售漏斗"，尽管这个过程并不仅由销售团队负责跟进。从双螺旋模型的下半部分螺旋来看，是从"采购行动"到"口碑传播"的过程。这个过程不仅是采购行动完成后的交付和实施，更是基于To B客户的行为惯性，在令客户企业满意并能够充分建立信任和长期合作关系的条件下，带来续约、增购的采购机会，并且还能够在同类型的企业客户中形成良好的口碑传播效应，继而带来更多的新增客户。这个螺旋呈现从上到下逐步放大的过程，体现了服务好既有客户作为存量市场，同时能够在存量市场做出增量业务增长，赢得更多新客户作为纯增量市场。

3. 双螺旋模型的两大特征

对于一个企业级的产品业务模式来说，需要充分重视这个双螺旋模型中的两个显著特征：

- 当甲方企业发起采购项目时，其实对自身的需求、对市面上可以满足自己需求的产品和解决方案已经完成了相当程度的信息搜集和调研。
- 企业级产品的生意机会，不仅需要关注新购客户，更需要关注老客户复购。新客户一旦进入产品和服务的实施和交付周期，那么这个过程中客户的使用体验，就关系着新客户是否能顺利成为忠实的老客户，也关系着老客户能否带来复购、增购、口碑效应。

业界经典的 B2B 企业采购模型

业界一些专业研究机构就 B2B 企业的采购行为模式展开了

深入研究，非常值得学习和参考。麦肯锡的 Oskar Lingqvist、Candace Lun Plotkin、Jennifer Stanley 发表了《企业级客户决策旅程：提升销售业绩的最佳路径》(*The B2B customer decision journey: for the best route to increasing sales*) 白皮书，其中提出了"B2B 客户决策旅程"模型，如图 7-2 所示。在这个模型中，麦肯锡以"需求识别（Identify）"和"采购（Buy）"为两大关键节点，"需求识别"完成后，依次进行"调研（Research）""考虑和评估（Consider & Evaluate）"，并进入"正式投标要求（Formal RFP）"，这也是国内标准的采购项目阶段；"采购"完成后进入"使用和服务（Use & Service）"阶段，这个阶段后客户会产生分化，其中得到优质服务且使用体验好的客户群体有望成为忠诚客户且大概率会进行复购。

图 7-2　麦肯锡 B2B 客户决策旅程

全球高科技领域知名的分析机构 Gartner 也提出了针对 To B 采购行为的模型，具体如图 7-3 所示。Gartner 常年致力于高科技领域的技术和业务模式研究，其采购旅程模型的独特之处在于：一是强调 To B 决策的复杂性；二是基于这个复杂性在最后阶段要在甲方企业内部达成一致。

图 7-3　Gartner B2B 采购任务模型

B2B 企业客户采购旅程的三大趋势

随着技术的发展和企业经营模式的进步，企业级客户的采购旅程和采购行为也在发生着显著变化。传统的企业级采购旅程受限于信息来源、沟通方式，无论是信息流还是企业内外的协同机制都相对单一。在过去的 5～10 年中，随着数字化转型的推进、社交媒体和大数据的普及，以及互联网和科技型企业新的经营模式和决策模式的出现，我们看到企业级采购行为和采购旅程有三大趋势。

1. To B 采购决策者受多渠道碎片化信息影响

新媒体的普及打破了过去信息流通和交流的方式，每一个 To B 采购决策者作为一个社会人，在私人身份和职业身份属性下，无时无刻不在受各大社交媒体信息的影响。To B 采购决策者越来越多地受到新媒体的多渠道碎片化信息的影响。这对于企业采购决策所需的信息搜集是有益的，但是也意味着甲方采购决策者的信息采集壁垒在降低，一定程度上获取所需的采购信息更加公开透明，但同时也需要在海量信息中甄别信息的质量和真伪。

罗兰贝格在《B2B 销售的数字化未来》白皮书中提到，B2B 买家在首次接触销售人员之前，会独自完成整个采购流程信息搜集的近 57%。90% 的 B2B 买家会在线上搜索相关品牌、产品或者功能等关键词，70% 的 B2B 买家会在线上观看相关视频内容。如图 7-4 所示，Gartner 发布的报告指出，To B 企业采购决策者在整个采购旅程中，只有 17% 的时间是分配给供应商销售团队进行沟通的，有 45% 的时间用来独立进行线上和线下的信息搜集和调研。无论如何，都意味着 To B 采购决策者在做出采购决策甚至是启动采购项目之前，就已经获得了大量来自各种新媒体的信息了。

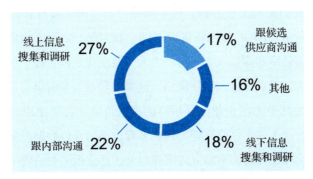

图 7-4　Gartner B2B 采购过程中决策者的时间分配

2. 企业采购决策更加聚焦且审慎

跟前 30 年我国经济的高速发展不同，随着我们进入新的经济周期，企业采购决策更加聚焦和审慎。面对趋缓的宏观经济和企业业绩增速，To B 企业已经逐步形成了新的经营范式，从过去追求规模扩展转变为追求盈利和健康的现金流。因此所有跟企业核心业务、核心生产无关的采购需求纷纷被延期甚至搁置。就算是与企业核心业务相关的必需的采购需求，也会用更加苛刻的投资回报率指标来衡量。另外，随着数字化进程的加快，甲方企业在进行采购时必须对所购产品的技术路线进行审慎的评估，因为一旦与企业核心业务有关的技术路线选择错误，后果将不堪设想，甚至会使企业面临被淘汰的风险。

3. AI 和数字科技正在改变采购决策

一方面，AI 和数字化转型近几年飞速发展，企业的数字化程度有了一定基础。企业日常的大量经营和生产行为已经逐步实现了线上线下同步，甚至转到线上操作。因此大量的经营和生产数据，可以帮助企业采用量化分析和跟踪的方式进行监测和管理，这对于企业的采购需求分析、成本价格分析、采购流程管理都有非常大的价值。AIGC 技术还可以辅助企业实现一定程度的自动化决策，提高效率和降低成本。另一方面，数字化采购管理平台和工具有了较大的发展并进入实际应用，这类工具对于采购量大且庞杂的企业，尤其是大型企业，有相当的提效价值。合理使用这类数字化采购管理工具，企业有望实现更客观全面的采购数据搜集、管理和分析，相比传统的采购方式明显提升了企业级采购的效率和生产力，也更有利于降低采购成本，并更有效管理复杂的供应商生态。针对这样的趋势，多家分析机构都给出类似的观点，比如，图 7-5 是艾瑞咨询针对数字化采购的核心价值的解析，体现了数字化技术通过重构采购流程、采购模式，几乎也重构了采购的决策模式。

第 7 章 把握并影响企业的采购决策

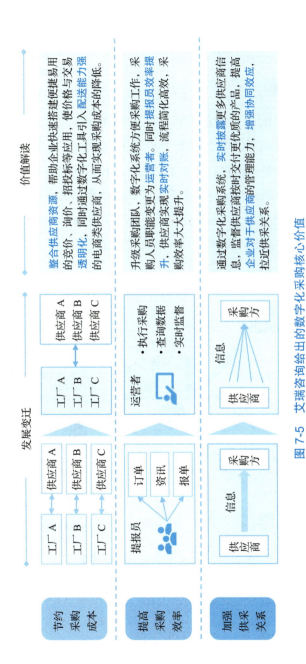

图 7-5 艾瑞咨询给出的数字化采购核心价值

企业采购决策的影响因素

四大影响因素

企业的采购决策是企业所有决策中的一类，当然这类决策跟企业的其他决策一样，需要考量众多因素，主要包括宏观环境因素、企业自身因素、企业经营目标、技术和市场趋势、供应商资质和具体产品指标、个人因素等。这里根据考量因素的主体不同分为四个大类，分别是甲方企业自身条件、外部市场和技术趋势、供应商和产品条件、甲方决策链条上的个人条件等，如图 7-6 所示。

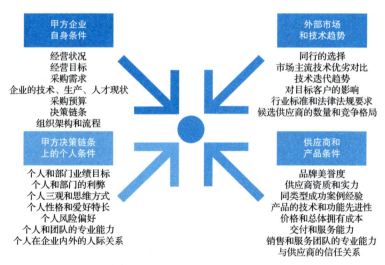

图 7-6　企业采购决策的影响因素

针对如上四大因素，我们从甲方企业的角度出发逐一进行拆解。

1. 甲方企业自身条件

甲方企业自身条件见表 7-2。

表 7-2 甲方企业自身条件

条件	决策依据
经营状况	企业的经营状况，比如：企业是否处于迅猛扩展规模的阶段？企业当前是否有巨大的财务压力？企业目前的现金流是否健康？这些都会极大地影响企业采购的意愿和需求，也很大程度上决定了企业的付费能力
经营目标	企业的采购决策应该与企业的短期和长期战略目标以及发展方向相一致，确保所采购的产品和服务能够支持企业的业务增长和盈利能力
采购需求	企业必须清晰地了解自身的采购需求，包括要采购的产品和服务具体服务于自身企业的哪个场景、哪个业务环节，对于产品和服务的具体要求、数量、质量标准等。只有基于明确的需求评估，企业才能选择最适合的供应商和解决方案
企业的技术、生产、人才现状	采购决策需要考虑企业现有的技术设施、生产能力和人才水平。确保所采购的产品和服务与现有资源和能力相匹配，避免无法有效整合或利用的情况
采购预算	任何的企业采购都需要付出成本，这个成本通常体现为企业的预算或者现金，也可能是其他形式的资源，比如股票、自身的产品和服务等。如果是预算，是确定来源于企业的什么资金池，预算额度、这个资金池的流动性和财务条件如何等。同时需要就采购的投资回报进行相应评估并设定预期进行考量。要确保采购决策符合财务能力和风险承受能力，并能够带来合理的投资回报
决策链条	根据企业采购的需求、组织架构和采购模式，企业组成的采购决策链条是每一个采购决策步骤的审批推进要经过的关键决策人员。这个链条上的人所持的意见和利弊关系，以及决策链条的先后审批流程设计，对采购选择有很大的影响
组织架构和流程	采购决策还需考虑企业的组织架构和流程，确保采购的产品和服务能够顺利整合到现有的组织架构中，且不会对业务流程造成重大干扰，不会出现适应性风险

2. 甲方决策链条上的个人条件

甲方决策链条上的个人条件见表 7-3。

表 7-3 甲方决策链条上的个人条件

条件	决策依据
个人和部门业绩目标	决策人需要考虑采购决策对个人和部门的业绩目标的影响。确保所做的采购决策有利于实现团队和个人的目标，促进整体绩效提升
个人和部门的利弊	决策人需要权衡采购决策对个人和部门的利弊。考虑采购决策是否会增加工作负担、改变工作内容或影响团队的工作效率，从而做出有利于整体工作的选择
个人三观和思维方式	决策人的三观通常决定了这个人做出决策时的优先级，三观和思维方式决定了决策人思考问题进行决策的底层逻辑，也影响其对问题的理解和解决方案的选择。不同的思维方式可能导致对采购决策的评估和权衡产生差异，一些决策人可能更偏向于开放和创新，而另一些人可能更趋向于审慎和传统
个人性格和爱好特长	决策人的性格和爱好特长会影响其对不同选项的偏好。一些决策人可能更喜欢尝试新事物和创新产品，而另一些人可能更注重稳定性和传统选择。个人的爱好特长也会影响其对某些特定产品和服务的倾向和认可程度
个人风险偏好	决策人的风险偏好会直接影响采购决策的方向。一些决策人可能更愿意承担较高的风险以追求更大的回报，而另一些人可能更倾向于选择较为稳健和保守的方案。对于企业采购决策来说，决策人的风险偏好将影响对投资回报预期和风险管理的考量
个人和团队的专业能力	决策人需要评估个人和团队在相关领域的专业能力。采购决策可能需要依赖团队的专业知识和技能，确保团队具备足够的能力来有效实施采购计划
个人在企业内外的人际关系	决策人还需考虑个人在企业内外的人际关系。采购决策可能会涉及与内部其他部门或外部供应商、合作伙伴的合作，因此良好的人际关系能够促进决策的顺利实施

3. 外部市场和技术趋势

外部市场和技术趋势见表 7-4。

表 7-4 外部市场和技术趋势

条件	决策依据
同行的选择	了解同行的选择可以获得宝贵的参考信息,尤其是一些行业龙头企业的实践探索,能够帮助企业在采购上避坑,也能够帮助企业更高效地选择相对成熟稳健的产品和供应商。观察竞争对手的采购决策可以帮助企业了解市场上的趋势和主流选择,从而做出更明智的决策
市场主流技术优劣对比	对比市场上主流技术的优劣,能够帮助企业选择最适合自身需求的产品和服务。了解不同技术方案的优劣可以帮助企业做出更有利的采购决策
技术迭代趋势	考虑技术的迭代和发展趋势对采购决策至关重要。企业决定采购的产品既需要符合当下的使用需求,同时也要在未来一定时期内能可持续发展。否则,一旦采购不久就发生技术迭代,刚采购的产品很快就需要淘汰,那么采购所付出的投入很难有理想的回报,甚至造成明显的浪费。再者,选择具有持续更新和发展能力的技术解决方案,可以确保企业在未来保持竞争力
对目标客户的影响	采购决策不能仅从甲方企业自身的需求出发,也应该充分考虑采购产品和服务后会对当前和未来的目标客户带来什么影响。甲方企业的可持续性发展的基础,是客户满意度和客户规模持续增长,企业采购的产品和服务也需要服务于这个长远目标
行业标准和法律法规要求	采购决策需要符合行业标准和法律法规的要求。确保所采购的产品和服务符合相关标准和法规可以避免潜在的风险和合规问题
候选供应商的数量和竞争格局	了解供应商的竞争格局有利于甲方企业在采购评估中更好地把握所采购产品的行业格局以及供应商的优劣势,其中供应商的数量多少也决定了甲方在采购中能够占据多大的主动权。供应商数量越多,甲方的选择就越多,反之甲方的选择少就相对被动。如果某类产品在市场上只有一两家供应商,对甲方来说就需要慎重选择,一旦产品或者供应商发生意外,会导致甲方很难有足够的备份和替代方案

4. 供应商和产品条件

供应商和产品条件见表 7-5。

表 7-5　供应商和产品条件

条件	决策依据
品牌美誉度	供应商的品牌美誉度是评估其产品质量和信誉的重要指标。甲方企业应考虑选择具有良好声誉和被市场认可的供应商，以确保采购的产品符合预期并能得到良好的支持和服务
供应商资质和实力	供应商资质和实力是大多数企业采购要考察的首要条件之一，谁都愿意与资质和实力突出的供应商合作，通常这一条件意味着更好的行业信誉、技术水平、生产质量和交付能力。但是某些时候资质好的供应商可能在灵活性、价格上不是最佳的，因此也需要进行取舍
同类型成功案例经验	了解供应商在同类型项目中的成功案例经验可以帮助甲方企业评估供应商的实力和能力，避免轻信供应商的各种吹嘘。具有丰富经验的供应商更有能力提供符合需求的解决方案
产品的技术和功能先进性	采购决策需要考虑产品的技术和功能先进性是否符合甲方企业的需求。选择技术先进且稳定性强的产品，对于甲方企业来说能够在尽量长的时间周期来兑现采购投入的价值，不至于短期内被技术更新淘汰；功能先进且完备的产品才能相对充分地满足甲方企业的需求，并提升企业的竞争力和效率
价格和总体拥有成本	对于企业级采购，价格是非常重要的考量因素。但是除了产品价格外，甲方企业还应考虑产品的总体拥有成本，包括使用、维护和升级等方面的费用。综合考虑价格和总体拥有成本可以帮助企业做出经济合理的采购决策。此外，甲方企业在采购决策中也常常使用"性价比"来衡量不同的供应商和产品，因为单纯的低价或者单纯的高质量产品都是不现实的，通常需要根据具体需求和条件，平衡价格和性能回报，也就是追求相对理想的性价比
交付和服务能力	供应商的交付和服务能力直接影响产品的实际运作效果和后续支持。选择具有良好交付和服务能力的供应商可以确保产品按时交付并得到及时的支持和维护
销售和服务团队的专业能力	供应商的销售和服务团队的专业能力对于采购决策至关重要。具有专业技能和卓越服务态度的团队可以提供更好的支持和解决方案
与供应商的信任关系	企业之间要合作，信任是基础。而信任需要双方充分了解，在了解的基础上才能逐步建立信任。有了企业之间和双方团队之间的信任，合作才有相对稳固的基础

影响因素的优先级排序

从甲方的角度来说，企业的采购决策要考虑的因素太多，几乎没有一个采购决策能够兼顾前面提到的所有考量因素。

在众多的决策依据和影响因素中，企业如何梳理出当下采购项目的合理决策判定标准？如何在众多的考量因素中进行优先级排序？

这个问题没有唯一答案，因为企业决策尽管是一个机制在发挥作用，但是根本上还是人在制定决策，在执行决策。相对通用且实用的建议，就是回归第一性原理，对于企业来说任何行为都需要围绕实现企业的盈利目标或者对客户、对社会的价值，采购行为也一样。那么，就需要明确采购根本上要满足什么样的业务需求，朝着这个大目标来对决策依据和决策判定标准进行筛选和排序，总体来说就是服务于这个业务需求的目标。

如何影响甲方企业的采购决策

由于企业级客户的采购决策相对复杂，也就意味着要影响这一决策需要开展多方面的工作。但头绪一多反倒没了头绪，失去了重点。本节介绍一系列可供选择的方法，但请注意这些方法之间并不是因果关系或者需要依照顺序开展。在具体使用时，需要根据乙方企业的业务模式和具体情况，也需要根据甲方客户的共性和个性进行分析，进行有针对性的选用和组合。

深刻理解甲方客户的业务需求

我们之前讲过，甲方采购行为的本质，是要满足企业经营发展的业务需求。深刻理解甲方企业客户的需求是有效把握甲方企业采购的第一性原理。甲方所有的策略和行为,几乎都是其业务发展需要驱动的。只有满足甲方企业的业务需要,才能真正高效且长期地把握客户采购需求。总体来说,理解甲方客户的业务需求,包括但不限于以下 4 个维度的信息:

- **业务现状**:企业当前的经营状况如何,所处行业的竞争格局及企业的竞争优势如何,企业的业务战略和经营目标是什么,采购项目需要服务于企业的哪一项具体业务(包括业务指标),甲方企业的客户群体和客户价值如何等。
- **运营机制**:理解甲方企业的运营管理机制,具体来说包括企业的决策逻辑、语言体系、管理风格、组织架构、企业文化等。
- **采购模式**:理解甲方企业的采购模式、习惯、决策依据和判定标准、流程、入围供应商等。
- **决策链条及关键人员**:甲方企业的采购决策链条如何,关键人员的特点是什么。

深入理解甲方企业的业务需求后,乙方企业可以基于这样的正确认知采取行动来影响甲方的采购决策。很多时候,乙方企业无法抓住采购机会,或者面对甲方采购需求时出现各种失误和偏差,常常是源于对甲方客户需求的不理解甚至是错觉。

美国的默克尔牙膏公司曾经在公司内号召员工发挥创意,鼓励大家提出一些创新的思路来快速增加公司产品的销量。其中一个创意提出来并被迅速采纳,就是直接将牙膏的管口扩大一定比例。这个创意本身对于公司来说并不需要太高的成本和太多的时间来实现,这家公司采用这个创意后,的确实现了业绩的快速增长。但是，一年后，牙膏产品的销量就开始大幅下降，三年之后该公司便宣告倒闭了。原来是因为家庭主妇们渐渐地感受到牙膏支出增加，当"恍然大悟"之后，便彻底抛弃了这家公司。回过头来看，如果企业在做决策时没有深刻理解客户的需求，只是从自己的短期利益出发，不但不能真正为客户带来价值，还会很难持续地获得客户的长久支持，而类似的小聪明性质的决策也许会将企业的发展带入歧途。

打造高品质产品和服务——甲乙双方的业务关系定位

在充分理解了甲方企业客户的业务需求之后，能否打造满足客户业务需求的产品和服务，就成为是否能抓住甲方客户采购机会的关键。是否拥有高效满足甲方客户需求的、具有独特竞争优势的产品和服务，决定了甲乙双方将会形成什么样的业务关系。如图7-7所示，如果乙方的产品和服务不但充分满足了甲方的业务需求，且在同行中有技术领先性和独特优势，形成了明确的护城河，不容易被竞品替代，那么甲方就会相对依赖乙方的产品和服务，在双方合作中乙方就比较容易有话语权。反之，如果乙方的产品和服务虽然能在一定程度上满足甲方的业务需求，但有一些瑕疵，比如售后服务能力稍弱，或者部分功能不够完善，且有大量竞品可以替代，那么自然甲方对乙方的依赖性就弱，双方合作关系中甲方就拥有绝对的话语权。而甲方对乙方的依赖程度，和乙方在采购中的话语权程度是成正比的。甲方越依赖乙方，乙方在采购中的话语权就越大。反之，甲方对乙方的依赖性越低，则乙方在采购中的话语权越小，且乙方在和甲方的合作关系中也就越充满不确定性和存在被替换的风险。

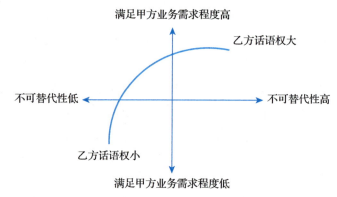

图 7-7　甲乙双方在采购中的话语权评估

当然,在企业级的采购中,影响甲乙双方合作关系的还有一个关键因素,就是是否涉及甲方的核心业务。如果乙方提供的产品和服务处于甲方核心业务、核心生产环节中,那么甲方对乙方的合作关系就会非常重视,因为与乙方的合作,乙方的产品和服务的质量、水平,直接影响自身的关键业务。

从更有效地影响甲方的采购决策方面来说,乙方需要提高自身的产品和服务对于甲方业务需求的满足能力,夯实自身产品的竞争优势,尽量接近甲方的核心业务。

构建覆盖客户采购旅程的业务闭环

前文介绍了企业级客户采购旅程的双螺旋模型。要系统性地把握并影响甲方客户的采购决策,就需要基于甲方客户的共性采购旅程,构建覆盖客户整个采购旅程的业务闭环,如图 7-8 所示。这个业务闭环大致分三个阶段:认知和需求形成阶段(乙方的市场营销职能主导)、采购转化阶段(乙方的销售职能主导)、使用和续约阶段(乙方的实施和服务职能主导)。

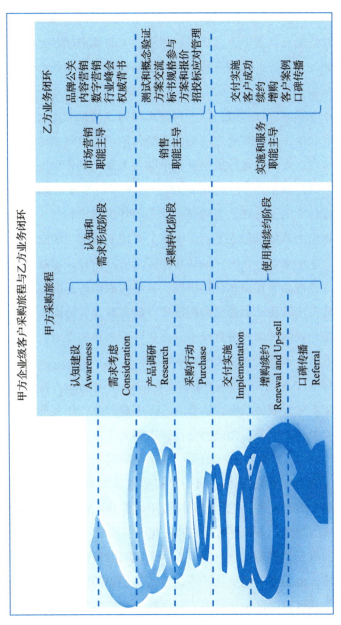

图 7-8 甲乙双方在采购旅程中的对应闭环

从图 7-8 中我们不难发现，要从整体上把握甲方企业客户的采购，乙方需要有覆盖甲方客户采购旅程的完整业务闭环机制。构建的基础是从客户的采购流程出发，也就是需要详细研究并理解客户采购旅程，基于这个旅程来构建采购行为的前、中、后三个阶段的业务闭环。如果我们以采购需求的确立为标志点，作为采购行为的起始，那么在此之前是由市场营销职能负责的认知和需求形成阶段；采购转化阶段也就是采购行为开始到下单完成，这个阶段由销售职能负责；使用和续约阶段由实施和服务职能负责。

值得注意的是，在乙方的整个业务闭环机制中，每一个阶段尽管由相应的职能部门主导，但也需要其他职能部门的充分参与和协同。举例来说，在客户的认知和需求形成阶段，市场营销部门要进行各种品牌建设和营销推广，其中需要销售部门的积极配合，包括在市场活动中邀请和跟进重点潜在客户，协同市场部门对潜在客户画像和偏好进行分析，搜集特定的传播渠道，跟市场部门联手制定市场线索的认定标准等。

这样一个覆盖甲方客户采购旅程的业务闭环，一旦进入顺畅运行和不断提效的状态，就会对乙方企业的业务拓展形成一个良性的业务增长引擎，面向潜在目标市场为企业提供源源不断的业务增长动力。当然，这样的系统性机制是需要逐步建立和完善的。乙方企业不用急于在一朝一夕建立这样的机制，毕竟 To B 的业务是一个长期的生意，需要随着甲方客户采购行为的变化和市场行情的变化，不断进行调整和优化。

如何进行调整和优化，除了对整个机制的运营进行密切监控和复盘外，也需要采用量化评估的方法。理想的情况下，在每一个环节，都可以通过量化数据来跟进每一个步骤的业务进度和效果。尤其是一些数字化进程相对超前的行业和企业,利用这样的双螺旋模型的量化监控机制,几乎可以实时看到整个机制运行的情况并快速做出调整和反应。

图 7-9 是某软件企业的潜在客户线索发现和转化的数据看板,管理者可以一目了然地看到当前的线索发现与转化进度,并且能够实时掌握年度任务指标的完成情况。

再举一个例子,我们来看下国内某一线汽车品牌,暂且称这个品牌为 3J,在近几年 3J 完成了比较彻底的门店经销体系的数字化转型。在启动本次项目之前,3J 公司内部系统众多,数据管理复杂,4S 店众多,无法及时、全面地掌握经营情况,无法实时地查看报表,没有统一的系统对业务进行监控和预警,无法从大量历史数据中得到有用的决策信息。

赛诺数据科技是赛诺贝斯科技集团下属的数据科技公司,它承接了这个项目,通过打通 3J 公司各个环节独立的系统和数据孤岛,建立了统一视角的管理者驾驶舱,可实现整个汽车经销网络核心业务指标的动态展示,可分领域、分层次多维度地对比分析数据。管理者驾驶舱基于 BI 系统进行搭建,支持全终端(PC、移动、大屏幕)自适应报表展示,如图 7-10 所示。其中看板内容可根据实际需求在业务调研中确定,数据报表可配置筛选功能,使用者可点击某一项数据以查看细节。图 7-11 和图 7-12 提供了全方位数据洞察、数据监控,能够提供企业决策所需的趋势洞察和归因分析。

这样一个相对彻底的数字化转型项目,打通了所有业务板块的底层数据逻辑,使得所有的业务数据汇聚到一个集中的数据平台上。在这里不但可以看到全业务闭环的整体进度和状态,还能

| 好范式，好决策：To B 的决策逻辑 |

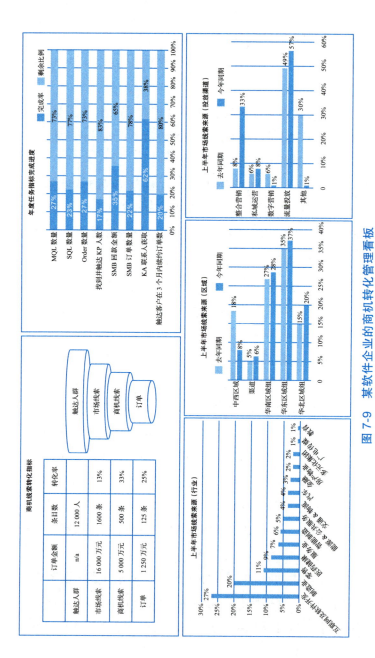

图 7-9 某软件企业的商机转化管理看板

注：数据为虚拟数据。

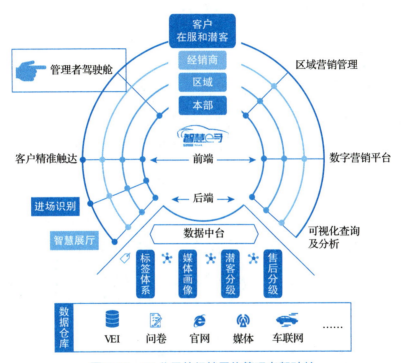

图 7-10　3J 公司的经销网络管理者驾驶舱

注：本案例和图片由赛诺贝斯提供。

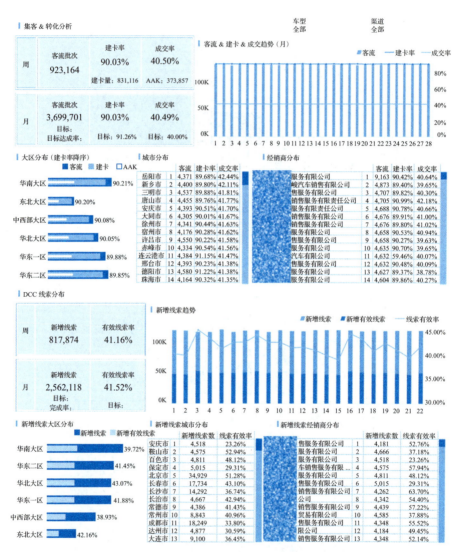

图 7-11 3J 公司的管理者驾驶舱——客流和商机转化指标

注：本案例和图片由赛诺贝斯提供。

图 7-12　3J 公司的管理者驾驶舱——毛利和资源使用率

注：本案例和图片由赛诺贝斯提供。

对数据实时调用、分析并得出归因分析，赋予决策更好的全局观和对具体问题的透视深度，当然也就为辅助决策提供了具有重大价值的数据洞察。

打造精准、鲜明的品牌影响力

To B 的产品要实现被企业级客户选用，需要面对较长的决策周期和复杂的决策流程。这个过程中，企业级客户挑选同品类的产品，不但要清晰梳理自己的业务需求，还需要在同类乙方供应商中进行甄选、比较和权衡。本质上是要选择最能够带给自身企业业务价值的乙方产品，因此整个决策流程要解决的其实是对乙方供应商产品的了解和信任问题。

品牌影响力就是帮助乙方企业快速获取潜在目标客群信任的

能力。当乙方供应商在市场上树立起一个健康可信赖的品牌形象时，不但有望在目标客群中形成一个一旦有需求就自动想到该企业的习惯，甚至目标客群会以该企业提供的产品为同类产品的标杆，那么这样的乙方供应商势必会比一个没有品牌影响力的竞争对手有更低的获客成本、更快的商机转化速度。

一个没有品牌影响力的企业，也许会因为有比较领先的产品或者强悍的销售团队，可以通过加大力度死磕每一个客户，从客户不知道乙方企业的存在，到逐步了解，再到认可、信任、下单，而一步一步走完客户采购旅程。但是要知道，根据销售团队的类似做法，每一个企业级客户的订单跟进下来，最少周期在3～8个月，甚至一两年。那么，业务的拓展速度必然受限于销售团队的规模和能力。对于市场上更广泛存在的潜在客户，如果要逐一按照对乙方企业一无所知的状态让销售团队从零开始跟进，难度巨大且很难迅速规模化。

To B 业务在品牌上的常见误区如下：

1）有产品，但没品牌。To B 产品和服务常常忽略品牌影响力，很多企业就算有非常有竞争力的产品，也没有清晰的品牌定位，或者简单地将品牌定义在"以我为主"的特性上，导致甲方企业客户难以理解该产品与竞争对手的区别和优势，从而降低了市场辨识度。在这个基础上进行的几乎所有品牌公关、销售等工作，都会是低效、事倍功半的。

2）有品牌，但没品牌定位。很多To B 业务的企业，有品牌名称，有 Logo，也做一些对外的宣传，就以为是有品牌且有品牌建设了，但忽略了精准的品牌定位。一个企业各个对外的触角，无论是销售团队、服务团队、产品团队跟外部（比如客户、合作伙伴、媒体、政府机构等）的沟通，还是 HR 跟面试人的沟通，都是在向外传递企业是谁，产品是什么，核心竞争力是什么，能为客户提供什么价值，我们的使命、愿景、价值观是什么等，而这些讯息恰恰是企业和产品的品牌价值主张，也是品牌定位需要回答的问题。在没有精准且鲜明的品牌定位的情况下，企业各个层面对外的行为和表达大概率就是杂乱无章、五花八门的，既失去了全员一致地对外传播品牌的机会，又容易造成市场对企业形象认知的偏差，更不利于建设清晰、健康、值得信赖的企业对外形象。

3）以乙方自我为中心进行品牌建设。To B 企业在打造品牌影响力的过程中，常常以自我为中心而忽略了从客户出发，导致品牌从定位到传播策略的选择都相对主观。最常见的问题就是企业的品牌故事和产品价值主张是用乙方的语言和表达方式来呈现的，很容易有各种技术和产品专用术语，导致客户对类似的品牌表达不感兴趣甚至看不懂。从传播的媒介渠道和呈现方式来说，也容易陷入乙方企业的视角，选择自己认为对的媒体和方式，未必符合客户的习惯和偏好。类似这样的品牌建设很难有效触达精准的目标客群，遑论在客户心目中形成期望的品牌认知了。这样的品牌建设做是做了，但是方法不当，没有效果不说，也是对各方面资源投入的浪费。

把控决策依据和判定标准

如第 6 章中提到的，将企业级的采购决策进行详细拆解后，不难发现每一项采购决策中企业和决策者重视的是决策依据和判定标准，这是采购决策的最重要影响因素。对任何一项采购意图,在面临选择供应商和具体产品的时候,甲方都会梳理出相应的决策依据以及最终的判定标准。乙方需要找准这样的关键条件,调整自己的产品方案和报价,以相对精准地达到甲方的需求点。

这里以表6-7的例子作为参考,在办公室选址的决策上,这家公司一共罗列了16条决策依据,基本涵盖了所有企业在办公室选址上需要关注的所有常规条件。但是这些条件中企业最终最看重的,用以衡量最终选择哪个办公楼地址的,是作为最终判定标准的4条,分别是地铁、办公室装修情况、租金、空调暖气。那么,参与这个采购需求竞争的乙方,如果能够有效把握这4条来完善自己的办公室租约方案,相信会是事半功倍的效果。如果从硬件条件上一看自己的楼宇条件与判定标准背道而驰,那么能够较早地对这个采购需求做出准确判断,从而有效控制销售团队的投标策略和投入力度,避免做无用功。

在把控决策依据和判定标准上,招标文件的标准植入(SPEC-in)是一个常用且高效的手段。简单来说,就是乙方在整个采购旅程的早期开始接触甲方,通过建立甲方对自己技术领导力的认知,成功地将有利于自己的技术标准纳入标书的招标标准中。举例来说,某龙头家电企业Z在数据中心的建设上,需要采购一批服务器和磁盘阵列。在服务器和磁盘阵列方面有A公司(某国内独角兽)、B公司(某国内老牌IT厂商)、C公司(某外企)等五六家厂商可以提供这样的产品和解决方案,但各家的产品和技术有些许不同。在Z公司还没有启动这个采购项目,甚至还没有出现这个需求的时候,A公司就开始接触Z公司。A公司是比较重视投入品牌和技术领导力建设的公司,在媒体、行业大会等各种渠道都能看到 A 公司倡导的技术潮流和其产品优势。再加上 A 公司销售团队在 Z 公司需求显现的初期就开始接触关键决策人，并开展了多次技术交流和成功案例介绍，从而成功建立了 Z 公司决策链条上的关键人员和使用者对 A 公司方案的认同和信任。于是 Z 公司在采购标书的制定中，自然而然地将 A 公司产品的技术特点纳入标书考核标准中。这一特点就是 A 公司的优势，对于 A 公司参与竞标非常有利，也对 Z 公司的实施使用非常关键。最终 A 公司顺利赢得了投标，拿下了这个订单。

把握不同采购模式的关键点

企业的采购需求会以一个具体的采购模式落地，比如集中采购、分散采购、公开招标采购等。每一种采购模式都有利弊，甲方企业首先需要选择一种采购模式，再按照这种模式推进采购项目并选定供应商。

1. 集中采购

大型企事业单位会倾向于采用集中采购的模式，具体是指将分散在企业内部各个部门的某一共通性采购需求，集中到一个部门或团队进行统一管理和执行的采购模式。这种采购模式通常可以带来采购效率的提升、成本的节约以及更好的供应商管理和风险控制，最大的益处是实现人、财、物的降本增效和集中管控。

对于甲方选择集中采购这种采购模式，需要把握以下关键点：

- **内部协同**：采购项目的负责方并不一定是最终产品的使用方，类似的采购通常是企业总部的采购部、科技部等负责。这些部门尽管负责采购项目，但采购后的产品和服务是交给各个分公司或者职能部门的一线员工使用。因为要汇总内部各个部门的需求，且采购后的交付使用要下到每一个相关的使用部门，对于内部合作与沟通要求较高，需要尽量避免信息不畅或冲突。

- **供应商产品质量和交付能力**：对于供应商在交付和实施上的能力与产品质量要求也比较高，需要在集团管控的前提下，满足各个部门的交付使用。
- **采购流程和决策链条管理**：集中采购由于量大且面临内部多个层面的沟通，加上大型企事业单位本身的管理机制就相对完善甚至复杂，容易导致采购流程和决策链条的复杂程度进一步加剧，不利于实现采购提效。需要在需求沟通准确充分的前提下，尽量保持高效简洁的采购流程和决策链条。

集中采购的采购量大，对于乙方各方面的能力和资源的要求都比较高，尤其是乙方需要具备相当的基础条件：①一定的资质，否则无法入围；②对大型企业的机构、流程、需求有比较深入的理解和合作的能力，否则无法对话也不合拍；③规模化经营的能力，因为通常集中采购的吞吐量和资金占用都比较大，且甲方议价能力强；④产品和服务的质量至少处于行业中上水平。

也就是说，在集中采购中，一方面，乙方要获得更大的赢面，需要充分理解甲方复杂的内部需求和协同难度，尽量发挥自身在规模化经营上的优势，在这个基础上提供能够符合甲方需求的产品、方案、价格。另一方面，乙方要在集中采购的复杂流程中展现各方面的专业能力，并且锁定集中采购决策链条上的关键决策人，重点影响其认知和决策。

2. 分散采购

分散采购是企业授权各个部门根据各自的具体需求进行采购活动。分散采购和集中采购作为两个对应的采购模式，各有利弊。相比较而言，分散采购具备的优势包括：①灵活性高，能更好地满足各部门或项目组的特定需求；②更快速地响应需求，避免长时间等待；③多样性强，降低单一供应商风险；④促进供应商间竞争，可能获取更优惠的采购条件。当然，分散采购也有一些不可避免的劣势：①可能由于未能实现规模效益，导致采购成本上升；②管理复杂度增加，采购行为和决策分散在各个部门，容易各自为政，缺乏统一的质量和风险管理；③难以实现整体采购策略的统一和协调，因为购买产品的型号和技术不同，跨部门无法通用。

对于甲方选用分散采购模式，需要把握以下关键点：

- **供应商管理机制**：需要建立完善的供应商管理机制，确保不同部门或项目组选择的供应商具备一定的信誉和稳定性，并且确保健康的供应商甄选和流动，比如供应商准入和淘汰机制。
- **采购流程标准化**：尽可能统一和标准化各部门的采购流程和管理规范，包括合同管理、预算管理和质量管理等，以降低管理成本和风险。
- **成本控制**：需要密切监控各部门的采购成本，确保整体采购支出在可接受范围内，并寻求降低成本的机会。
- **信息共享与协作**：加强不同部门之间的信息共享与协作，避免信息孤岛和重复采购，提高采购效率和一致性。

对于乙方企业来说，甲方的分散采购相对采购规模小一些，但是具有采购模式灵活、决策链条相对简单高效、周期短的特点，因此乙方企业参与的难度相对小一些。通常来说，只要乙方企业能够争取加入甲方企业的供应商库，就可以准备参与投标，也因此这种采购模式的竞争会相对激烈一些。对于乙方来说，要获得较大的赢面，根本上还是需要考虑如何更好地满足客户的业务需求，以及如何影响决策链条上的关键决策人的认知。

3. 公开招标采购

公开招标是企事业单位常用的采购模式，旨在通过公开征询供应商提供产品和服务的报价，来选择最具竞争力的供应商。在公开招标中，招标方发布公告，说明采购需求、条件和要求，并邀请符合条件的潜在供应商参与竞争。供应商可以根据招标文件准备和提交报价，最终由招标方评审并选择中标供应商。这种采购模式强调公开透明、公平竞争和效率，以追求最佳的采购结果为目标。

对甲方来说，公开招标采购具有三大优点：

- **公开透明**：公开招标可以确保采购过程公开透明，减少腐败和不当行为的风险。
- **增加竞争**：公开招标能够吸引更多的潜在供应商参与，增加竞争，有利于获取更好的价格和服务。
- **形成监督和道德约束**：放在公开的市场环境和全公司内部视线下，信息相对透明公开，有利于对采购的各个环节形成监督和道德约束。

但公开招标也有一些不利因素，比如：

- **程序烦琐**：公开招标程序通常较为烦琐，需要甲方投入大量时间和资源进行准备和评审。

- **灵活性较低**：公开招标可能会限制供应商的选择，降低了灵活性和定制性。

乙方在参与公开招标项目时，建议从三个方面来重点把握，以创造尽量大的赢面。

（1）透彻理解招标文件和背后的业务需求

作为公开招标的重要文件，招标文件是整个招标项目的最关键信息和需求公开的文档。这个文档中，不但会就甲方的需求进行说明，还有对要采购的产品和服务的量化指标要求等。但是，这并不意味着招标文件承载了全部的需求信息，还有很多潜在的隐藏业务需求不一定呈现在招标文件上，尤其是涉及甲方的核心业务时。这就需要乙方充分搜集信息，透彻研究从招标文件到甲方业务需求，再到甲方最核心的采购决策逻辑，以正确判断本次采购中的机会点，并有效制定投标策略和投标方案。

（2）根据招标的关键指标和评标机制，制定有效的投标策略和方案

招标中的关键指标、评分标准就是采购决策中的决策依据和判定标准。由于是公开招标，这样的关键要求也相对会被严格按照流程执行。在此基础上，充分研究竞争对手，对比招标关键指标、甲方的业务需求，找到自身的关键且独特的核心优势，才能确立有效的投标策略，量身定制的投标方案也就在评标中相对容易凸显优势。

（3）梳理清楚决策链条，并与决策链条上的关键人员保持良好的人际关系

公开招标的决策链条包含显性链条和隐性链条。显性链条是指在招标流程中身份明确的决策链条上的人员，尤其是评标委员

会的构成。隐性链条，是指没有在招标文件和招标流程中规定参与决策，但是在甲方企业内部，对于需求界定、预算批准、使用生产、最终决策等环节享有话语权的人。这些都是会在不同场景影响最终采购决策的关键人员。明确这些人对于本次供应商选择的立场，才能更好地把握攻守策略。

了解甲方企业在不同生命周期阶段的采购决策特点

前文我们介绍了企业生命周期的不同阶段、企业决策的行为特点，本小节进一步看看甲方企业在不同生命周期阶段的采购决策有什么不同，乙方又应当如何把握其中的差异。

1. 创业期的采购决策特点

- **价格敏感**：创业期的企业通常面临资金紧张的情况，因此采购决策往往注重节约成本和合理利用有限资源。
- **可扩展性和稳定性**：因为企业急需完成产品的研发、定位和闭环验证，这个链条上的采购不仅要考虑成本有效性，还需要考虑中长期的技术迭代和供应链稳定性。
- **议价能力相对弱**：创业期的企业，因为业务规模相对小，对供应链的议价能力受限，需要在自身的需求和支付能力、供应链的价格和质量之间找到一个平衡点。
- **决策链条简单**：企业创始人掌握大部分公司事务的采购决策权，同时因为企业规模小，组织架构简单且扁平化，企业的采购决策链条相对简单高效，一些基层核心员工也拥有采购决策权。
- **决策模式相对简单**：通常采用询价采购、定向招标等模式。

面对创业期甲方客户的采购，尤其是涉及企业核心业务需求的采购，通常是甲方的创始人亲自拍板，也就是说乙方需要直接做好创始人的工作。一旦创始人有了采购意向和决定，很快就能形成决策进行采购。同时，有竞争力的性价比是赢得类似采购的关键指标之一。

2. 成长期的采购决策特点

- **快速响应变化的能力**：成长期的企业通常面临业务需求快速增长的挑战，采购规模大概率会随之快速扩大。因此采购决策往往注重供应链的灵活性和快速响应变化的能力。

- **质量和稳定性**：随着业务扩大，用户基数随之扩大，对产品质量和稳定性有更高要求，同时这个时期的资金相对充裕。因此对供应商在质量和供货稳定性方面的要求比创业期更高。

- **采购议价能力提高**：随着业务快速发展，采购的规模随之快速扩大。因此在与供应商的合作中，谈判砝码明显增加，议价能力较创业期大幅度提升。

- **决策链条比创业期企业更加复杂**：采购事务随着组织的发展开始被分权和授权，高管和部门负责人成为部分采购决策的关键决策人。

- **采购模式随着业务规模扩展而升级**：根据采购的重要性和规模，可能选用各种适合的采购模式，比如公开招标、定向招标、分散采购、询价采购等模式。因为业务发展节奏快，要求采购决策尽量兼具效率、灵活性和风险可控。

面对成长期甲方客户的采购，乙方需要具备相当的应变能力和灵活度，因为甲方企业的发展处于快速上升期，需求量的变化可能在短时间内非常大,这对乙方的垫资、生产、交付等能力都是非常大的考验。这个过程中,如果乙方抓住了典型的行业潜在龙头企业的采购需求,并成功交付,很可能随着甲方企业的快速发展而赢得更多大量订单,从而使得自身企业也有较大的发展。

3. 成熟期的采购决策特点

- **供应链相对稳定**:成熟期的企业通常已建立了稳定的供应链体系,与供应商建立了长期合作关系,更注重供应商的可靠性和交付性能,并寻求稳定的供应来源,以确保产品和服务的持续供应。

- **重视创新和质量控制**:成熟期的企业通常面临市场竞争的加剧和产品迭代的需求,因此采购决策往往注重创新能力和质量控制。

- **在采购议价中占据主动**:基于稳定的市场份额和地位,具备一定的规模效应和相当的财力。采购中拥有明显的议价主动权,大概率会在多家供应商中进行充分的甄选,并且会对供应商做梯队储备。

- **决策链条复杂**:随着企业进入成熟期,各项管理制度和流程都比较完备。控制部门的权力逐步上升,价值创造部门的话语权逐步下降。采购决策的链条会因此变得复杂,决策链条上的参与者明显增多,决策依据也考虑得更加周全甚至复杂。

- **采购模式随着业务的成熟而进化**:越来越多采用集中采购、公开招标等采购模式。采购管理机制愈加成熟,对采购风险的管控也逐步建立。

成熟期甲方客户的采购,常常要求乙方具备相当的企业资质、规模和专业能力。由于甲方采购的决策链条和流程都比较复杂，乙方需要花费相当多的时间和精力来应对。在这个阶段，甲方跟某供应商合作后，如果乙方各方面的能力和质量基本满足要求，甲方的采购行为会相对比较稳定和持续。因为一旦更换供应商，在流程上会大费周章，对于甲方企业的业务连续性也会带来一定的风险。对于乙方来说，满足一个成熟期甲方客户的要求难度较大，但是一旦满足了，合作的稳定性和续约就相对比较容易。

4. 衰退期的采购决策特点

- **注重成本控制和资源优化**：衰退期的企业通常面临市场需求的下降和资源的紧缺，因此采购决策往往注重成本控制和资源优化。

- **逐渐失去议价优势**：随着市场份额的降低和企业盈利能力的下降，企业的采购规模逐步缩减，并且因为成本控制的需要，对价格变得敏感，逐渐失去之前跟供应商谈判时的议价优势。

- **决策链条依然复杂**：尽管议价能力走低，但组织机构依然庞杂，各种流程和要求仍然相对繁复，因此决策链条依然复杂。

- **采购模式随着业务的成熟而进化**：大多采用集中采购、公开招标等采购模式。采购管理机制很成熟甚至陈旧，对风险的管控比较严格也很难变通。

衰退期甲方客户的采购，可能还有一定的规模，但流程和管理都相对复杂低效。通常这个时期的甲方企业已经有多年合作的供应商，除非有一定的契机，否则一般不会轻易更换。对于乙方企业来说，也就意味着要进入这类企业采购，需要瞄准合适的时机，尽管效率不高，采购中要求的技术和观念也相对比较老旧，但也需要按照甲方既有的采购模式和流程推进。乙方需要注意的一点是，甲方处于衰退期，要么在企业的经营状况和财务状况上有一定的风险，要么大概率会酝酿收并购或者业务重组，这对于采购项目的正常执行、交付、付款都是风险，需要做好风险管控。

To B 业务采购决策中的常见问题

问题 1：

企业家认为对于 To B 业务来说，产品和技术最重要，只要能解决甲方客户问题，业务自然就可以顺利发展和成长。但在实际发展中，尽管产品和技术非常领先，但就是无法在市场上被更多潜在客户知道并认可。

问题分析：

乙方的产品的确是企业生存和发展的根本能力，但是仍然有其他一些关键因素制约着乙方业务的成长，比如：销售和交付的模式是否适应甲方的采购习惯？乙方的产品价值和品牌传播是否是站在甲方角度设计的且使用的是甲方的思维习惯？甲方是否有充足的理由放弃当前的供应商，改弦更张替换为乙方？

问题 2：

To B 业务拿单最重要，一些乙方企业在产品验证成功后顺利拿到了一些订单，但为什么很难将这些客户案例复制到更多的行业和领域，并实现规模升级？

问题分析：

关键在于乙方的产品所满足的甲方应用场景，其他行业和领域的客户是否也是一模一样的需求？如果是，在其他领域和行业对乙方企业没有任何认知的情况下，是否应当进行品牌塑造和认知建设？

问题 3：

某乙方企业自认为在某具体科技类产品上很有优势，行业内几家大的甲方企业应该会很需要这样的产品。好不容易等到甲方企业启动公开招标，但招标文件上的各种指标却明显不利于凸显乙方优势，这是为什么？

问题分析：

乙方企业对这几家甲方企业的业务是否透彻了解，对其需求是否有正确判断？如果有，且这些指标明显更有利于其他竞争对手，是不是被友商在招标文件制定前期就进行了标准植入？

问题 4：

某些企业级软件产品，为什么能够成功卖给企业级客户，但是客户续约率参差不齐？

问题分析：

买了产品的客户，成功使用了这些软件产品吗？这些软件产品在客户那里安装了吗？培训了吗？运行了吗？效果如何？

问题 5：

相较于对现有业务和供应商做出改变，为什么甲方企业更愿意安于现状？

问题分析：

这是企业级采购中客户常见的认知偏差——现状偏见。诺贝尔经济学奖获得者、行为经济学家丹尼尔·卡尼曼的研究表明，人们常常认为改变是有风险的。

问题 6：

为什么甲方决策者对于新的技术或者产品带来的益处和机会不太感兴趣，反而对因为不做改变带来的危机和风险更加在意？

问题分析：

这也是人类常常出现的认知偏差的一种：损失厌恶。这也是卡尼曼的研究发现之一，决策者在应对损失威胁时采取果断行动的可能性是应对获得机会时的 2～3 倍。

问题 7：

在科技类产品采购上，越是大型甲方企业客户的需求，就越复杂越要求定制化。但是乙方企业在产品和服务交付上，越是定制化交付难度就越大，成本就越高，怎么解决呢？

问题分析：

定制化和标准化，是企业级科技类产品的共性难题。越是大型企业越要求定制化产品和服务，客单价高但交付成本也高；越是中小型企业越容易接受标准化产品，客单价低但交付成本相对也低。这是一个企业的产品定位和发展路线的问题，需要做理性的取舍。

第8章 | CHAPTER

保证企业的决策质量

在新的时代、新的经济周期下,企业面临的大环境在发生各种变化。企业在这种环境中的决策,不能简单借助过去30年经济飞速发展期的经验。很多企业已经意识到这一点并开始调整自己的经营范式,其中包括企业的决策习惯和决策模式,也就是新的决策范式。保证并持续提高企业的决策质量,是面对诸多不确定性情况下的必然选择,不但有助于企业更好地适应新的经济周期,更重要的是能够减少决策失误带来的致命风险。

企业决策的本质

企业的决策，是针对具体决策问题，基于已知信息的搜集和判断，根据企业发展的方向和目标，从通向未来的多条路径中选择一条。对于企业的存在和发展，当然是期望大大小小的决策都尽量给企业带来最大化的利益和产出。但事实上，企业的决策要产生实际的效果，整个过程是一个相当长的闭环链路，包括从信息搜集和认知判断，到方案选择并决策，到落地执行，再到效果呈现和反馈。而决策本身，仅仅涉及这个闭环中的第一、第二个环节。按照决策行为的时间轴，理论上来说，从决策做出的那一刻开始到落地执行，就已经面临一个随时间的推移发生变化的环境，诸多因素都包括在这个环境当中，比如人、竞争环境、政策形势、气候发展、技术迭代等。这些发生在将来的不可控的事件和因素，我们称之为不确定性。再周全的决策，也不可能真的对未来的所有不确定性做到料事如神。

企业的决策，是基于对现状的了解和把握与对未来发展路径的预判和选择，以企业发展愿景为目标，在多条通往目标的路径中选择预计成功概率较高的那一条路径。基于这一点，**企业的决策，本质上是企业在追求发展目标的过程中，对不同选项的成功概率的预判。**

要尽量精准地预判哪一条路径有更高的成功概率，取决于对已经存在的事实和可选方案的信息的搜集情况，也取决于对不确定性的预测和充分估计。针对企业决策，我们用图 8-1 来诠释时间轴逻辑上的本质，以在一定程度上体现过去、当下、未来这三个时间段对于企业决策逻辑的影响。

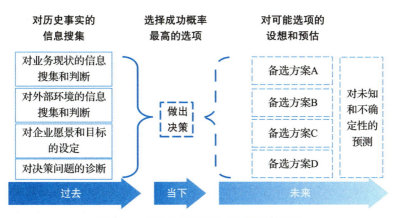

图 8-1　决策中关键信息的时间轴拆解

天气预报说 70% 的概率下周一会下冰雹，但是实际等到下周一结束冰雹也没下，但周二早上下了，甚至那一周根本没下冰雹。这并不意味着天气预报就是错的，而是因为本身预测的概率中就有 30% 的概率是当天下不了冰雹。

实际上，一定会有那么一两项关键决策影响着企业的生死。但是一家企业最终走向成功，是在一个起伏变化中的市场环境中，由大大小小无数的决策以及这些决策的落地执行最终造就的。

如何评估决策的好坏

如何评估企业决策的好坏，在西方学术界和企业界进行了相当长时间的热烈讨论，参与这个话题表达不同观点的，不乏管理心理学、行为经济学、组织行为学等领域的权威专家和企业界大咖。分歧点主要围绕几个方面：一是决策本身就是预判，是对未来不确定性的对抗；二是业务效果的好坏无法真正代表决策质量,因为从决策到实现业务效果,还有诸多因素在发挥关键作用,比如执行能力、市场环境、政策形势、自然条件、竞争对手表现等;三是决策理论上是决策人在当下状态下的选择,如果决策人及其团队足够投入和坚信这一决策,就有一定的可能性他们会通过超乎寻常的努力拼搏和投入,获得这一决策在业务上的巨大突破,但针对这样的情况,到底是决策正确发挥了主要作用,还是团队的信仰和不惜一切的奋斗发挥了主要作用呢?

Sun公司的CEO斯科特·麦克尼利(Scott McNealy)曾经在斯坦福大学的公开演讲中说:"做出正确的决策非常重要,但我花了较少的时间担心是否做出正确的决策,反倒是花了更多的时间来确保我的决策最终能产生好的业务结果。"

曾经创立了小霸王学习机、OPPO、vivo等知名企业的段永平,有自己独特的经营哲学。他常常提到坚持公司的"本分",他把这个"本分"作为自己创业和投资的基本理念。而这个"本分",不是企业的利润,而是找到消费者的真实需求并想办法满足。他说:"我们公司在沟通上可能比绝大多数公司的成本要低很多,最重要的一点就是,当碰到难题时,我们能经常先回到'什么是对的事情',而不是停在讨论'这是不是最好的赚钱的办法'上。'本分'这个东西看起来似乎不起眼,但20~30年后的差异就是,我们公司的现状和当时我们那些竞争对手的现状的差异。"

斯坦福大学教授、决策神经科学专家巴巴·希夫(Baba Shiv)的研究表明,在复杂决策的情况下,理性分析会让我们接近要做出的决策,但不会促使我们立马做出明确的选择,因为我们的选择意味着必然要在各有利弊的选项中做出取舍。而在大多数情况下，受限于我们所获得的信息，每种情况都相当复杂，使得我们无法通过理性思维提前确定哪种结果是最佳的。这样的情况下，我们的最终决策更大程度上受感性思维也就是情绪的影响。希夫的研究有两个关键结论：

- 成功的决策，是决策者完全认同、深信不疑的决策。
- 是否能将一个权衡利弊后做出的决策，有效地落地执行并转化为成功的业务结果，决策者和团队的主观情绪和意愿起到了关键性作用。

乔布斯是公认的杰出企业家和发明家。对于如何对未来做出判断，他曾经说过："我们不可能精准预测未来，只能相信过去的一点一滴，也许一定程度会和未来发生关联。你必须相信一些东西——你的直觉、命运、生命、业力等。这种方法从未让我失望，它改变了我的生活。"

哈佛大学决策领域教授霍华德·雷法（Howard Raiffa）、斯坦福大学管理和工程科学教授雷诺德·霍华德（Ronald Howard）等都赞同，在如何评估决策质量上，重要的是如何做出决策，而最终的业务结果并不一定能客观体现决策的质量和优劣。

以上各种观点和理论，都有各自的立场和道理，一定程度上也是合理的。但是从企业的角度，当然希望所有的决策和企业行为都能够基于业务结果进行效果评估，否则如何能够判断到底问题出在哪里，我们赢，赢在哪里，输，又输在哪里？又如何基于业务结果，对决策、执行等环节有针对性地复盘和优化改进？

笔者认为，决策本身的优劣是很难客观精准地评估的，也根本不存在完美的决策。 这是因为：

- 决策是在几个可选项中进行评估和选择，但任何一个选项都有利有弊。
- 决策的本质决定了任何决策都不可能在过程中获得绝对充分的信息和数据，决策做出的取舍是否相对高质量，取决于在不充分的信息条件下是否尽量对可选项的成功概率有准确的预估。
- 决策在业务效果上的体现，还受很多内外其他因素的制约，比如执行的水平和质量、经济环境变化、竞争格局变化等。

但是，决策的优劣没有单一标准的评估，不代表完全没办法评估。可以通过对特定维度的评估，在一定程度上实现对决策的复盘和改进的目标。

维度1：对关键决策依据的判断准确程度

企业的决策之所以难，在于决策是当下做出对未来的选择。既然是对未来的选择，那么关于未来的信息和数据要么是预估的，要么是缺失的。其中对于最终决策至关重要的判定标准，很大程度上基于决策人或者决策链条上相关人员的预估。如果这个预估的范围基本符合最终实际发生的情况，那么大概率这个决策所选择的道路会相对好走；如果当时的预估完全偏离了后来实际发生的情况，那么大概率当时做出的决策也会是跑偏的。

B公司自2017年开始孵化自己的第一款教育领域的产品，2020年做出了教育行业的第一个外部投资项目。2020年3月，其时任CEO提到"教育业务将是B公司未来的重要业务之一"。同年，B公司宣布将教育行业作为重点发展领域进行投入，扩招员工1万人。要知道在2019年，B公司全员才6万人，可见当时对教育业务的重视和厚望。2021年7月，国家宣布教育"双减"政策，包括B公司在内的众多教育领域的企业面临紧急转型的挑战。之后的两年，B公司的教育业务时不时地传出裁员的消息。2024年3月，我在B公司教育行业的自创品牌DL教育的官网上查找，已经看不到任何K12、学前、素质教育的产品业务介绍，留下的仅是职业教育和软硬件产品。关于DL教育的新闻更新，自2022年6月8日之后，也没有任何新的内容。

B公司并不是"双减"政策颁布后需要进行业务调整的唯一企业。但是相对于其他教育行业的企业，B公司进入教育行业是相对较迟的，也就是在"双减"政策颁布的一年多之前，才正式对外宣布着重发展这个领域。那么在此决策之前，是否对国家教育领域的政策走向进行了细致的研究和评估？国家在教育领域的政策颁布是基于诸多考虑，尤其是人口走势、居民的教育投入压力等。这些方面的问题，一方面可以说是企业的商业机会，但另一方面，站在社会发展和国家政策的角度，就会是不太一样的性质。从客观结果上来说，如果B公司在大举进军教育行业之前做过政策和社会发展走势的预测，那么从现实结果看，这个预测是完全偏离了实际结果的。如果没有做过政策和社会走势的预测，那么对于受政策影响至深的教育行业，就是一个常识性决策失误了。

维度2：决策流程中各关键环节的完成质量

应根据决策落地后实际发生的具体情况，用实际情况的信息来印证并复盘决策流程中的几个关键环节。这种方法适用于决策流程相对完整也比较体系化的案例,对关键环节进行复盘和评估,不但可以在一定程度上对决策本身进行评估,也有助于找到决策失误的原因。如果根本就没有经过决策问题的诊断、信息搜集等阶段,直接根据决策人个人的主观判断和直觉做出决策,也就不一定适合采用这种方法进行评估。

- 是否准确定义了决策问题?
- 决策过程中的信息搜集和分析是否完整准确?
- 是否穷尽了所有可能的备选方案?
- 决策的判定标准是否符合企业发展目标?
- 决策人是否陷入认知偏差?
- 决策的落地执行是否有质量和力度?
- 落地执行中是否对决策进行了及时调整和优化?

基于如上7个问题的梳理和评估,大致能够发现在哪些环节中出了问题,或者说所有环节都没有明显失误。那么,最终也就能够对决策质量有个相对准确的评估,也就知道下一步该如何改进和提高。

如何保证企业的决策质量

谁都希望自身企业拥有高超的决策能力,每个企业家和高管都希望自己能未卜先知,在决策上能无往不利。企业最终获得巨大发展,不单是一系列决策的成功,也受天时、地利、人和等诸多因素的影响。企业的诸多决策组合在一起,一定程度上书写了企业的发展路径。现实中企业的决策不但总是面对各种困难,同一个企业、同一个团队、同一个企业家做出的决策也有好有坏。

但也的确有一些企业、企业家，常常做出未必跟大家相同但又精妙绝伦的决策。从企业和企业家的角度，如何保证企业的决策质量呢？

我们从<u>人</u>和<u>机制</u>这两个维度来探讨有哪些方法可以保证企业的决策质量。

从人的维度保证决策质量

企业家或者创始人是一家企业的定海神针，创始人的水平决定了企业发展的天花板。一个既有决策天赋又有决策内功的企业家，是一家企业高质量决策最关键的保证。决策天赋，是企业家对市场、对产品的敏锐洞察和抓住机会全力以赴的魄力，当然在天赋的基础上通过积累也能拥有相当的远见和深刻的认识。企业家的认知、价值观、情绪等软实力，应用在决策上所体现出来的洞察力、决断力、技能和方法等，我们称之为决策内功。

1. 企业决策者的决策天赋：对市场的敏锐远见和全力以赴的魄力

创业型企业的企业家既是企业的最高决策者，也是从 0 到 1 一手把企业从无到有建立起来的领路人。企业从无到有的过程中，每天面对无数问题需要决策，而且这些问题对于大多数创业者来说，也是第一次遇到，没什么经验可以借鉴，包括决策需要的关键数据也未必完全具备。我们回顾一些迅猛发展并且最终在市场上不但站住脚跟甚至掀起行业革新的企业，在关键节点上无不是其创始人睿智的决策发挥了巨大的作用。比如：国内的企业家有华为的任正非、娃哈哈的宗庆后、小天才和 vivo 等企业的段永平、腾讯的马化腾、福耀玻璃的曹德旺等；国外的企业家有苹果的乔布斯、SpaceX 的马斯克、微软的比尔·盖茨、亚马逊的贝索斯等。

我们深入分析这些具有远见卓识的伟大企业家,他们到底有哪些不同凡响的特质,才能做出寻常人在当时难以理解的决策?总结下来有四点非常关键:

- 强大的独立思考能力。
- 对用户需求和行业趋势的深刻洞察。
- 敢为天下先的勇气:敢于在充满不确定性和有大量不同意见的情况下做出决策。
- 使命驱动,为了实现目标坚韧不拔。

这些在笔者看来,就是企业家的决策天赋。一个企业能够生存并且快速发展,需要有健康盈利的产品,而这个产品能为客户实现独特价值。对客户是否有独特价值,是产品和整个企业最根本的核心竞争力。发现并抓住这样的客户需求,开发出独特的产品来满足这样的需求,是一个创始人超凡脱俗的洞察和远见。在这个发现上,能够不惜一切地全力以赴执行并实现想法,是对创始人毅力和执行能力的巨大考验。

乔布斯创立了苹果公司,开发出当时具有划时代意义的个人计算机,从最初的 Apple II,到后来的 Lisa、Macintosh,开创性地实现了计算机领域图形界面的商用化,大大降低了计算机的使用门槛。随着乔布斯离开苹果公司,苹果的企业理念被改变,产品创新误入歧途,苹果的股价从 1991 年的 70 美元暴跌到 1996 年的 14 美元,市场份额也从 20 世纪 80 年代末的 16%降到冰点 4%。1997 年乔布斯重新回到苹果公司。他重新树立以产品的极致创新引领用户体验革命的企业价值观,迅速调整产品研发的方向，抓住当时的互联网技术和应用兴起的热潮，带领苹果先后发布了 iMAC、iPod、iPhone、AppStore、iCloud 等一系列完整生态链产品，这一系列的革命性新产品，开创并引领全球消费电子产品行业进入全新时代。乔布斯已经去世多年，而他在 1997 年倡导重建苹果创新文化的题为"Think Different"的内部演讲，直到今天仍然被全球网民津津乐道并奉为创新者的"圣经"。

与此类似的案例还有娃哈哈创始人宗庆后，他最初创业是承包了杭州一家小学的企业经销部，代理一款花粉口服液，在杭州上城区一炮打响，实现了 400 多万元的年营业规模。但此时坊间传出花粉口服液有激素成分，会影响儿童的生长发育。由于这款产品的所有权并不在宗庆后的公司，他只是负责分销代理，对产品的配方和质量无从把控。权衡再三，宗庆后决定自己另起炉灶，从 0 到 1 打造一款自有品牌的保健营养液，从花费天价聘请权威专家开始产品研发，到建立生产线等一条龙，这对于当时仅仅是一个校办企业经销部承包商的宗庆后来说，这个决策意味着巨大的投入和风险。但这既是一个对消费者负责任的选择，又是一个对于企业发展的更长远选择。当这款自主研发的口服液到了确定品牌名称的时候，宗庆后从众多的选择中选择了"娃哈哈"三个字和"儿童口服保健液"这个品类，作为一个战略决策选择了儿童这个目标消费者客群，放弃了其他年龄段客群，既充分把握了 20 世纪八九十年代独生子女家庭重视孩子健康的消费机会，也迅速与市场上其他全年龄段的口服液竞品实现了差异化。娃哈哈企业的建立，就是从这里正式踏出了坚实的第一步。

从管理学来讲，一个企业创始人的三观、认知和能力，决定了这个企业的价值观和企业文化,也决定了这个企业发展的天花板。如果企业有如此卓越的创始人,且拥有企业的绝对决策权,那么企业赢得市场、打开局面的概率就相对大很多。从另一个角度来看,杰出创始人很珍贵,只有极少数。如果并不具备杰出创始人的能力和认知,仍然是创始人拥有绝对决策权,那么很难达到类似苹果、娃哈哈这类企业的成就。因此,创始人需要对自己有相对客观的评价和认识,否则只是徒有乔布斯和马斯克的果断,没有他们的远见,也很难带领企业走很远。

2. 企业决策者的决策内功:在认知和管理方法上的习得和修养

企业决策者个人的认知、思维方式,以及在日常管理中积累的技巧和方法,是其决策的核心内在能力,一定程度上是可以通过个人的习得和磨炼逐步形成的。

(1)底层价值观

世界观、人生观、价值观组成了每个人的底层价值观。这样的底层价值观决定了人在面临不同道路的时候会做出什么样的选择,这就是人的决策。绝大多数时候,企业家的决策就代表了企业的决策。而企业是需要符合甚至彰显社会价值的,如果企业家的底层价值观违背了社会的主流价值观,那么不难想象企业迟早会跑偏出错。

在当前的经济环境下,政策变化很大程度上决定了市场的兴衰和发展。在底层价值观上和国家保持一致,是企业家社会责任的体现,能保证企业行为符合主流价值观。

在这一点上,俞敏洪是非常值得我们学习的企业家。

2021年7月,国家发布了对K12教育领域的"双减"政策。这对于当时 K12 教育占到业务营收 70% 的新东方无疑是一个巨大的挑战。2021 年 11 月 7 日，俞敏洪在直播中表示新东方需要退租 1500 个教学点，并返还违约金、押金、学生学费以及离职老师工资等。相比某些"跑路"的企业，新东方始终保持账面上能付清这一大笔开销的状况，体现了一个企业应有的社会责任感。俞敏洪还表示："因为新东方业务调整，为农村孩子捐献近八万套课桌椅。"俞敏洪还表示，新东方未来将打造一个现代农业平台，带几百位老师直播助农带货，帮助农产品销售，支持乡村振兴事业，似乎想以此作为新东方转型的第二个方向。而正如《经济日报》记者在《新东方不应照搬李佳琦》中所说，相比直接带货卖农货，倒不如依靠培训农民把大学建到农村大地，这是坚守教育行业的一种方式，也说不定会是一种新的出路。面对"批评"，俞敏洪回应表示没有一项行业好做，直播亦是如此，所以并不可轻看，但仍感谢记者的提醒。由此引发的事件热评中，少有对俞敏洪和新东方的嘲讽，认为企业自救应当支持，合法的行为和努力挣钱并不应该被嘲讽。

2023 年 3 月，新东方在线更名为东方甄选。东方甄选及其主播董宇辉在直播行业迅速崛起。新东方财报显示，2023 财年营收 29.978 亿美元，同比减少 3.5%，净利润 1.773 亿美元，上年同期净亏损 11.877 亿美元，同比增长 115%。新东方表示，营收增长主要是教育新业务、东方甄选自营产品及直播电商业务带动。

俞敏洪在面对行业政策带来的巨大变化时并没有气馁，而是选择瞄准国家、社会都非常关注并支持的大政方针，带领企业挑战重重困难进行转型。

(2)系统性思考和成长型思维

思维方式是一个企业家自身能力的基础底座。稻盛和夫说,思维方式里面,蕴含着让每一个人的人生都发生180度魔术般转变的巨大力量。站在企业家的决策能力上看,系统性思考和成长型思维是笔者非常赞赏的两大思维方式,当然这两种思维方式并不是孤立存在的,可能在同一个企业家身上,这两种思维方式不但同时存在,也互相交织在一起。

在全局观指导下的系统性思维,能从整体和系统的角度思考问题,从全局出发,找到各组成部分之间的相互关联和影响,而不是简单地关注单个部分。在面临各种企业的战略和经营问题时,决策者因此更能够从全局出发,抓住企业最核心的问题,并抽丝剥茧找到根本原因,从而有的放矢地做出决策。这能够从一定程度上避免过度陷入日常琐事,或者仅仅局限于企业内部个别岗位视角看问题。

成长型思维是一种持续追求成长、乐观面对挑战的思维方式,认为能力和技能可以通过努力、学习和持续的实践不断发展和提升。拥有成长型思维的人相信自己可以不断进步和成长,即使面对挑战和失败,也会将其视为学习的机会,努力克服困难并取得进步。与之对应的固定思维则是相信个体的能力和潜力是天赋决定的,是固定不变的,无法通过努力和学习改变。这种思维模式下,人们往往将失败视为自己能力的体现,遇到困难时容易感到沮丧和轻言放弃。成长型思维请见第3章中的内容。

(3)对理智和情绪的正确认识

相对于个人冲动型决策,在企业决策者的岗位上,理性决策更值得倡导。但人又是情绪化的,就算是企业决策者也不能脱离人的身份或者100%剔除所有情绪的影响，那么如何平衡决策过程中理智和情绪的影响？

这里笔者有三点建议：

1）理性决策是基本目标和要求。保持理性，最根本的目的是尽量客观、完整地看到决策问题的全貌，并做出有助于企业利益最大化的决策。在情绪的左右下，人和组织常常会产生各种盲点和偏见，无法真正客观地理解现状和问题的本质，也难以客观地评估备选方案的优劣，当然也就容易做出失当的决策。保持理性，意味着尽量做到在对问题进行深入分析和决策前，放下偏见、预设、个人好恶，从事情的本身和本质出发进行梳理和判断。

2）了解并善用情绪。决策者需要了解情绪对人的影响，任何决策都离不开人的因素。

最重要的，是企业决策者自己要情绪稳定。领导者的情绪稳定有助于团队的情绪稳定，更有助于面对问题的时候理性客观地贯彻一致的业务目标、原则。一个经常有剧烈起伏情绪的企业决策者或者领导者，常常会让团队或者工作伙伴摸不着头脑，甚至惊慌失措。那么不但会打断正常进行中的工作，更会使团队失去对原定业务目标和原则的专注，转而手忙脚乱地去应对企业决策者失控的情绪。一个原本正常进行的决策过程被打乱，其中的理性和逻辑也必然受到影响。

当然了，企业决策者或领导者如果发现事情出错，带着情绪表达责备和不满，是不可避免的。但是需要明确的是，领导者要表达的是指出错误并且纠正错误，而不是为了发泄自己的情绪。企业决策者个人的情绪不可避免地传导到决策链条上的团队，决策也就必然受情绪的影响。

3）及时疏导负面情绪。企业决策者和决策链条上的人，需要有意识地关注并觉察在决策过程中可能出现的情绪问题，尤其是负面情绪。当发觉个别人或者团队有负面情绪升腾迹象的时候，需要及时介入，进行干预和疏导。这么做的根本目的，是避免负面情绪对决策过程中的关键环节造成误导，无论是对信息采集、问题诊断，还是备选方案和评估，乃至最终决策，如果有明显的负面情绪，建议及时介入甚至叫停。应对负面情绪、有效疏导是更彻底和长效的解决方法，而不是封堵严控。

（4）持续提高信息搜集和验证的能力

企业的决策者或者创始人需要有意识地建立信息搜集和验证的方法，这套方法对于决策者的决策质量非常重要。所有的决策源于对现实客观环境的判断，而要做出客观精准的判断，一定程度上取决于获取的信息的完整和真实程度。

企业决策者作为企业的最高管理者，很难身处所有工作流程的一线，那么获取的信息绝大部分源自各部门正式或者非正式上报的信息，通过口头、书面报告、项目会议等各种形式呈现给企业决策者。这些信息本质上都属于二手信息，经过了一线员工、基层管理者、中层管理者等好几个层级的理解和转述，其中不可避免地经过了这些中间环节的人为理解和加工。决策者需要有意识地对收到的信息进行验证，方法有多种，包括采集多个数据源的同类数据进行对比，对信息源的可靠性进行验证，长期跟进某一项数据，做到对数据趋势的长期摸底。当然，最有效的是深入一线，加入具体的项目和任务。笔者曾经合作过的CEO大多在这方面有自己独到的工作方法，但无一例外都把自己对信息的验证放在非常重要的优先级上。

（5）保持对人性深刻的理解和清醒的自我认知

管理本身就是基于对人性的深刻理解，充分激发人才的潜力和自驱力。任何一项企业的决策都跟人相关，因为业务不能脱离人存在，且决策的信息采集、评估、落地执行都跟人密切相关。这个过程中，需要决策者对人性有深刻的认识。这里从主体来说，分为决策者自身和他人；从人性利弊的关注点来说，分公、私两个身份。

在决策中需要明确关键人员的利弊影响和内在动力，这样决策者能够对相关人员的行动有相对清晰的理解和预期，也能够更好地把握各方信息传递的真实性。

企业决策者的自我认知，在整个决策质量上至关重要。决策者本身的决策能力、对市场和业务的敏锐洞察、判断能力等，是决策是否有效的关键。因此决策者如果高估或者低估自己的决策能力，就可能会采取不当的决策方式，要么判断和决策本身有误，要么决策方式选择有误，最终都会导致决策失败。企业决策者要具备客观的自我认知，其中包括明白自己也是吃五谷杂粮的凡人，也有可能会陷入人的认知偏差。理解了这一点，才能有意识地在决策中采取有效的方法避免认知偏差。

另外，决策者需要明白，自己身居企业管理者的高位，在多方面的对话和信息采集中，员工、中高层人员、客户、合作伙伴出于对自己位置的敬仰和礼貌，都会有意无意地说好听的话，不愿意说一些真实但负面的信息。如果这样的信息"垄断"了企业决策者的信息获取来源，就很容易形成企业决策者的信息茧房，企业的决策也因此会被这样的信息茧房死死困住。

古有唐太宗重视魏征作为谏官的价值，现代的很多企业家也非常重视企业内外不同的意见和声音。新东方的俞敏洪曾经在公开演讲中说道："之前在新东方我做的决策 40% 是对的，60% 是错的。现在新东方 80% 的决策是对的，20% 是错的，增加的 40% 是核心团队拍桌子给拍出来的。当初是王强、徐小平拍桌子，因为他们在大学就是我的班长和团支部书记，现在新东方跟我拍桌子的人比我小二三十岁，照样拍，所以勇气是被鼓励出来的。"

(6) 有意识地避免踏入决策雷区

有一些明显的决策雷区，一旦进入，随时可能爆炸。这里列举最关键的几点：

- 基于个人利益或者个人好恶进行决策。
- 在情绪激烈的情况下进行决策。
- 在信息茧房或者信息有误的情况下进行决策。
- 陷入认知偏见进行决策而不自知。

从机制的维度保证决策质量

1. 构建高效的网状组织，充分授权并赋能分级决策

随着科技的快速发展，企业的生产力一定程度上取决于优秀的人才团队，以及这个团队能动性的充分发挥，尤其是信息技术已经非常发达和普及，企业的信息化程度也越来越高，很多环节的企业决策都可以在各个层级的管理者和员工的辅助下用充分的业务数据快速高效地进行决策。类似的组织架构，作为既相互协同又能一起快速做出决策的闭环单元组合在一起，就是一个网状结构。类似的扁平化网状组织结构，大量出现在互联网、高科

技、创新企业这样的新经济领域，我们称之为**新经济网状组织**。一个充分授权且充满活力的新经济网状组织之所以更容易做出创新且快速的决策，主要有以下几个原因：

- **灵活性和快速反应能力**。充分授权的组织通常具有较少的决策层级和更快的信息流动速度。这使得组织能够更快地意识到并回应市场变化、竞争压力或新机遇，从而更迅速地做出决策。
- **创新文化的培育**。在一个充满活力的组织中，员工更倾向于持续探索和尝试新的想法和方法。通过给予员工充分的授权，鼓励他们尝试新事物，组织可以培养出创新的文化，从而更容易做出创新性的决策。
- **扁平化的组织结构**。充分授权的组织往往拥有较为扁平化的组织结构，减少了决策过程中的层级和官僚主义。这样的组织结构使得信息传递更加迅速和高效，并能够更快地做出决策。
- **快速学习和适应能力**。充分授权的组织通常更加注重学习和不断改进。通过快速试错和学习，组织能够更好地适应变化，从而更容易做出快速而有效的决策。

高质量的快速决策，不但可以最大限度地释放员工的主观能动性和才能，也意味着对市场的变化做出快速的反应，有利于抓住转瞬即逝的市场机会，提高产品推向市场的速度，从而极大地提高企业的生产力。

如果我们将传统组织的决策链条和新经济网状组织的决策链条进行对比，则不难发现：传统组织的结构和信息传递方式，决定了其决策链条是相对长的，需要经历每一个部门的信息流和决策流程，才能走到最高决策层，导致决策流程相对长，且更容易产生信息衰减，因为要经过太多的环节和人员；而新经济网状组织，因为信息流动和反馈机制主要基于每一个极小的跨部门项目小组，其决策链条和决策周期就相对高效很多，具体可以参见图8-2。

将新经济网状组织的决策效能发挥到极致的国内典型企业代表有字节跳动、腾讯、阿里巴巴、美团等。2021年，字节跳动的员工超过10万人，分支机构遍布全球200个城市。时任字节跳动联合创始人兼CEO的梁汝波在源码资本的某次大型峰会上表示："在字节跳动，我们有基本的管理机制，比如预算管理、目标管理、序列级别、薪酬规范、绩效考核等，但所有这些管理机制都不是一刀切的，都是指导性、方向性的，相关人都有空间和责任根据实际情况做出合理的决策。"梁汝波指出，随着组织规模的增长，如何在应对决策压力和管理复杂性时平衡效率与效果成为一个棘手问题。在这种情况下，字节跳动选择了一种管理机制，即保持灵活性和开放性，避免一刀切的做法。"我们需要留有弹性，让管理者能够做出合理的管理决策。在组织快速增长时，既保证管理的有效性，又要做到公司不因管理低效而瘫痪，这也是我们一直在面临的挑战。"

字节跳动从三个维度形成了一套独有的决策管理方法：

1）通过建立有凝聚力的企业文化来达成全员的共识。这个共识在大多数场景下替代了细致的规则的作用，帮助员工形成了共同认同的基本标准和行事边界。在这个标准和边界内，员工能够充分发挥创造性和能动性，从决策到落地执行快速形成闭环。

第 8 章 保证企业的决策质量

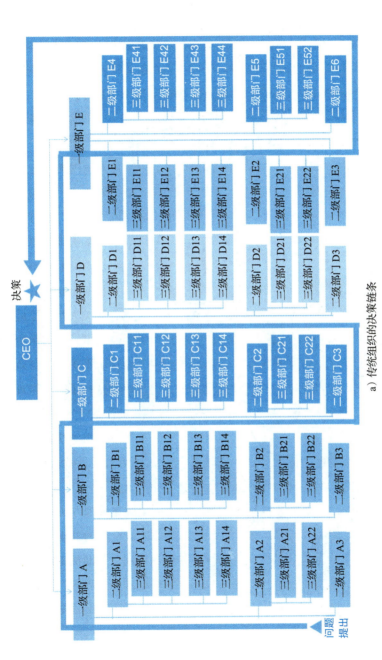

a) 传统组织的决策链条

图 8-2 传统组织与新经济网状组织的决策链条

| 好范式，好决策：To B 的决策逻辑 |

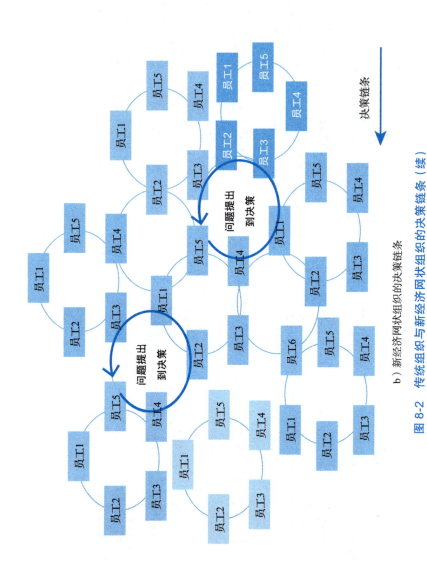

b）新经济组织与新经济网状组织的决策链条

图 8-2 传统组织与新经济网状组织的决策链条（续）

2）通过数字化工具辅助文化的落地、协同的提升和信息的共享。字节跳动采用并开发了一系列的数字化协同工具来帮助企业最大化地实现协同办公,比如将全套的协同办公模块整合起来的飞书产品,其中还包括借鉴 Google 的 OKR 方法,并在此基础上联动一系列核心人力管理模块的 People 产品。

3）给予管理者决策足够的弹性空间,让管理者能够做出合理的管理决策。

梁汝波用图 8-3 来总结字节跳动的组织管理方法:

- 通过文化理念来增加共识,减少规则;
- 通过基本管理机制来实现管理效率;
- 通过让管理者承担起管理职责来保证管理的有效性;
- 通过数据积累和透明来实现管理反馈和迭代;
- 通过工具系统来支撑组织管理方法的实现。

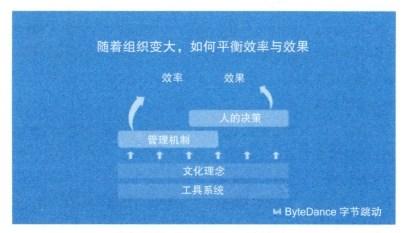

图 8-3 字节跳动的组织管理方法

2. 建立开放包容的企业文化，鼓励企业内部不同的意见和声音

企业需要能够包容并鼓励不同的意见和声音，这不但对于企业的决策质量有重要意义，对于企业文化、工作氛围等也都非常重要。

无论是企业的顶层设计，还是日常经营，每天都有大量的事务需要决策。也就是说，企业的生产力在一定程度上受限于企业的决策效率和决策质量。决策权如果能够下放到每个工作层级，将有利于提高决策效率和生产力。但是每个层级的决策，涉及多个团队、多个层级的管理者和员工，上到企业创始人或者一把手，下至一个车间班组的组长或者大小项目组的成员。不同的意见和声音，对于多元化多层级背景的决策者，是非常好的信息验证、决策风险控制的手段，有助于防止决策者不自觉地陷入认知偏差。

俞敏洪非常赞同民主集中制："我发现马化腾也跟我一样，一个内部民主会议常常一开一整天。所谓对外决策的效率，其实都是源于内部会议的'无效'，这个无效并不是真正意义的无效，也许是内部会议讨论后不一定有明确结论，但是做到了非常充分的内部讨论。这样不但能够充分探索所有的意见和各种可能性，同时也非常有利于达成内部核心团队的共识。一旦形成共识，决策的落地执行力就会有非同寻常的战斗力。"

在《华尔街日报》记者莫斯伯格对乔布斯的一次采访中，他们进行了这样的对话：

乔布斯：我成天干的事，就是跟团队一起出主意想办法，解

决产品开发和上市中的各种问题。

莫斯伯格：当你错了的时候，你的团队成员会告诉你吗？

乔布斯一边笑一边说：当然了。

莫斯伯格：真的吗？我是说除了尖锐的记者，你的下属们敢吗？

乔布斯：是的，当然，而且我们的争吵很有价值。

莫斯伯格：那这些争吵最后都是你赢吗？

乔布斯：当然不是了，就算我愿意实际上也不可能。如果你希望团队成员都是非常优秀的人才，且愿意长期为你、为公司工作，那你就得放手让优秀的人做决策。我们的管理，是希望让最优秀的想法和创意来管理，而不是通过官僚层级来管理。最终优秀的想法和创意需要占上风，否则优秀的人才不会愿意为此工作。

总结来说，企业包容并鼓励不同意见有如下好处：

- 促进创新和创意。不同的意见和观点可以带来新的想法和创新，有助于企业找到更好的解决方案和发展新的产品和服务。
- 降低决策风险。通过听取不同意见，企业可以更全面地了解问题的各个方面，减少决策的盲点，帮助决策者避免陷入认知偏差的风险。
- 提高员工投入和士气。员工在一个包容并鼓励不同声音的环境中更有可能感到受到尊重和重视，从而更积极地参与工作并有更好的工作表现。
- 增强团队合作。尊重并接纳不同的意见有助于建立团队

- 提升企业声誉。一个包容并鼓励不同声音的企业文化可以吸引更多优秀人才加入，并树立企业在社会中的良好形象。

因此，企业应该创造一个开放的文化氛围，鼓励员工分享他们的想法和看法，从而促进更有效的决策和持续的发展。

3. 摆脱思维定势，创造性地实现客户价值

所谓实现客户价值，本质上是服务于客户的核心利益，也就是甲方通过使用乙方的产品和服务，使甲方更好地达成业务发展目标。在激烈的市场竞争中，如果各个竞品都是在既定的竞争格局和模式下，除非突发性事件或者技术飞跃，否则很难实现短时间内的弯道超车。但如果是站在实现客户价值的角度，突破既有的思维定势，跳出成见束缚，也许会迅速建立竞争壁垒，开创全新的竞争格局。

消费品领域（To C）的一个典型案例就是字节跳动。字节跳动创造性地采用网民对阅读偏好的算法推送技术，使得今日头条和抖音开创了一个全新的社交媒体赛道，在微博、微信、新浪、网易垄断的新媒体环境下，不但站稳了脚跟，更是成长为有能力与 BAT（百度、阿里巴巴、腾讯）抗衡的新科技巨头。

企业级产品和服务领域以电子签为例。自 2020 年以来，企事业单位对于无纸化办公、远程办公的需求爆发式增长，具体场景包括流程审批在线化、财务报销数字化、办公协作远程化等。而从行业内部看，国家针对此行业推出的法律法规进一步明确了

电子签的合法性和先进性，不但迅速激活企业需求，这方面的技术厂商也在服务、产品等方面加速发展并走向成熟。于是 e 签宝、法大大、上上签等电子签厂商迅速占领市场，很快电子签市场的蛋糕被做大做强。当然，大量的企事业用户也在数字化迅猛发展的过程中，使用电子签很好地保障了企业行为的合法性，并有效控制了各种潜在的法律风险。IDC 的研究数据表明，2023 年上半年，中国电子签软件的市场规模超过 3 亿元。

另一个企业级产品和服务领域的杰出案例就是 Salesforce。20 世纪 90 年代后期，在销售业绩管理软件即客户关系管理（Customer Relationship Management，CRM）软件领域，甲骨文、SAP 等大型企业以及 Siebel Systems 等几家龙头企业占据明显的领导地位。它们之间的竞争非常激烈，但都是基于私有化部署的模式不断丰富产品的各项功能，导致产品体系变得越来越复杂庞大，然而许多客户实际上只需要一个能够跟踪销售情况的统一系统。2001 年，Salesforce 观察到了客户的这一需求，推出了全球首款基于网页端的 CRM 产品，其易用性更强，设置更为简便，能够快速集成现有系统并快速运行。同时，Salesforce 还引领了新的订阅模式，采取按年收费的方式，并通过给每家公司的前五名使用者免费提供 CRM 产品来进行病毒式营销。这一系列举措彻底改变了传统 CRM 软件行业的格局，开创了软件即服务模式的新时代，使 Salesforce 年营收超过 200 亿美元，到 2021 年其市值超过 3000 亿美元。

4. 提升企业数字化水平，用数字化工具赋能高效决策

过去 30 年，我们已经看到了通过数字化转型和信息技术，各个行业正在发生翻天覆地的变化。相信随着 AI 技术的成熟和

商用，还会产生更多的行业巨变。在这个过程中，企业需要抓住数字化带来的机遇，不但可以以此变革来提升企业的生产力和竞争力，还可以充分赋能各个层级的企业决策。具体来说，数字化赋能决策可以从以下几个维度来体现：

- 数据支持决策。数字化转型让企业可以收集、分析大量数据。通过数据分析，企业能够获得更准确、全面的信息，这样可以做出更靠谱的决策。相对于凭经验或感觉做决定，基于数据的决策更可靠，可以减少决策风险。
- 信息透明且及时。数字化转型使企业能够实时监控业务运营情况，随时获得反馈。通过实时数据分析，企业可以快速发现问题并做出调整，这样可以更灵活地适应市场变化。
- 提高效率，降低成本。数字化转型可以优化业务流程，提升工作效率。自动化系统和流程能够减少人力资源浪费，从而降低运营成本。此外，数字化转型还可以改善客户体验，提高客户满意度，促进业务增长。
- 创新竞争优势。数字化转型有助于企业更好地了解市场和客户需求，推动创新。通过数字化技术，企业可以推出新产品和服务，扩大市场份额，获得竞争优势。

针对企业决策的各个环节，当前已经有相当丰富的数字化技术和工具可以用来帮助企业提升决策效率，具体如图 8-4 所示。

（1）消费品行业的数字化应用，辅助提升决策质量

这里我们以某消费品品牌采用驰骛科技的消费者数字化运营解决方案为例，看看数字化手段如何帮助企业更好地决策。这家消费品品牌我们暂且用 5K 来称呼它。5K 品牌是一家拥有千万级会员规模的消费品企业，日常的销售渠道多元化且丰富，涵盖了天猫、京东、抖音等电商平台，也有大量的线下门店，日常跟会员的沟通主要在微信公众号、小程序、微信商城、微信视频号等阵地。在和会员的日常沟通中，5K 的企业微信导购也发挥着重要作用。

图 8-4　企业数字化建设全景图

在构建数字化的统一分析平台之前，5K 品牌没有办法实现基于消费者个人视角的数据画像和理解，因为各个平台之间的数据相互独立且很多数据逻辑和标签体系都不一致。大量的数据分析，是通过每个业务单元之间手动调用数据，并且手工分析完成的，因此数据分析和业务应用的更新之间存在操作和时间上的鸿沟，没有办法实现可持续的业务应用自动化。在没有实现业务应用自动化的情况下，也就很难在营销策略上进行 A/B 测试，营销决策的质量和效率受到很大制约。

驰骛基于 5K 的如上需求，从几个维度为 5K 搭建了消费者的数字化运营体系。通过业务访谈锚定消费者运营提升的三大机会点——招新人群的精准度提升、老客的跨品连带与同品复购提升、预防沉默及沉默人群的再激活,并通过整合后的消费者购买数据与行为数据,细分三大环节下的核心目标人群与沟通策略(商品、沟通触点、沟通时机),构建核心消费者运营的三大路径、16个细分场景。在此基础上,基于16个细分场景中的数据、分析、营销触达需求,进行系统层面的业务营销落地,并基于营销路径中 N 组的 A/B 测试及效果数据回流的分析判断,持续优化业务策略。当然,这个方案的构建是需要有基本的数字化建设的前置条件的,那就是根据所有数据结果的需要,倒推每一个数据源进行采集的点(也就是数据埋点),这就是消费者数据触点。这也是整个方案能够持续产出客观准确的消费者行为数据的基础。图 8-5 是驰骛科技提供的消费者数字化运营解决方案,从中可大概了解基于消费者周期的数据驱动的闭环决策模式。

这个方案搭建完成后,成功帮助 5K 品牌在营销决策中拥有了更好的数据全局观和业务透明度,使得 5K 管理者能够在诸多决策问题中,利用数据洞察做出更精准高效的决策。典型的决策问题如跨品连带场景中,基于活动前置性分析洞察中的人、货、场制定营销活动策略,并通过活动过程中的实际业务数据测试,收敛优化策略,实现效果提升。部分明显的优质决策后的业绩效果如:5K 在实际营销活动中实现降本增效,在"双 11"节点实现上万增量转化会员;通过特定人群的分析与复用,公域投放互动率提升 1.5 倍;通过统一的数据洞察输出人、货、场的策略,转化率提升 50%,客单价提升 20%;通过 POC 场景中的优胜链路,固化为自动化运营活动,实现人工运营提效 50%,同时提升营销触达的实时性与准确性,相较之前转化率提升 12%。

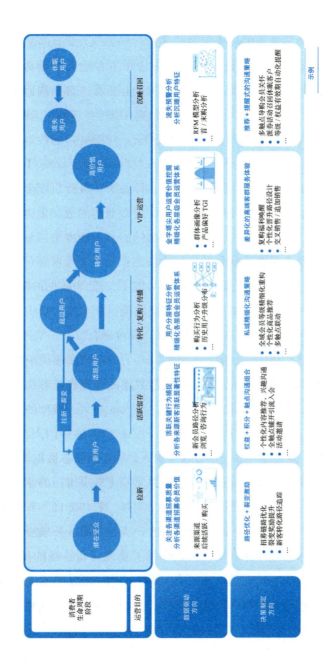

图 8-5 驰骛科技的消费者数字化运营解决方案

（2）企业级业务的销售管理数字化，辅助提升决策质量

我们来看一个企业级业务如何通过采用客户关系管理软件和相应的数据分析，实现更高质量的商业决策。这里我们采集到了国内 CRM 领域的知名厂商纷享销客的案例。面向企业级客户的业务，企业常常面临销售管理工作的一些基本难题，比如：1）业务人员自助分析困难，数据分析门槛高，高度依赖 IT 部门和数据分析师；2）管理者无法及时了解现状，且分析需求的实现周期长，难以跟上业务的发展速度，导致管理者无法及时把控企业经营现状，更无法基于数据驱动决策；3）缺少全局数据管理视角，各业务系统数据分散，形成数据孤岛，各业务部门的数据统计口径也不一致。在这些难题的束缚下，管理的决策不得不采用一定程度的主观判断，甚至拍脑袋决策。

纷享销客的连接型 CRM 解决方案，深度融合营销、销售、服务、渠道多种 CRM 业务场景，企业用户可以随时随地洞察数据，基于数据制定科学的决策，并实时关注数据的变化趋势（如图 8-6 所示），洞悉决策执行效果，形成 PDCA（Plan，计划；Do，执行；Check，检查；Action，行动）管理闭环，让客户专注于挖掘数据价值。当然，这离不开系统性的数据输入到输出的完整且高效的数字化基础架构的建设，确保企业能够从业务数据采集、聚合、分析、可视化到查看来支撑决策这样一个闭环，具体如图 8-7 所示。

通过这样的 CRM 系统，企业级客户实现了数据赋能业务运营，各种图标模板开箱即用，大大降低了管理者和基层员工使用数据的门槛和成本。并且，通过实时的数据驾驶舱，大幅提升了管理者对业务进度把控的广度和深度，也极大提高了决策的准确性和效率。

第 8 章 保证企业的决策质量

图 8-6 纷享销客 CRM 解决方案——目标完成情况驾驶舱

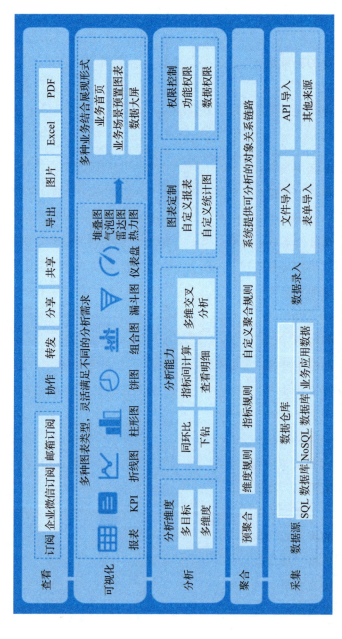

图 8-7 纷享销客连接型 CRM 解决方案

决策的风险管理

企业的决策是对未来路径的选择，有相当大的不确定性。这个过程中当然存在一定的风险，或者来自决策过程中的信息偏差，或者来自决策的判断失误，或者来自环境和具体条件的变化。

1. 决策的分权和决策流程管理

企业的决策分权、决策流程管理与企业的组织架构、运营模式息息相关。无论是传统的金字塔形组织架构还是新经济网状组织架构，都服务于企业的运营模式。从企业的决策有效性和风险管理的角度，需要对基于这样的组织架构的决策分权机制进行具体说明，当然最好是形成企业的正式管理机制文档，并对员工进行充分培训和赋能，使得这样的决策分权机制不会流于形式。

2019—2021年，国内某电梯广告公司（以下简称 ABC 公司）以相当的魄力完成了企业经营方向和决策模式的同步转型。ABC 公司之前的主要客户是消费品领域的中小型企业，疫情期间，大量中小型企业的抗压能力相对薄弱，广告预算要么大幅缩减要么直接砍掉。ABC 公司的业务也相应萎缩，面临这样的局面，ABC 公司把经营的重点放在开拓大品牌客户上，但由于原有的各项运营和决策机制并不适用于大客户业务，因此 ABC 公司重构了决策机制，将客户项目和员工绩效薪酬作为两条主要的决策流，成立了两个决策委员会。其中客户项目组获得相对充分的基于项目的决策权，不过一旦涉及项目的关键节点，比如项目投标方案和价格、项目立项、项目阶段性进度、项目结案等，就需要由项目决策委员会过会审议。与此同时，废除在广告行业盛行多年的销售提成制，改为项目组奖金分享制，并融合在项目组目标设定、激励，以及公司的人事绩效薪酬决策体系中。这样的决策分权和决策流程体系，充分调动了不同岗位人员的积极性，也更适应大客户项目的需求，成功帮助 ABC 公司在短短两三年间渡过难关，并开拓了更广阔的业务增长空间。

2. 决策中的风险管理机制

决策中的风险管理机制和一般的风险管理机制有大量的共同之处，决策中的风险管理机制只是将风险管理的机制和理念融入整个决策流程。一个典型的风险管理机制通常是由 6 个步骤完成的，包括风险点识别、风险点溯源、风险点等级评估、风险应对措施评估、风险管控实施、实施效果跟踪监测。在决策流程中，从决策问题的识别和诊断开始，对决策问题及决策结论的每个步骤，可以针对其中比较重大的风险点采用风险管理机制进行追踪，以保证决策过程中存在的风险问题尽早被发现和管控。

3. 决策链条人员的风险意识建设

对主要决策参与者的主观认识进行风险意识的建设，是一个长效且高性价比的风险管理手段。但要知道观念和意识的形成需要时间和过程，建议采用组合拳的方式来加速这个过程。

- **教育和培训**。为决策链条上的人员提供培训和教育，使他们了解市场风险、操作风险、法律风险等各类风险。这可以帮助他们识别风险并采取适当的措施来加以管理。
- **案例分析**。通过案例分析和实际案例来展示风险意识的重要性。讨论过去的决策失误和造成的后果，以及如何避免类似的错误，可以帮助相关人员更好地理解风险。
- **设立激励机制**。建立激励机制，奖励那些能够有效识别和管理风险的员工。这可以激励他们更加关注风险，并在决策中考虑风险因素。
- **信息共享和沟通**。建立开放的沟通机制，鼓励团队成员分享他们对风险的看法和意见。定期组织会议或讨论，以确保风险意识得到全面的传播和理解。
- **模拟演练**。定期进行模拟演练，让相关人员在虚拟环境中面对各种风险情景，从中学会应对并做出正确决策。
- **制定风险管理政策**。确保组织有清晰的风险管理政策和流程，明确各个层级的责任和权限，以便有效应对各类风险。
- **持续监测和评估**。建立起持续的风险监测和评估机制，及时发现新的风险因素并对风险管理策略进行调整和优化。

4. 企业最高决策者需要具备底线思维

企业最高决策者一定要有底线意识。尤其是创业中的企业，本身各方面条件就相对比较薄弱，面对的市场环境也有相当的不确定性。底线思维，就是在风险项比较难评估但该风险项对事情成败有巨大影响的情况下，企业家需要为最差的情况做好心理和实际准备，确保企业在最差情况下能够生存下去。这是企业的生死线，也是经营的红线。应时刻保证企业在遭遇最差的市场情况下具备一定的生存能力，比如在销量不理想时储备能维持 6～8 个月正常运营的现金流。企业的创始人或者企业家自己，就是企业面临存续挑战时的最大责任人，也是重大危机的兜底人。

笔者在与企业家的采访中多次谈到这个话题。其中一位企业家经营着一家电动自行车企业，产品主要销往欧美市场。这位企业家在回顾疫情期间生产和出口业务遇到的挑战和困难时谈到，当时对于整盘生意还是有持续投入的，但是投入的规模和力度在企业的能力范围和最大化风险承受能力内。用他自己的话说就是:"我当时做的投入,都是做好了最坏的打算,可能最终一分钱也不一定能收回来。所以局势有好转,生意逐步恢复的时候,感觉每分钱都是超额赚到的。"因为在类似的宏观环境剧烈变动的情况下,企业和企业家对于宏观环境几乎无法控制,也很难准确预测。基于企业家天生的冲劲和乐观态度,很容易就做出乐观判断而采取比较激进的业务拓展决策。但是一旦宏观环境不如预期,或者有很大反差,就会造成巨大的决策损失。

5. 大规模投入前,小步快跑、快速迭代

企业的产品验证,无论是创业企业的初代产品,还是有一定规模的企业追求第二增长曲线的新产品线,无一例外都需要面临"市场验证"这个挑战。一个产品的开发到验证是一个充满了实验、受挫、调整再战的过程。这个过程采用"小步快跑、快速迭代"的方式,有助于将初期的投入控制在相对小的规模,一旦发现产品的定位、功能、技术等有问题,可以以很快的周期快速调整修改,这样能够节约大量的财力、物力、人力。一旦确定"市场验证"成功,再启动大规模的商用,进行全面推广。

6. 决策执行过程的监测、效果反馈、调优

决策的风险管理,需要包括决策过程中的风险点识别和管理,但更重要的是对于决策可能造成的风险的管理。企业决策本质上是对企业未来发展成功路径的概率预估,因此一定存在相当比例的不确定性。在大多数情况下,这个不确定性是在决策的执行过程中逐步变得清晰明确的。因此决策执行过程的监测、效果反馈、调优对于决策的风险管理非常重要。一些潜在的风险,如果能够在决策落地执行的初期就显现并及时反馈给决策者,有助于决策者尽早调整决策,从而避免或者化解风险。